季刊考古学・別冊18

邪馬台国をめぐる国々　目次

■表紙写真■吉野ヶ里遺跡復元集落〔南西から〕（佐賀県教育委員会提供）

纒向遺跡全景写真（西北より）

東田大塚古墳全景（上が北）

纒向遺跡

構成／橋本輝彦

写真提供／桜井市教育委員会

纒向石塚古墳全景（右が北）

辻地区の居館域全景（西より）

辻地区調査トレンチ合成写真（上が北）

居館域検出の大型土坑（右が北）

吉野ヶ里遺跡

構成／七田忠昭

写真提供／佐賀県教育委員会

吉野ヶ里遺跡復元集落

吉野ヶ里国営公園には、邪馬台国時代の吉野ヶ里遺跡が実物大で復元されている。

吉野ヶ里遺跡南内郭跡

大人層の居住区と考えられる南内郭跡。いびつな形の内郭は、邪馬台国時代には平面長方形に整備された。

吉野ヶ里遺跡北内郭跡

中期以来伝統的な祭祀空間だった場所に、邪馬台国時代には平面が円と方を合わせた幾何学的な形の環壕によって閉鎖的な空間が形作られた。

帯方郡・狗邪韓国

構成・写真提供／東　潮

帯方郡治　智塔里土城（朝鮮民主主義人民共和国黄海北道鳳山郡）

帯方郡　県城　信川（青山里）土城（同国黄海南道信川郡）

原の辻遺跡

構成／宮﨑貴夫

写真提供／長崎県教育委員会

原の辻遺跡を西から見た全景
幡鉾川が注ぐ「内海」湾、玄界灘を望む。

日本最古の船着き場跡の検出状況（西から）

朝鮮系無文土器（弥生時代中期）
朝鮮半島系の土器。

三韓土器（弥生時代後期）
朝鮮半島南部の弁韓・辰韓・馬韓の土器。

楽浪土器（弥生時代後期）
楽浪郡・帯方郡の中国系土器。

貨　泉（弥生時代後期）
西暦14年初鋳の中国貨幣で11枚出土。

邪馬台国をめぐる国々

総　論

邪馬台国をめぐる国々

西谷　正

一　魏志倭人伝に見える国々

（一）国と国邑・邑落

魏志倭人伝(註1)の冒頭には、「倭人は帯方の東南大海の中にあり、山島に依りて国邑をなす。旧百余国。漢の時朝見する者あり、今、使訳通ずる所三十国。」と記す(註2)。

ここに見える旧百余国とか、漢の時朝見する者ありという記事は、いうまでもなく漢書地理志の「楽浪海中に倭人有り、分かれて百余国を為し、歳時を以って来りて献見すと云う」の記事によったものである。それはともかく、そのような国は、漢帝国の地方統治方式である郡国制度にもとづく国であり、漢民族の郡に対して、その周辺に位置する四夷の異民族の政治集団に対する呼称である。漢民族の郡では、いわば官僚制にもとづく直接支配が行なわれたのに対し、異民族の国では封建制的な間接支配が志向された。そのため、漢民族による冊封と、異民族による朝貢という体制が展開した。このような漢民族による郡国制度もしくは冊封体制という枠組の中で、北東アジアにおいては楽浪（郡）と百余国という外交関係が成立したわけである。

ここで、日本列島（倭）の国の規模を考えると、中国大陸（漢）の郡や、朝鮮半島（統一新羅以後）の郡とほぼ対応する。そのような郡は、日本では、古代の奈良時代以後、近・現代にまでも一部に名残りをとどめる地域単位である。

さて、国があれば、そこには中心もしくは拠点となる大規模な集落の存在が想定される。その場合、しばしば環濠集落という形態をとっている。そのような国の首都とも呼ぶべき拠点集落が、倭人伝の冒頭や、魏志韓伝に見える国邑(註3)ではなかったろうか。

一方、国邑に当たる拠点集落の周辺には、中・小の集落群が衛星状に散在する。それらの周辺集落は、韓伝でいうところの邑落であろう。このように見てくると、当時の国は、国邑を頂点として、中・小複数の邑落からなるピラミッド形の地域構造を形成していたといえよう。

そのような、弥生時代後期後半に当たる倭人伝に記される国は、古墳時代あるいはヤマト王権時代には縣となる。たとえば北部九州でいえば、伊都国が伊覩縣（『日本書紀』神功皇后摂政前紀）、また、奴国が儺縣（『日本書紀』仲哀天皇紀八年の条）にそれぞれ対応する。縣は、さらに時代が降って律令時代の評・郡を経て、現代の郡に継承されている。邑落という集落単位は、古墳時代へと継承されたが、どのように呼ばれたか名称はわからない。ところが、律令時代には、邑落に相当するものは里・郷と呼称されている。そして、それは近世・近現代における村・大字にそれぞれほぼ対応する。

（二）帯方郡から狗邪韓国へ

倭人伝の冒頭部分に見える帯方は、いうまでもなく魏の韓や倭との外交拠点としての帯方郡である。倭人伝が「郡より女王国に至る万二千余里」と記すように、帯方郡は、女王国すなわち女王の都する所としての邪馬台国への起点に当たるところである。その帯方郡の所在地について、早くから朝鮮半島北西部の黄海北道の智塔里説と、中西部のソウル特別市の風納洞説の大きく二つの説があった。現在では、遺構・遺物の状況から考えて、智塔里説が有力視できる。その場合、郡治に当たる遺跡として、智塔里土城[註4]が挙げられる。

倭人伝はまた、「郡より倭に至るには、海岸に循って水行し、韓国[註5]を歴て、乍は南し乍は東し、其の北岸狗邪韓国に到る七千余里」と記す。ここに見える狗邪韓国は、もちろん韓伝が記す弁辰の狗邪国である。狗邪国の所在地は、朝鮮半島東南部の慶尚南道の金海郡（市）に求められる。その国邑の遺跡は、いまのところ特定できない。邑落の遺跡と推測されるところは、三渓洞・七山洞・柳下里・水佳里・府院洞などで認められる。金海会峴里（鳳凰台）遺跡は、狗邪国における防御的な高地性集落であろう。後漢鏡などを出土し、王墓を含むと思われる良洞里墳墓群が望める平野部に国邑の遺跡が埋没しているのではなかろうか。

二　国々の実像[註6]

（一）対馬国から奴国まで

前述のとおり、倭人伝でいう国が律令時代の郡にほぼ対応するとした。したがって、対馬国・一支国・末盧国・伊都国・奴国は、それぞれ上県・下県郡（対馬島）、壱岐・石田郡（壱岐島）、松浦郡、怡土郡・那珂郡と対応するといえよう。そのうち、国々の実像をもっともよくうかがわせるのは、一支国の例である。一支国は、律令時代には石田・壱岐の二郡に分かれるが、壱岐島に当たることは疑問の余地はない。

壱岐島には、邑落に相当する弥生時代の集落遺跡が六〇ヵ所ほど知られる。それらの頂点に立つ国邑の遺跡が、原の辻遺跡である。この遺跡は、二重もしくは部分的には多量の環濠を示し、面積は約二〇数ヘクタールの規模を持つ。環濠の外側に広がる墓域や水田域まで含めると、一〇〇ヘクタール余りの規模を誇る。環濠内部の中心域には、祭儀場があり、その北側には王の居住域も想定されるなど、国邑あるいは王都[註7]の構造解明が進んでいる。

（二）不弥国と斯馬国

倭人伝は、奴国から東に行くと不弥国に至るが、その間の距離は百里と記す。不弥国の所在地についても諸説あるが、福岡県の宇美町を中心とした糟屋郡を当てたい。江戸時代中期の新井白石いらいの説である。宇美が不弥に通じるという地名もさることながら、そこには、初期の前方後円墳や、それに先立つ弥生時代終末期の墳丘墓などが知られる。

さきに、伊都国に関して怡土郡との対応関係に言及したが、その北方には志摩郡があって、そこにも一つの国の想定が類推できる。平安時代末期の文書ではあるが、誓願寺の創建縁起と孟蘭盆縁起にそれぞれ志摩縣と嶋縣が見え、また、『日本書紀』神功皇后紀四六年の条に斯摩宿祢を見出す。つまり、古墳時代に斯摩縣を想定し、さらにさかのぼって倭人伝に見える斯馬国を当てたい。一方、考古学の調査成果に照らすと、弥生時代中期後半における一の町遺跡が拠点集落の遺跡である可能性が高いことや、御道具山古墳が初期の前方後円墳であることが意味をなしてくるのである。

（三）吉野ヶ里遺跡の国

吉野ヶ里遺跡(註8)は、前述した原の辻遺跡とともに、弥生時代後期における倭人伝の時代の国邑の遺跡であり、その内部構造が明らかになった点できわめて重要な遺跡である。そこで、吉野ヶ里遺跡を国邑の遺跡としたとき、国名が問題になる。ここを邪馬台国とする邪馬台国九州説がある一方、近畿説に立った場合はどうなるであろうか。

ここで、『和名抄』所載の肥前国神埼郡三根郷と、同じく三根郡を考慮すると、現在の神埼郡の一部と、三根郡にわたる地域が浮かび上がってくる。さらに、『日本書紀』雄略天皇一〇年（四六六）の条には、筑紫の嶺縣主の存在を伝えている。このように見てくると、三根（郷）―嶺（縣）そしてミネ（国）という類推も可能なのではなかろうか。ここでいうミネ（国）を特定するとすれば、江戸時代中期の新井白石いらい、一部の学者が比定してきた弥奴国がもっとも蓋然性が高いといえよう。

三　邪馬台国をめぐる国々

（一）邪馬台国の時代の国々

倭人伝の冒頭部分には、さきに紹介したように、「旧百余国。漢の時朝見する者あり、今、使訳通ずる所三十国。」と記載する。つまり、前漢の時代に百余国あった倭人の国々のうちには、漢と通交した国があったという。しかし、通交した国がいくつあったかについては言及していない。それに対して、魏の時代になって倭人の三十国が通交したと記す。ところが、魏の時代に倭人の国々がいくつあったかについては、まったく触れていない。

この倭人伝の記事に関して、前漢のころ倭人は百余国を形成していたが、魏のころになると三十国に統合された、とする解釈がしばしば見られる。しかし、いま述べたように、倭人の三十国はあくまでも魏に通交した国々であった。そこで、当時の日本列島に倭人の国々がどこにどの程度、存在していたかという問題が生じる。

前述のとおり、倭人伝の時代の国は、後の律令時代における一、二郡とほぼ対応する。逆にいえば、律令時代の一、二郡が存在するところには国が想定しうるのである。律令時代の日本列島各地には、およそ六〇〇の郡があったといわれる。その中には、新たな建郡や分割によって生まれた郡が含まれるので、それらの郡を差し引くとしても、相当数の郡、言い換えると、数百の国の想定は可能である。

そのためには、全国各地で、一、二郡という地域単位を対象として、一つには、弥生時代前期末ないし中期前半における農業共同体とその首長墓（区画墓）から、同じく中期後半から後期にかけての国と王墓（墳丘墓）を経て(註9)、古墳時代における縣と縣主墓（主として前方後円墳）の形成に至る歴史的政治過程を追究しなくてはならない。そして二つには、前出の国邑と邑落の遺跡、すなわち、大規模な拠点的中心集落と、それを衛星状に取り巻く中・小規模の周辺集落に対する、有機的・構造的解明が求められる。

（二）日本列島各地の国々

いま述べたように、列島各地に相当数の国々の存在が想定できる。そこで、いくつかの国々を例示してみよう。

まず、九州では、長崎県の島原半島は律令時代の高来郡に当たるが、ここには島原市の景華園遺跡があり、銅剣・銅矛を出土している。また、彼杵郡では、東彼杵町にある小型の前方後円墳の瓢塚の周辺で後漢鏡が出土していて、高来郡と彼杵郡にそれぞれ国が存在した可能性を指摘した[註10]ことがある。宮崎県の宮崎平野では、生目古墳群が注目される。この古墳群は、前方後円墳八基、円墳四三基のほか、地下式横穴墓などから構成される。その中には、全長が約一四〇メートルの規模を持ち、大和盆地東南部の箸墓古墳の平面形で二分の一の相似形をなす生目一号墳が含まれる。このような初期の前方後円墳が突如として出現する背景には、律令時代の宮崎郡から少し上流の諸県郡にかけて、つまり大淀川流域と、その支流の本庄川も含めて、流域平野に一つの地域社会、もっといえば一つの国の形成[註11]を考える。その場合、生目古墳群の立地する、同じ跡江台地には、石ノ迫第二遺跡があり、また、そことは大淀川を挟んで対岸の宮崎平野には下郷遺跡が知られる。これらはともに環濠集落遺跡であって、拠点的な国邑の遺跡の候補に挙がる。そして、北九州市小倉南区の重留遺跡において、弥生時代後期後半の、竪穴住居跡の内部から初めて広形銅矛が出土した。その際、紫川や竹馬川の流域平野の律令時代の企救郡域に「企救」国の可能性を提起した[註12]ことがある。その後、重留遺跡の北側隣接地に位置する城野遺跡からは、弥生時代終末期の九州では最大級の規模を持つ方形周溝墓（図１）と玉造り工房跡が見つかった。さらに、紫川中・下流域では、弥生時代前期後半の環濠集落である寺町遺跡、中期初の石棺墓から細形銅

図１　城野遺跡方形周溝墓（北九州市教育委員会提供）

剣・管玉を出土した小倉城跡地のほか、後漢の内行花文鏡をそれぞれ副葬した、小倉北区の小倉城下屋敷跡や小倉南区の蒲生遺跡における石棺墓などが知られ、「企救」国の可能性を一段と高めている。

つぎに、本州の中国地方で見ると、鳥取県西部の妻木晩田遺跡が重要である（図2）。この遺跡の特徴は、平野部における環濠集落の形態をとっていないが、総面積が一五六ヘクタールという列島でも最大規模な点である。この集落は丘陵部に占地し、いくつかの尾根にまたがり、居住域と墓域から構成される（図3）。そして、集落の一角では、大型の竪穴住居と二面庇の掘立柱建物がセットで営まれ、それぞれ首長の住居と、祭祀関連の施設の可能性があることや、さらに、土器や装身具を作る工房が含まれることなど、地域の拠点的な集落であることを思わせる。また、墓域の中には、四隅突出型墳丘墓という首長墓クラスの墳墓が築かれている。そこで、妻木晩田遺跡を国邑の遺跡として、日野川右岸の流域平野を経済基盤とし、律令時代の汗入郡を領域とする一つの国を想定したい。妻木晩田遺跡に比べると、規模は小さいが、鳥取県東部の青谷上寺地遺跡も重要である。ここでは、約四ヘクタールの中心域と呼ばれる場所に集落があり、その西南側に当たる河川流域に水田域が広がっていた。また、集落の北・東・南側は潟湖で囲まれていた。遺跡出土の多種多量の遺物の中には、他地域との交易品が少なからず含まれていることから、交易拠点としての港湾集落としての評価が下されている。仮に、律令時代の気多郡に一つの国を想定するとすれば、青谷上寺地遺跡は、その国の西のフロンティアとしての拠点集落の遺跡といえよう。これら東・西二つの地域に介在する、倉吉平野にも注目すべきである。ここには、後中尾遺跡において、標高六〇メートル付近の舌状台地をめぐる弥生時代中期中葉の環濠集落の遺跡が見つかっている。そして、四世紀初頭にさかのぼる前方後円墳の可能性がある国分寺古墳からは、船載の三角縁神獣鏡一面と後漢鏡二面などが出土している。そこで、後の律令時代に伯耆国府が置かれる久米郡域に一国の存在を推測[註13]するのである。

（三）侏儒国・裸国・黒歯国

倭人伝は、女王・卑弥呼の居処について記した後、「女王国の東、海を渡る千余里、また、国あり、皆倭種なり」と続ける。そして、侏儒国・裸国・黒歯国の存在を伝える。ここで、侏儒国の人の背丈が三、四尺と身長が低いという。裸国の表現からは温暖な土地柄であることを思わせる。また、黒歯国は御歯黒という南方の風俗を連想する。それらの国々に行くには、「船行すること一年にして至る可し」とあるので、相当な避遠の地であることを推測させる。そこで、現在の日本列島でそのような土地を求めるとすれば、南西諸島から琉球列島までを含む地域を思い浮かべる。果して、沖縄本島では、後漢鏡片・漢式三角鏃・楽浪土器などが出土していて、琉球列島の一部が間接的ではあるにしろ、漢文化の影響下に入っていたと考えられる。さらに、倭人伝の世界にも包括されると推測できよう。

（四）狗奴国

倭人伝の正始八年（二四七）の条では、「倭の女王卑弥呼、狗奴国の男王卑弥弓呼と素より和せず」と記し、また、倭からの使節は帯方郡に詣って、相攻撃する状況を説明している。そのように、倭の女王国と敵対関係にあった狗奴国の所在地に対して、周知のとおり、諸説がある。邪馬台国九州説に立つと、熊本県の球磨川流域の人吉盆地と、同じく菊池川流域の菊池・山鹿地域が有力な候補地と

図２　妻木晩田遺跡全景（鳥取県立むきばんだ史跡公園提供）

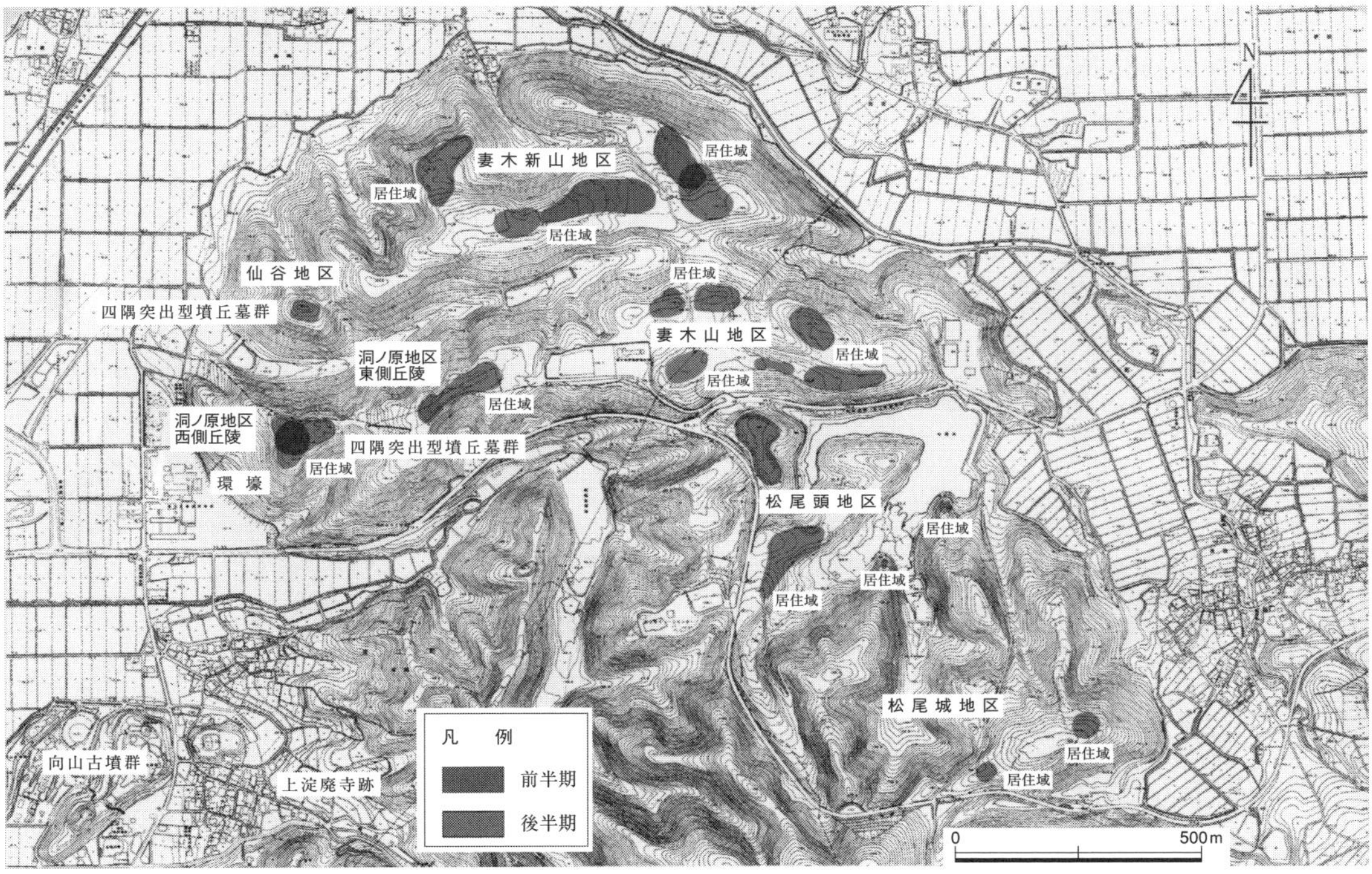

図３　妻木晩田遺跡変遷図（鳥取県立むきばんだ史跡公園提供）

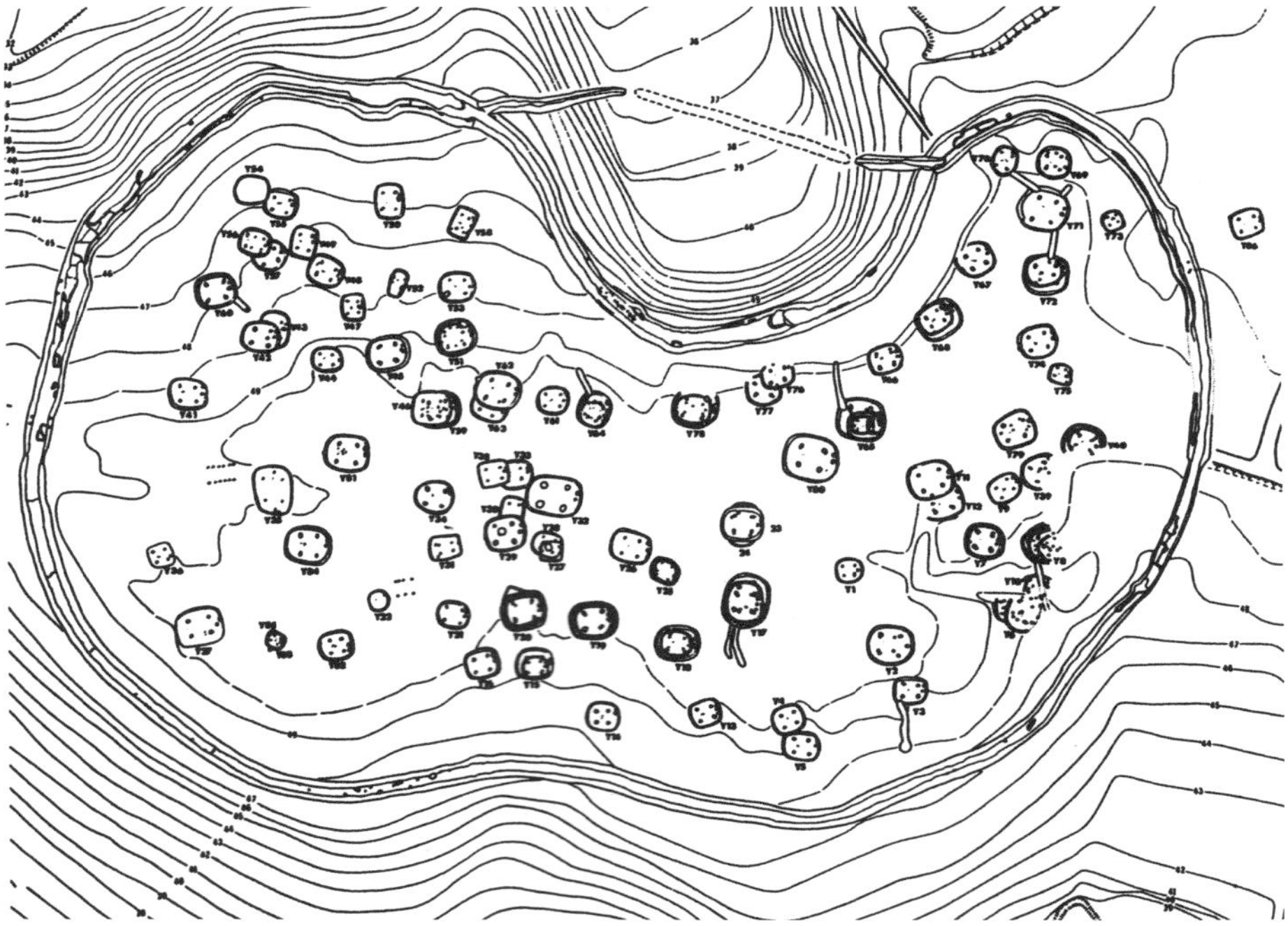

図４　大塚遺跡平面図（武井則道・小宮恒雄『大塚遺跡—弥生時代環壕集落址の発掘調査報告Ⅰ　遺構編—港北ニュータウン地域内埋蔵文化財調査報告Ⅻ』横浜市埋蔵文化財センター、1991より）

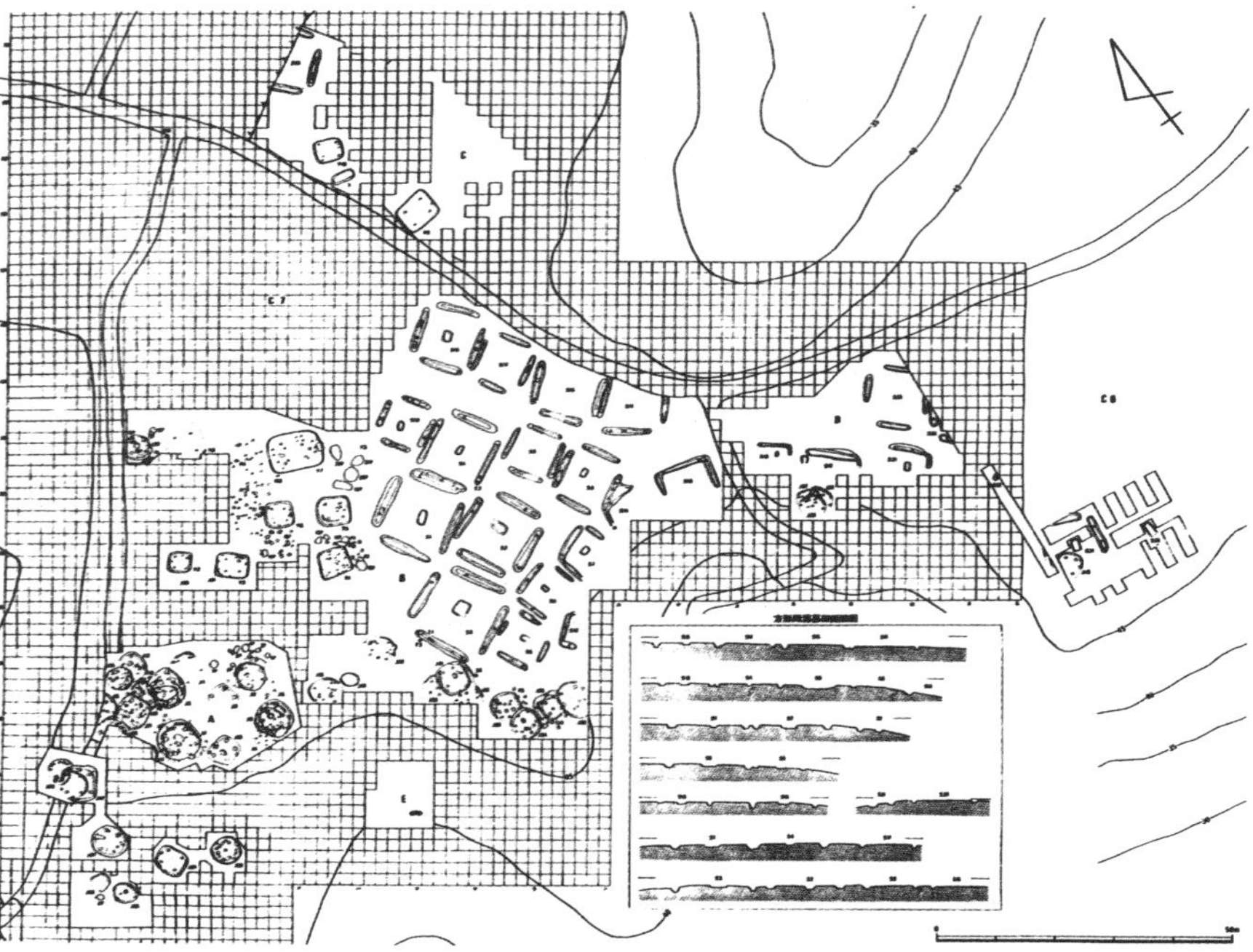

図５　歳勝土遺跡平面図
（小宮恒雄『歳勝土遺跡』港北ニュータウン地域内文化財調査報告Ⅴ　横浜市埋蔵文化財センター、1975より）

して浮上する。

一方、邪馬台国近畿説に立てば、狗奴国のもっとも有力な候補地は、愛知・岐阜両県にまたがる濃尾平野であることもよく知られるところである。しかし、北関東は群馬県から一部、栃木県にまたがり、古墳時代に毛野国（註14）と呼ばれた地域も見過ごせないのではなかろうか。

＊

以上のように、邪馬台国をめぐる国々について、国の概念や、国邑・邑落の用語について言及した上で、倭人伝に登場する国々を具体的に考えてみた。また、倭人伝には記載されていない国々が日本列島の各地に誕生しつつあったことを指摘するとともに、律令時代の一、二郡を対象として、いくつかを例示した。このような試みは、九州の他地域でも、福岡県の山門郡[註15]・京都郡・上毛郡、熊本県の菊池・山鹿郡や、本州では島根県の出雲・大原郡、岡山県の下道・窪屋郡、兵庫県の飾磨・揖保郡、さらには神奈川県の都筑郡、そして、四国では愛媛県の久米・和気郡などで考えたことがある。そのうち、とくに、都筑郡の場合、環濠集落の大塚遺跡（図4）と方形周溝墓群の歳勝土遺跡（図5）がセットで検出されているが、この集落は国邑に次ぐ有力な邑落の可能性がある。このように邪馬台国の時代を考えるには、日本列島各地における律令時代の一、二郡規模の地域単位の考古学的研究が重要なのであり、その地道な積み重ねがもっとも必要なのである。

（註1）本誌では、『三国志』魏書東夷伝倭人条は、魏志倭人伝（倭人伝）と略称し、以下の史料も同様とする。『三国志』魏書東夷伝韓条は魏志韓伝、『隋書』東夷伝倭国は隋書倭国伝、『漢書』地理志は漢書地理志、『後漢書』東夷伝倭は後漢書倭伝など。

（註2）石原道博編訳『新訂　魏志倭人伝・後漢書倭伝・宋書倭国伝・隋書倭国伝』岩波書店、一九八五

（註3）西谷　正「今月の言葉「魏志倭人伝」に見える国邑」『考古学ジャーナル』六一一、ニュー・サイエンス社、二〇一一

（註4）西谷　正「邪馬台国の周辺―朝鮮（帯方郡・狗邪韓国）」『季刊考古学』六、雄山閣出版、一九八四

（註5）西谷　正「韓の国ぐに」『歴史と旅』一二―一、秋田書店、一九八五

（註6）西谷　正『魏志倭人伝の考古学―邪馬台国への道』学生社、二〇〇九

（註7）宮﨑貴夫『原の辻遺跡―壱岐に甦る弥生の海の王都』『日本の遺跡』三二、同成社、二〇〇八

（註8）七田忠昭『吉野ヶ里遺跡―復元された弥生大集落』『日本の遺跡』二、同成社、二〇〇五

（註9）西谷　正「首長墓の出現と王墓の形成過程」『九州歴史資料館研究論集』三五、九州歴史資料館、二〇一〇

（註10）西谷　正「弥生時代の対外交渉」『第一回　長崎県民文化祭「長崎県巡回考古学ゼミナール」講座講義録』長崎県教育委員会、一九八九

（註11）宮崎市・宮崎市教育委員会『浮かび上がる宮崎平野の巨大古墳』生目古墳群シンポジウム'99報告書、宮崎市・宮崎市教育委員会、二〇〇〇

（註12）西谷　正「重留遺跡住居跡から広形銅矛出土―祭祀形態の解明深める」二月九日付『朝日新聞』夕刊、一九九六

（註13）西谷　正「倭人伝を紐解く」『とっとり発！　弥生文化シンポジウム　とっとり倭人伝』鳥取県文化財保存協会、二〇〇八

（註14）前掲註6に同じ

（註15）西谷　正「山門郡の考古学」『九州文化史研究所紀要』二一、九州大学九州文化史研究施設、一九七六

第一章　見えてきた朝鮮半島の様相

帯方郡の所在地

東　潮

一　帯方郡の郡県をめぐって

前漢の楽浪郡は幽州に属した。戸数は六万二八一二、人口は四〇万六七四八人。郡に二五県が置かれた（漢書地理志第八下）(註1)。

　朝鮮、誹邯、浿水、水は西流して、増地に至って海に入る。莽に楽鮮亭。含資、帯水は西流して、帯方に至って、海に入る。黏蟬、遂成、増地、帯方、駟望、海冥、王莽のとき、海桓という。列口、長岑、屯有、昭明、南部都尉治。鏤方、提奚、渾彌、呑列、分黎山は列水の出る所、西流して黏蟬に至り、海に入る、八百二十里を行る。東暆、不耐、東（郡）部都尉治。蠶台、華麗、邪頭味、前莫、夫租。

帯方郡は、二〇四年ごろに公孫氏（公孫康）によって楽浪の屯有県以南の「荒地」に設置された。帯方郡は楽浪郡の帯方・列口・南新・長岑・提奚・含資・海冥の七県、四九〇〇戸が存在した（晋書地理志）。

　桓霊之末、韓濊彊盛、郡縣不能制、民多流入韓國。建安中、公孫康分屯有縣以南荒地為帯方郡、遣公孫模張敞等収集遺民、興兵伐韓濊、舊民稍出、是後倭《ママ》韓遂屬帯方（魏志韓伝）。

（一）帯方郡の位置

帯方郡治は屯有県の南の帯方県につくられた。その地に「帯水」が流れる。帯方郡の位置についてはこの「帯水」がどこであるのかが問題となってきた。

　藤田亮策・梅原末治(註2)は、浿水を鴨緑江、列水を大同江、帯水を載寧江にあてる。載寧江の流域、黄海道の中央部に「明確な帯方郡の郡縣の遺蹟」が多く、「黄海道鳳山郡文井面の唐土城が帯方郡治址にあてるべきことは、周囲に古墳群の多いこと、帯方太守張撫夷の墓が程遠からぬ地にあることからこれを疑ひ得ない」。銘文塼から、昭明県は信川土城、含資県は安岳邑付近に比定する。昭明県は前漢末に置かれた南部都尉治下の地方で、「都尉が廃止後荒廃に帰していたのを復興して新たに帯方郡の設置となつたもの」とみる。含資、列口は「黄海道殷栗・安岳方面」である。

　池内宏(註3)は浿水を鴨緑江、列水を大同江、帯水を南漢江に比定する。帯方郡はソウル（郡治）を中心として黄海南北道・京畿道、さらに忠清北道忠州付近の広大な地域に想定する。唐土城は南新県城に比定したうえで、誹邯は楽浪郡治付近、浿水は平安北道義州付近、含資は忠清北道忠州付近にあてる。黄海南道安岳郡柳城里出土の

「逸民含資王君蔵」銘塼については「安岳の近傍を過ぎて西流する河水、即ち帯水に比定すべき河水」はなく、「柳城里の古墳の主人なる王某は、本来含資に土着してゐた逸民であったけれども、其の死後何等かの事情でここに葬られた」と解釈した。

李丙燾[註4]は、浿水を清川江、列水を大同江、帯水を瑞興江に比定する。帯方七県は「旧真番郡の北部残県」である。真番郡の旧疆はだいたい東は今の春川一帯、北は慈悲嶺、西は西海を限界として、南は漢江北岸までにいたった」とし、一五県の「南部残県である八県」に「霅県」をふくめる。帯水の瑞興江は「瑞興から発源して鳳山郡にいたって月唐江、いまの載寧江と合流して海（大同江口）にはいる」。屯有県は明快に黄州に比定する。帯方は帯方郡治の唐土城、列口県は高句麗時代の「栗口」、黄海南道殷栗郡、昭明県は黄海南道信川郡、長岑県は黄海南道豊川郡（松禾郡）、提奚県は位置不詳、海冥県は西海付近で、海州にあてる。

西本昌弘[註5]は、帯水＝漢江、含資県＝忠州、帯方県、帯方郡治をソウル付近に比定する。

表1　楽浪帯方郡県

	前　漢	後　漢	西　晋		比定地	遺　跡
	県二五	県一八	楽浪県六	帯方県七		
1	朝鮮	朝鮮	朝鮮			
2	詽邯	詽邯	–			
3	浿水	浿水	–			
4	含資	含資		含資	安岳	
5	黏蟬	占蟬	–		葛城里	黏蟬土城
6	遂成	遂城	遂城			
7	増地	増地	–			
8	帯方	帯方		方帯	鳳山	智塔里土城
9	駟望	駟望	駟望	海冥		
10	海冥	海冥		列口	海州	
11	列口	列口		岑長	殷栗	雲城里土城
12	長岑	長岑			豊川	
13	屯有	屯有	屯有		黄州	
14	昭明	昭明	南新		信川	信川土城
15	鏤方	鏤方	鏤方			
16	提奚	提奚		提奚		
17	渾彌	渾彌	渾彌			
18	呑列	楽都	–	南新		
19	東暆	東暆				
20	不耐					所羅里土城
21	蠶台					
22	華麗					
23	邪頭味					
24	前莫					
25	夫租					咸興

（二）帯方郡治と県城

帯方　帯方郡治は屯有県（黄海北道黄州付近）の南の「荒地」につくられた。そこに智塔里土城（唐土城）が位置する。楽浪郡治をのぞいて、土城として規模は最大である。小山塊（丘陵）にかこまれた平野に立地する。その南に長寿山（七四七メートル）がそびえ、載寧郡、新院郡、麟山郡、西は安岳郡、信川郡、三泉郡、松禾郡、殷栗郡、銀泉郡一帯が帯方郡であろう。

土城はもともと約二キロ四方であったが、北壁一七〇、東壁約一五〇メートルのみが遺存する。西壁は高さ約三メートル遺存するところがある。土城内で文字塼、瓦、貨幣などが出土している。土層の堆積層に二層の礫の堆積層があり、自然地形であり、丘陵を大規模に造成し、版築して土城を積築している。土城付近に墳墓が分布する。土城内で後漢光和五年（一八二）銘塼、西晋泰始七年（二七一）銘塼、五銖銭、貨泉もみつかっている。光和五年は後漢霊帝の一八二年で、帯方郡設置以前の資料である。塼からみて、漢代の楽浪郡時代から存続していた。

土城周辺は未開発という意味での「荒地」ではなかった。韓濊が勢力を拡大し、郡県が制することができず、民が多く流入した。政治的に支配しえなかった荒地であった。郡治付近は平野地帯で、帯方県段階で開発が進んでいたにちがいない。土城の下層から新石器時代の住居跡、包含層が確認されている。楽浪土城で帯方郡設置後の「帯方令印」（方二・一センチ）が出土している。

列口　殷栗郡の列水（大同江）の河口にあたる。ただし南岸一帯である。

雲城里土城（黄海南道殷栗郡）の西側は海岸で、三面は九月山とモレ山に囲まれている。大同江下流の可動堰を南に渡ると殷栗郡である。土城は内城と外城からなる。内城の規模は東西一〇〇メートル、南北六〇メートルで、外城の周囲は約一キロである。城壁は丘陵傾斜面を利用して築く。内城内で建物跡、排水施設、塼積み井戸跡が発掘された。城内で鉄刀・鉄鏃・鉄鎌、鉄鋤（鍬）、花鉢形短頸壺などの土器、蕨手文瓦当、「千秋萬歳」銘軒丸瓦、塼が出土している。周辺に前漢から後漢初期の雲城里墳墓群が位置する。殷栗郡は「列口県」にあてられる。雲城里土城は帯方七県の一つでもあった。

南新　楽浪郡の昭明は「昭明王□□太康四年昭明王長造」塼や太康四年（二八三）銘塼が出土していることから信川土城（黄海南道信川郡）に比定される。楽浪郡の南部都尉治所であった。土城は平野の微高地に立地する。南に五峰山、北方に載寧江支流の文花川が流れる。城壁周囲は約一・八キロの方形である。東・西壁と南壁の一部がのこる。城内で花鉢形土器、瓦、塼がみつかっている。土城の周辺に木槨墳・塼槨墳が分布する。信川邑から南二キロに王卿墓がある。楽浪郡の「昭明県」が帯方郡の南新県にかわった。

含資　「含資、帯水西至帯方入海」（前漢書地理志）とみえる。楽浪郡に向かった辰韓の「鑡」は「含資縣」に詣でた。県は郡に伝え、郡は鑡を通訳として、芩中から大船に乗って辰韓に入ったという（魏志魏略）。

黄海南道安岳郡柳城里の古墳で「逸民含資王君蔵」銘の塼がみつかっている。柳城里は載寧江支流の西江の北岸地域にある。西江は、現在の安岳・載寧・信川の郡境を載寧江河口付近から南流し、さらに西に迂回するように流れる。含資県は帯水（載寧江・瑞興江）流域の安岳郡一帯に存在した。安岳郡は帯方郡治の鳳山郡の西にあたるが、含資は帯水の流域にあったのであり、かならずしも上流とよむ必要はないであろう。含資を忠清北道の忠州にあてる見解は楽浪郡の境域からみてありえない。他の県城とともに楽浪郡の南をわけて帯方郡がつくられたのである。

帯方郡治は鳳山郡の智塔里土城で郡県とも黄海南北道にある。帯方郡は楽浪郡の南部都尉治の昭明を中心とした地域にほかならない。

二　帯方郡治と墳墓群

帯方郡時代の墓制は紀元一世紀末ごろ、木槨墓から塼槨墓にかわる。智塔里（古唐城）土城、雲城里土城、信川土城の郡治・県城の周辺に築造されている。

帯方太守張撫夷墓（黄海北道鳳山郡）は智塔里土城（唐古城）の西北三・三キロに位置する。方台形の墳丘で底辺約三〇メートル、高さ約五メートルである。後室・側室からなる双室墳である。平面は胴張りの方形で、穹窿状天井に復元されている。側室と後室の間に甬道はなく、壁を共有する。前室に両側（耳）室がつく。「使君帯方太守張撫夷塼」、「張使君」（小口）、「大歳在戊漁陽張撫夷塼」（側銘）、「大歳戊在漁陽張撫夷塼」（側銘）、「大歳申在漁陽張撫夷塼」（側銘）、「張使君塼」（小口）の銘から漁陽出身の帯方郡太守張撫夷墓である。戊申が西晋太康九年（二八八）か、東晋穆帝の永和四年

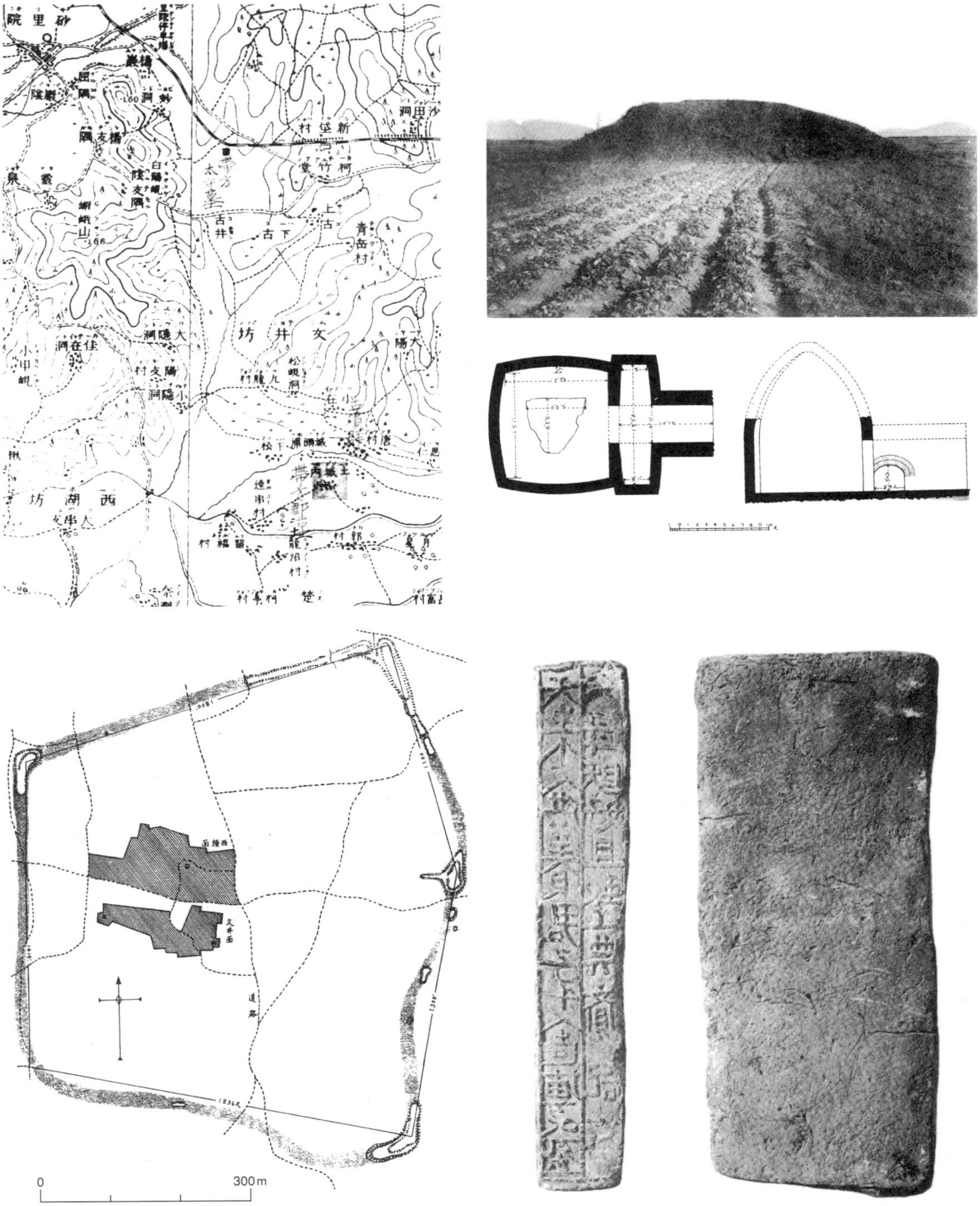

図1　帯方郡治跡と帯方太守張撫夷墓（小田省吾1985『朝鮮古蹟図譜』1から）

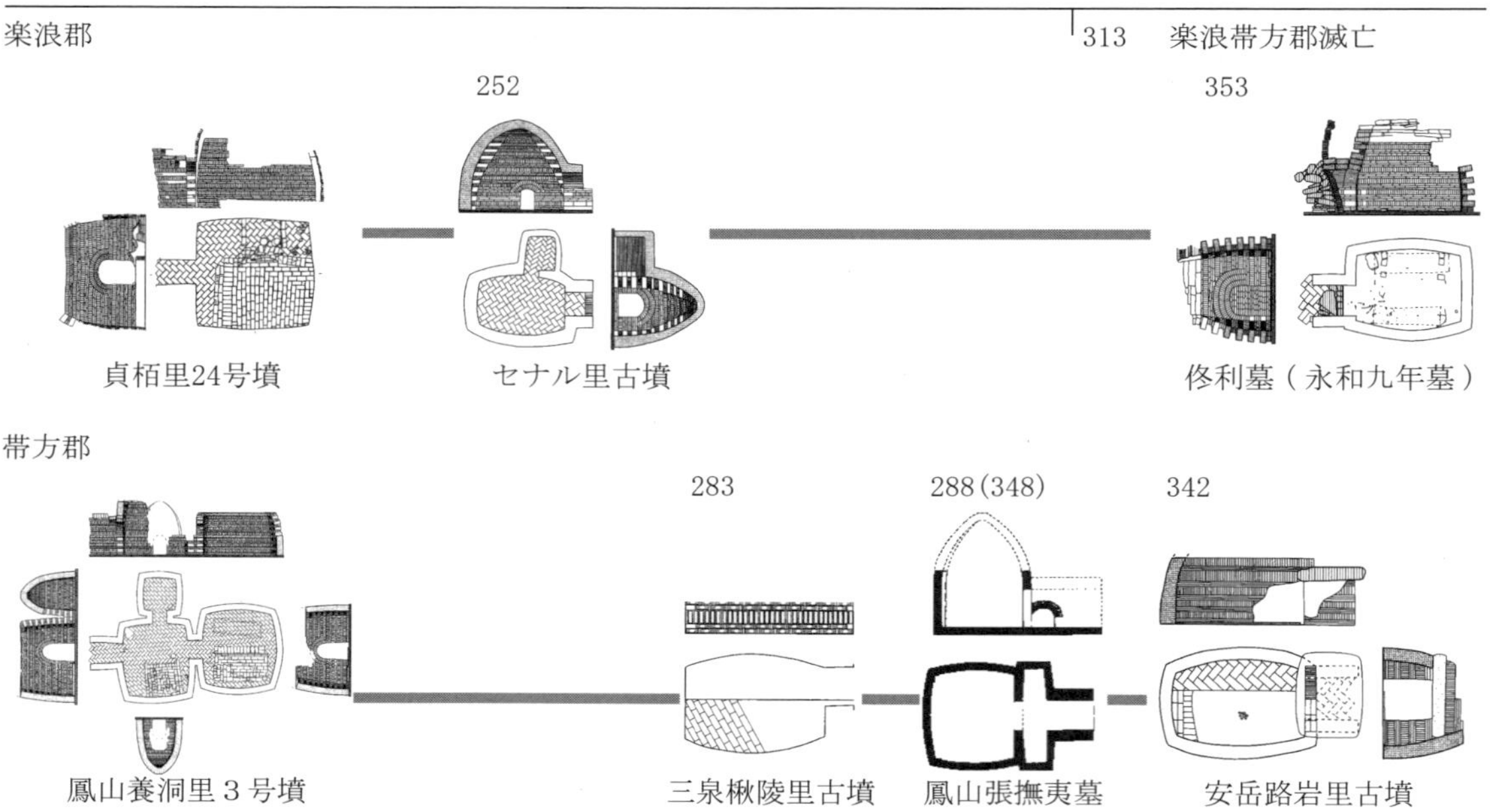

図２　**楽浪・帯方郡塼室墓**（紀年銘塼墓）

（三四八）年か、帯方太守は虚号か問題となっている。張撫夷は漁陽の人である。太守は任命制であり、この張撫夷墓が帯方太守墓であるのか、三つの可能性がある。

墓室の構造をみると、張撫夷墓は後室に両龕室と羨道がつく構造である。甬道部は塼壁一枚で障壁になっている。龕の高さは九一・五、幅一〇三・六、両龕の全長四・一五メートルである。

有龕の石室は、山城下九八三号墳など四世紀中葉ごろになると高句麗集安で出現する。その龕（側室）が発展するのは三一三年の楽浪・帯方郡滅亡後である。大同江流域では、佟利墓（三五三年）のような石併用の塼室墳が存在する。

張撫夷墓は後室と前室（龕室）の隔壁基部が一重構造で二室化していない。佟利墓は東晋穆帝の永和九年（三五三）の単室墓である。天井部は板石造りで、塼室墓から石室墓へ移行する過程のものである。張撫夷墓は塼積みの穹窿状天井で、同時期の墓室である。張撫夷墓の塼が戊申（三四八年）とすると、二つの墓に構造上のへだたりがあり、三世紀末葉の二八八年の築造とかんがえる。帯方太守張撫夷は帰任（帰葬）せずに、この地に埋葬されたのであろう。

三一三年、楽浪・帯方郡は高句麗によって滅亡するが、それらの故地に楽浪・帯方郡遺民が存在していた。四世紀中葉ごろには王都の集安や平壌地域で高句麗墓制が発達する。有龕双室墓から双室墳に変遷するが、双室墓の構造は張撫夷墓とことなる。佟利墓（三五三）や安岳路岩里古墳（三四二）単室墓より古いことはたしかである。セナル里古墳（二五二）や鳳山郡養洞里三号墳などから発展したものであろう。

殷栗郡冠山里一号墳は東西一六、南北一七メートルの墳丘が残存する。南北方向の双室の塼室墳で、後室は東西二・五二、南北二・一四メートル、甬道は東西九三、南北〇・七メートル、前室は東西三・二、南北三・二メートルである。「吉」字銘の白色短頸壺、鎌のような鉄器が出土した。冠山里二号墳は東西・南北が一二メートルの塼室墳である。後室の東西三・二、南北三・六、前室は東西三・一、南北二・一メートルで、後室に棺台がつくられている。

信川郡鳳凰里古墳（王卿墓・二四八）[註6]は、羨道のつく単室墓で、長さ三・一、幅二・一メートル。羨道は長さ一・一、幅〇・九メートル。「守長岑県王君諱卿」、「年七十三字徳彦東莱黄人也」、「正始九年三月廿日壁師王徳造日」の塼がみつかっている。東莱（山東省）黄県出身の長岑県の王君（徳彦）墓で魏の正始九年（二四八）に埋葬された。王卿は出身地に帰葬されていない。

信川郡セナル里古墳（二五二）[註7]は有龕単室墓で、魏の嘉平四年（二五二）銘の塼がみつかっている。

三泉郡楸陵里古墳（二八三）[註8]は平面長方形胴張りで、羨道がつく。西晋の太康四年（二八三）銘の塼が出土している。

安岳郡路岩里古墳[註9]は胴張り長方形の後室に羨道がつき、天井石をかぶせた塼室である。「建□八年正邑太守」、「□□太守張君塼」の塼がある。後趙の建武八年（三四二）にあてられている。帯方郡滅亡後に後趙の年号が使用される理由は不明である。永和九年（三五三）の佟利墓にくらべ、墓室の平面形、壁面の塼積み、羨道（甬道）天井石の使用など一段階古い要素をもつ。東晋の永和一三年（三五七）の安岳三号墳（冬寿墓）の時期にもちかい。

鳳山郡松山里一号墳は帯方郡治に近く、「古唐城東北墳」ともよばれた塼室墓である。

都墓坪大塚は方台形の墓である。付近に約二〇基の古墳が分布し、塼が散在する。

鳳山郡養洞里古墳群[註10]は帯方郡治（智塔里土城）から西南約七キロに位置する。養洞里三号墳は後室（有側室）・前室・羨道からなる塼室墳である。土器、青銅盞、鬼面鋪首、漆器蓋（金銅四葉座金具）、装身具、貨幣（貨泉、大泉五十、五銖銭）、鉛製轡、青銅軛首飾明器、青銅車軸頭明器、鐶頭刀子、釘などが出土している。養洞里五号墳は三号墳と同じ構造である

このほか黄海北道鳳山郡・黄海南道信川郡一帯では紀年銘塼が出土している。

「元康三年（二九三）三月四日王君造」（信川郡西湖里）、「元康五年（二九五）八月十八日乙酉造」（安岳郡下雲洞）、「泰寧五年（三二七）三月十□□」（信川郡福隅里二号墳）などである。「泰寧」塼のようにあきらかに帯方郡滅亡後の東晋の紀年がある。

楽浪・帯方郡時代の墓室[註11]　単室墓と複室墓、天井は穹窿状（塼）と平天井（板石）、壁体部は塼と塼石併用、前室が龕（側）室、前室に耳室が付くものがある。

複室墓の後室は、方形から胴張り方形にかわる傾向があり、再び方形化する。単室墓の後室（玄室）は胴張りから方形化する。前室が大形化する。つまり側室（龕）から前室へ変化する。

前室・側室・龕の平面形態は方形→隅丸方形→方形化へ変遷する。穹窿状天井は平天井（天井石）にかわる。勝利洞三号墳→梨川里一号墳→佟利墓（三五三年）→鳳島里松塢古墳という流れである。塼積みから石積みに変化する。

絶対年代のあきらかな古墳は、王卿墓（二四八年）、セナル里古

墳（二五二年）、楸陵里古墳（二八三年）、佟利墓（三五三年）、安岳三号墳（三五七年）である。それらを基準として墓室構造を比較すると、前室・側室・龕の構造、天井の変化、壁体の材質などの要素から発展段階がわかる。

これらの墳墓や土城の分布状況から帯方郡の境域を推定しえる。

三　魏の天下観と帯方郡と韓・倭

魏志東夷伝の冒頭に、『尚書』禹貢五服説、『周礼』の九服制について記載されている。洛陽を中心とした方万里の天下観である。洛陽から楽浪郡まで「東北五千里」である（後漢書）。方万里の外は九服の外の「荒服」の外の夷狄・蕃国の地域という認識である。(註12)

東夷伝の里程・人口・境域は「千里」単位で記述されている。王畿（畿内）の方千里を中心に、方三千里・方五千里・方七千里・方万里の天下観にもとづく数字による。帯方郡から狗邪韓国まで「七千里」、邪馬台国まで「周旋五千里」である。北狄にあたる鮮卑の境域の東西万二千里・南北七千里で、東夷の韓倭の境域をおなじ表現である。倭人伝の邪馬台国七万戸、投馬国五万戸、奴国ほか三万戸も実数でないことをしめす。七・五・三という数字にあわせられている。

韓の「方四千里」は帯方郡から海路で、西・南海岸をへて狗邪韓国（金海）まで七千里であるからおおよそはあう。帯方郡治＝ソウル説では韓の伯済国は漢江流域のソウル付近であるが、その北に爰襄国ほか七国が存在していた。馬韓諸国は臨津江流域から栄山江流域に存在していた。このことからも帯方郡のソウル説は成立しがたい。

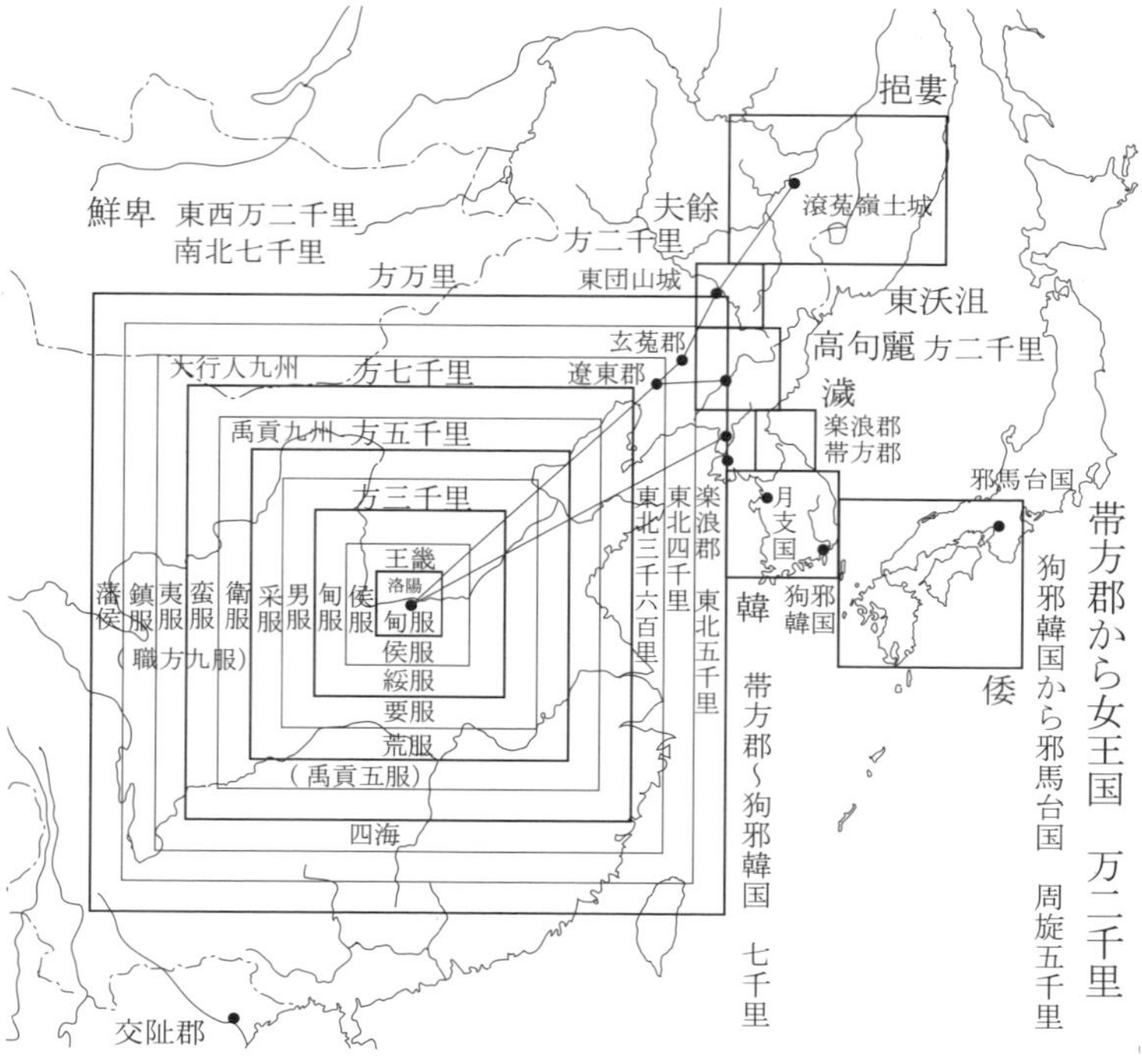

図3　魏志東夷伝の里程と天下図

魏が成立したのは二二〇年で、景初二年（二三八）に公孫氏を討伐し、楽浪・帯方郡を支配下においた。景初三年（二三九）に倭の卑弥呼は遣使し、魏との外交関係がはじまった。その以前、倭は公孫氏政権と帯方郡をつうじて交流していた。

青龍三年（二三五）の魏の年号の方格規矩鏡の同型鏡が三面（大阪安満宮山古墳・京都太田南五号墳・出土地不詳）確認されている。時期からみて倭は魏との直接交渉ではなく、帯方郡をつうじて公孫氏から入手したものであろう。公孫氏は二三七年に燕国を樹立、燕王となり、年号を紹漢と定めた。

遼陽の三道壕墓で方格規矩鳥文鏡が出土している。その後漢系の方格規矩鏡は公孫氏勢力下の遼陽の地で製作されていたにちがいない。三世紀初葉の公孫氏と韓の辰王、倭の卑弥呼の国際関係はやがて魏・呉・高句麗・韓・倭という政治的利害関係にもとづく国際関係に発展する。二四四・二四五年の魏の高句麗侵攻、帯方郡と韓の戦争、魏の倭の難升米への黄幢（軍旗）の授与という一連の政治的交通関係である。

帯方郡は三一三年ごろ高句麗に滅ぼされる。東夷伝の序に記述されように、魏は背叛した高句麗を極遠のはてまで追いつめ、討った。しかし歴史的にみてその征伐はならなかった。

（註1）小竹武夫訳『漢書』筑摩書房、一九七七

（註2）藤田亮策・梅原末治『朝鮮古文化綜鑑』一、養徳社、一九四八

（註3）池内　宏『満鮮史研究 上世 第一冊』吉川弘文館、一九五一

（註4）李　丙燾『韓国古代史研究』学生社、二〇〇〇

（註5）西本昌弘「帯方郡治の所在地と辰韓廉斯邑」『朝鮮学報』一三〇、一九八九

（註6）キムジェヨン・コヨンナム「最近発掘された石材天井塼室墓」『朝鮮考古研究』二〇〇二―四

（註7）ユンソンハク「黄海南道信川郡セナルリ塼室墓発掘報告」『朝鮮考古研究』二〇〇四―四

（註8）アンビョンチャン・ホンウォンピョ「新たに発見された楸陵里塼墓」『朝鮮考古研究』一九九〇―一

（註9）韓　仁徳「路岩里石材天井塼室墓について」『朝鮮考古研究』二〇〇三―三

（註10）李　栄勲ほか「鳳山養洞里塼室墓」『日帝強占期資料調査報告』二、国立中央博物館、二〇〇一

（註11）高久健二『楽浪古墳文化研究』学研出版社、一九九五、東　潮『倭と加耶の国際環境』吉川弘文館、二〇〇六、高久健二「楽浪・帯方郡塼室墓の再検討」『国立歴史民俗博物館研究報告』一五一、二〇〇九

（註12）東　潮「『三国志』東夷伝の文化環境」『国立歴史民俗博物館研究報告』一五一、二〇〇九、東　潮『邪馬台国の考古学―魏志東夷伝が語る世界』角川学芸出版、二〇一二

狗邪韓国の遺跡群

井上主税

一　はじめに

狗邪韓国[註1]は、魏志倭人伝には、「海岸に循って水行し、韓国を経てあるいは南し、あるいは東し、その北岸狗邪韓国に到る。七千余里なり」とある。すなわち、帯方郡から卑弥呼のいる邪馬台国までの行程のなかで、朝鮮半島内の最後の帰着地であった。いっぽう、魏志韓伝には、弁韓一二国のうちの「弁辰狗邪国」として登場する。狗邪韓国は、現在の朝鮮半島東南部の金海地域にあったとみられており、時期的にはおおむね前一世紀から後三世紀にあたる。韓国考古学では原三国時代と呼ばれる時代である。

現在の金海地域は、洛東江河口右岸に位置する平野部であるが、古地質学の研究によると、当時この一帯は広い湾（古金海湾）として復元されている。そのため、金海地域は良好な港としての条件を備え、洛東江を通じた交通においても、必ず通過しなければならない「関門地」[註2]であり、交通の要衝であった。

遺跡の立地をみてみると、上述したように、洛東江河口右岸の平野が当時は湾であったため、その周辺の低い丘陵に多くの遺跡が分布する[註3]。また、現在の金海中心部の北側で、東西に展開する山々を越えた洛東江下流域一帯も、時期によっては包括される。以下では、狗邪韓国の成立と展開にそって関連遺跡の内容をみていきたい。

二　狗邪韓国（狗邪国）の成立と展開過程

まず、狗邪韓国の形成過程であるが、『三国遺事』「駕洛国記」によれば、狗邪国は九つの邑落[註4]（駕洛九村）から構成されていたとある。そして、我刀干・汝刀干・彼刀干・五刀干・留水干・留天干・神天干・五天干・神鬼干の邑落首長たち（九干）が集まり、首露を狗邪国の王、すなわち狗邪国国邑の主帥に推戴したという建国神話（後四二年）がみられる。このことは、狗邪国成立以前に、金海地域に形成されていた邑落が統合され、「国」が形成されていく過程をあらわすものとみられる。ただし、この記録からだけでは邑落のうち中心的な役割を果たした国邑がどこなのかを知り得ない。

いっぽう、考古資料からも、狗邪韓国形成期にあたる前二世紀から前一世紀にかけての集落や墳墓資料が少ない。そのため、その過程について議論することは容易でないが、前段階の青銅器時代や初期鉄器時代の遺跡群も含めて、狗邪韓国の成立と展開過程について論じてみたい。

（一）青銅器時代

発掘調査を通して確認された青銅器時代の集落はほとんどなく、共時性の問題はあるものの、現時点では支石墓の分布から集落の位置を推測するしかない。支石墓は小河川の流域や丘陵裾部に位置しており、金海地域では海畔川流域、潮満江流域、栗下里、明法洞などの古金海湾周辺のほか、大東面地域や美音洞地域、進永邑地域などにも展開する（図1）。この支石墓の分布が集落のまとまりをある程度反映しているものとみて間違いないであろう。このうち、栗下里に含まれる茂渓里支石墓では磨製石剣、磨製石鏃、管玉、丹塗磨研土器、青銅鏃（図2）が出土している。また、最近では栗下里遺跡において、大規模な調査が行なわれ、支石墓約百基が確認された。このなかには、一辺四一メートルの石築による墓域や、全長七メートル以上の大型墓壙を有するものが含まれる。それゆえ、この遺跡が当時の中心的な集落の一つであり、そこに有力者の存在を想定することができる。ただし、現時点で同遺跡を除くと、金海地域の支石墓群にはその数や密集度において大きな違いが見いだせない。また副葬品に関して、栗下里遺跡においても青銅器類が銅剣一点のみで玉類が副葬されないなど、朝鮮半島西南部地域のように有力集団墓に青銅器が集中する様相が認められない。

その後、このような集落が邑落を形成した時期、また支石墓に埋葬された有力者が、邑落の首長に成長していく過程については今後の課題といえる。

（二）初期鉄器時代

初期鉄器時代に形成された邑落を、集落および墳墓資料などから抽出できる地域が、現在の金海中心部にあたる海畔川流域である（図3）。亀山洞遺跡では以前から三角形粘土帯土器が採集され、集落の存在が指摘されていたが、最近慶南考古学研究所によって発掘調査が行なわれ、多数の住居跡が確認された。（註5）住居内からは、円形および三角形粘土帯土器と共伴して、弥生時代中期を中心とする弥生系土器（板付Ⅱｂ式・城ノ越式・須玖Ⅰ式）がまとまって出土した。一つの遺構から出土した遺物の七〜八割、もしくはそれ以上を弥生系土器が占めており、当時ここには弥生人系集団が居住していたとみられている。また、林虎山東南端に位置する興洞遺跡では、住居跡や土坑から円形粘土帯土器や弥生系土器が出土した。このほかの集落としては、古金海湾の南西側に位置する大清里遺跡で住居跡と土坑が検出されており、円形粘土帯土器が出土した。

いっぽう、初期鉄器時代に形成された邑落における首長の存在をあらわす考古資料としては、墳墓に副葬された青銅製武器や儀器があげられるが、金海地域での確認例はきわめて少ない。このうち会峴里貝塚では、弥生時代前期末の金海式甕棺から細形銅剣二点、銅鉇一〇点が出土した（図5）。また、出土状況は不明であるが、内洞では細形銅剣、黒色磨研土器が出土しており、主体部は木棺墓の可能性が指摘されている（図4）。

（三）原三国時代（狗邪韓国）

初期鉄器時代に形成された邑落は、分立状態からある程度統合が進み、原三国時代には辰・弁韓の構成単位である地域政治体としての「国」が成立する。「国」成立の一つの指標として、前二世紀末〜前一世紀初めになると、墳墓が群集して造営され始め、また同じ場所に継続して築造されるようになる。（註6）

この時期の遺跡は、古金海湾一帯に集中しており、とくに海畔川

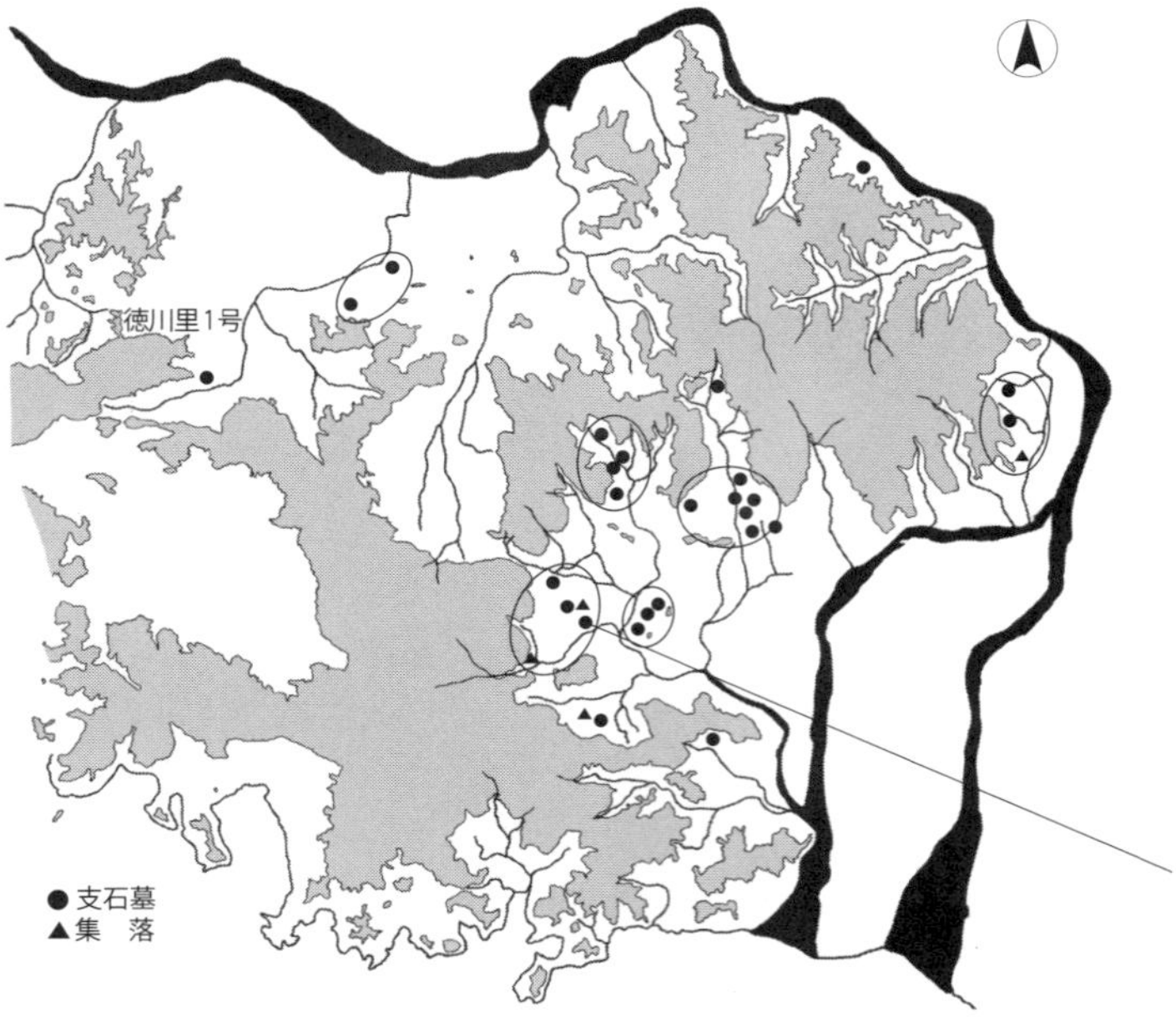

図１　青銅器時代の遺跡分布図

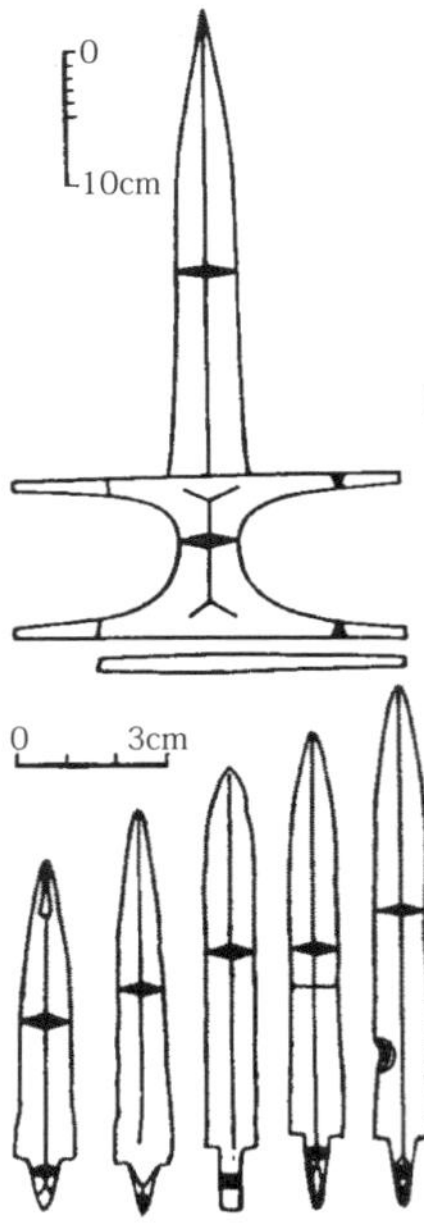

図２　茂渓里支石墓
（金元龍「金海茂渓里支石墓の出土品」『東亜文化』１，1963より）

図３　初期鉄器時代の遺跡分布図

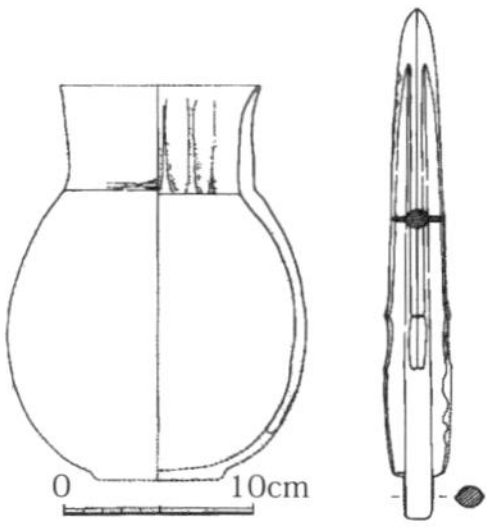

図４　内洞
（推定木棺墓）
（釜山大学校博物館『釜山堂甘洞古墳群』1983より）

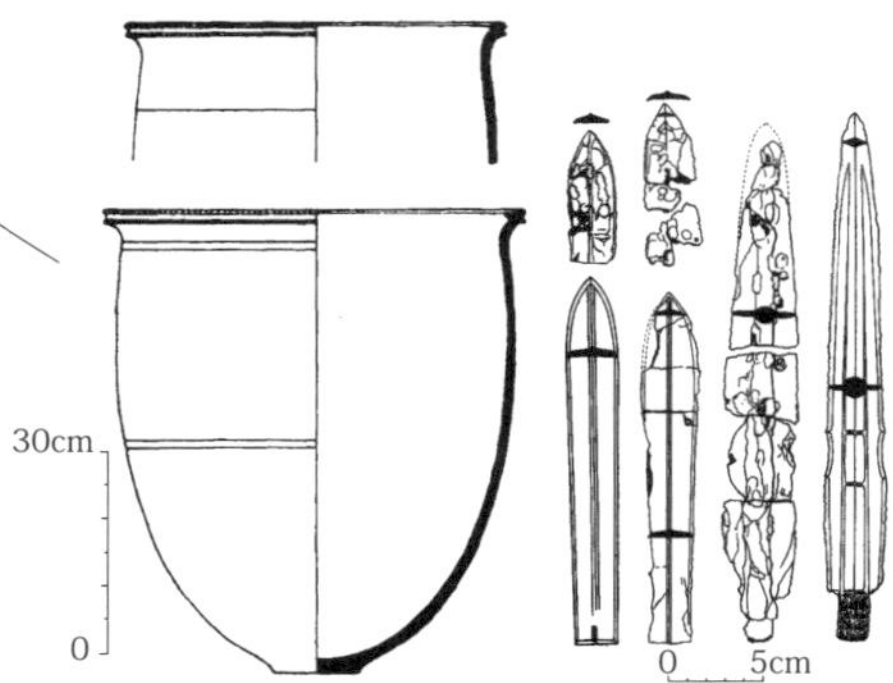

図５　会峴里貝塚（３号甕棺墓）
（榧本杜人「金海貝塚の甕棺と箱式石棺─金海貝塚の再検討（承前）」『考古学雑誌』43─1，1957より）

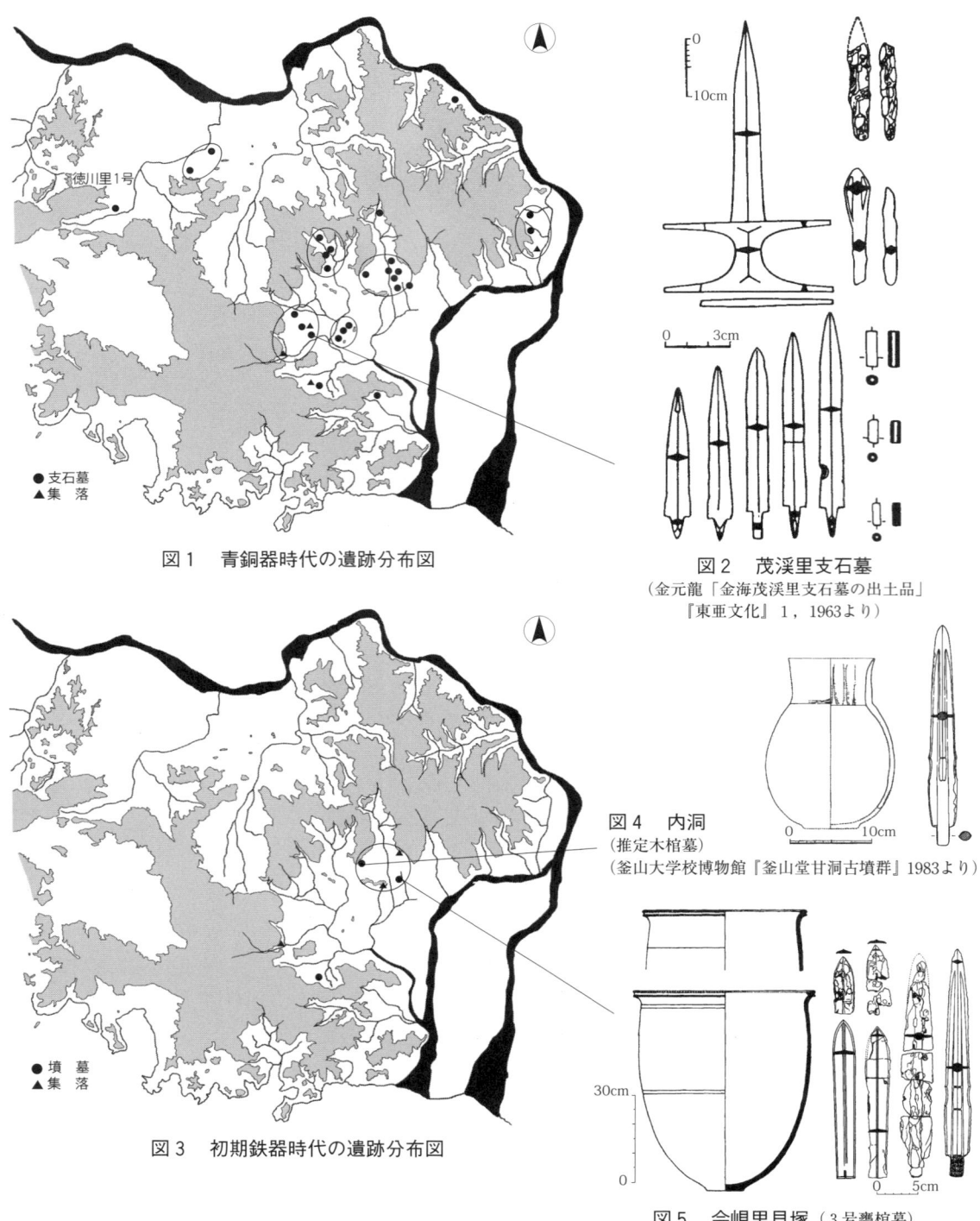

図６　原三国時代（狗邪韓国）の遺跡分布図

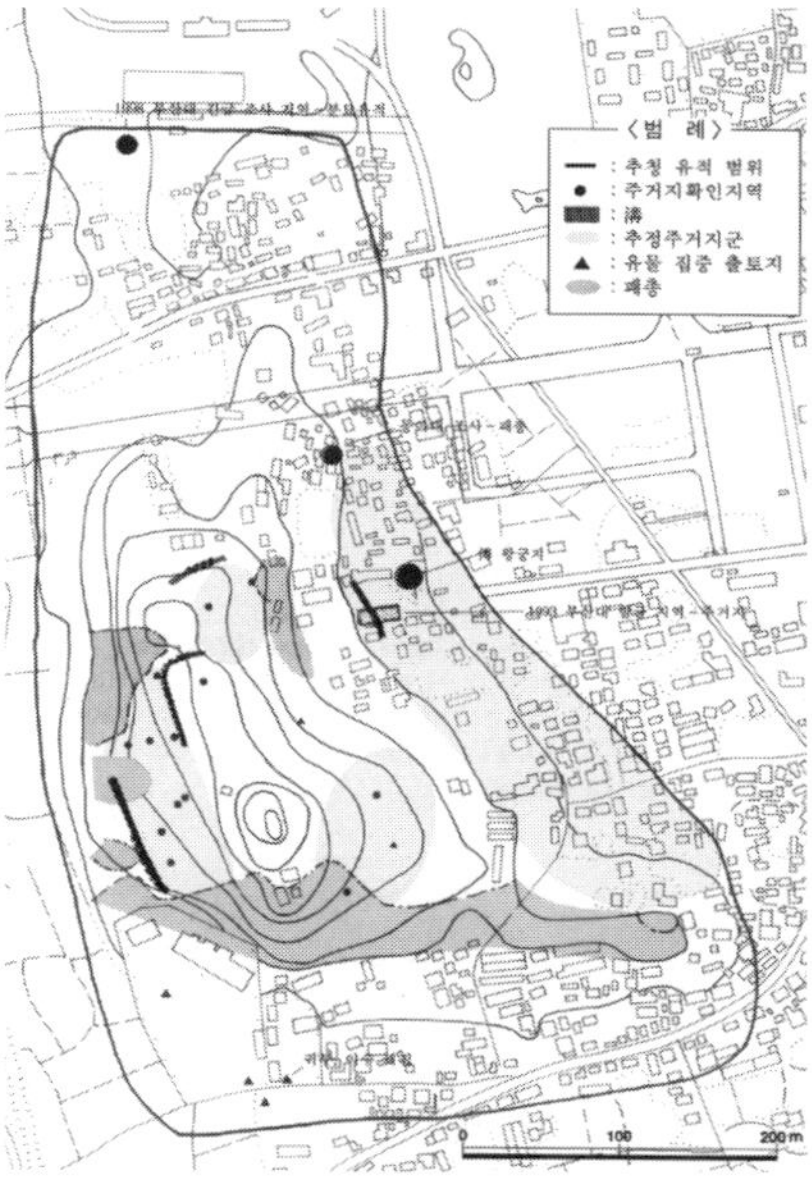

図７　鳳凰台遺跡・会峴里貝塚
（註11より）

流域に多くみられる（図6）。上述したように、この流域では青銅器時代から初期鉄器時代にかけての墳墓や集落が確認されており、継続して遺跡が形成されていたことがわかる。

木棺墓段階（前一世紀～後二世紀前半）　金海地域では、大成洞遺跡およびその周辺（亀旨路・伽耶の森）や、良洞里遺跡などで木棺墓が造営される。[註7] 最古段階の資料には、積石木棺墓である良洞里七〇号墓があげられ、前二世紀末ないし前一世紀初め頃に位置付けられる。ただし、大成洞および良洞里遺跡において、墳墓が群集して築造され始めるのは、後一世紀になってからであり、集団内での階層化の進行も比較的ゆるやかである。この段階の墳墓には、良洞里四二七号墓（図8）、良洞里五五号墓（図9）、伽耶の森一号墓、大成洞I―一三号墓などがあげられる。鉄器の副葬が普及し、鉄剣・鉄矛・鉄鏃などの武器類、鉄鎌・鉄斧・刀子などの農工具が副葬される。このうち、良洞里四二七号墓や良洞里五五号墓では北部九州との交渉を示す小形仿製鏡も出土している。

勢力基盤　狗邪韓国が台頭する背景には、これまで指摘されてきたように、朝鮮半島西・南海岸および日本列島を結ぶ航路上の要衝という地理的条件と、鉄生産が大きく関連するものとみられる。いいかえれば、鉄素材を媒介とした国際交易を基盤にして勢力を伸ばしたとみられる。魏志弁辰伝にみられる「弁辰地域に産出する鉄を韓・濊・倭が競い合って取った」との記録が、このことをよくあらわしている。

対内・対外交易　狗邪韓国は洛東江中・上流域へ入る際に必ず通らなければならない、洛東江水系の「関門」という地理的利点も利用して、古金海湾を交易港として利用したとみられる。交易港の背後には内陸地域の集団を連結する交易網が形成されており、交易品の仲介を通じて効果的に富を蓄積でき、ときには対外交易の窓口としての利点を利用し一定の影響力を行使したであろう。

考古資料からみると、後一世紀には、金海地域における楽浪系遺物や日本列島系遺物（いわゆる倭系遺物）など外来系交易品の集中度が高まり、古金海湾が国際交易港として繁栄したものとみられる。ここでは、北部九州を含めた各地から集まった外来交易人の間で、直接的な交易がなされたと推測される。また、これにともない、それまで楽浪郡から北部九州を結ぶ交易ルート上の拠点であった勒島《ヌクド》遺跡は衰退し、その役割を終えた。[註8] すなわち、狗邪韓国が慶南海岸一帯の小国を一つの交易体系のなかに組み込み、弁韓社会において中心的役割を果たすようになったものと考えられる。

鉄資源　鉄産地の一つとして数えられる金海地域であるが、実際には鉄素材とみられる板状鉄斧の副葬が、前一世紀から後一世紀までは伽耶の森一号墓のみであり、非常に少ない。この点は墳墓における鉄器全般の副葬量に関してもいえることである。板状鉄斧や鋳造鉄斧の副葬状況からみて、金海地域における鉄生産の本格的な開始は後二世紀頃と推測される。[註9] この時期は、鉄器の広域流通網からみても、慶州中心の流通網が既存の規模より縮小し、金海を中心とする流通網が成立する段階（中東昭Ⅱ段階）にあたる。

木槨墓段階（後二世紀後半〜三世紀代）　原三国時代後期である後二世紀後半になると、大型木槨墓を中心とする首長墓が造営され、集団内部における階層分化が急速に進行する。良洞里一六二号墓（図10）や良洞里二三五号墓（図11）が、この段階の代表的な墳墓である。板状鉄斧をはじめとする鉄器の副葬量が増加し、特定墳墓への大量副葬が行なわれるようになる。また、環頭大刀や蕨手装飾付儀仗状鉄器、馬具、叉鍬といった特徴的な遺物もみられる。そして、良洞里一六二号墓出土の内行花文鏡や四乳鳥文鏡、良洞里三二二号墓の銅鼎、良洞里三一八号墓出土の鉄鍑など楽浪郡との交渉を示す遺物の副葬が顕著である。この頃の状況は、魏志韓伝には、後二世紀後半になって韓と濊が強盛で郡県の制御が不可能であると記録される。

集落遺跡　後一世紀から三世紀前半までの狗邪韓国の中心邑落は良洞里遺跡周辺にあったとみられるが、それを構成する集落の様相はよくわかっていない。原三国時代から三国時代にかけての柳下里貝塚があるものの調査が行なわれておらず、詳細は不明である。

この時期の集落のうち、発掘調査を通じて確認されているのが、鳳凰台遺跡の南東裾に位置する会峴里貝塚である[註10]（図7）。戦前から数次にわたって発掘調査が行なわれ、当時は金海貝塚と呼ばれていた。同遺跡では、原三国時代になると住居が営まれるとともに貝塚が形成され、赤褐色軟質土器や瓦質土器のほか、骨角器・鉄器・炭化米・貨泉などが出土している。また、鳳凰台遺跡では西側斜面の標高一七メートル付近で、全長約七六メートル、最大幅は二・五メートルを測る、環濠とみられる溝が検出されている。報告書では、遺構の重複関係から三世紀代とみている。[註11]

大成洞遺跡でも、丘陵東側（周辺第Ⅰ地区）において稜線と同一方向の溝が確認されている。[註12] 全長九・三メートル、幅〇・九メートル、深さ〇・四二メートルを測り、断面Ｖ字状を呈する溝である。報告者はこれを環濠とみており、溝の埋土から無文土器高坏一点が出土したことから、遅くとも前一世紀中葉頃には溝が掘削され、またこの上に築造された墳墓の年代から後三世紀中葉には埋没したとみ

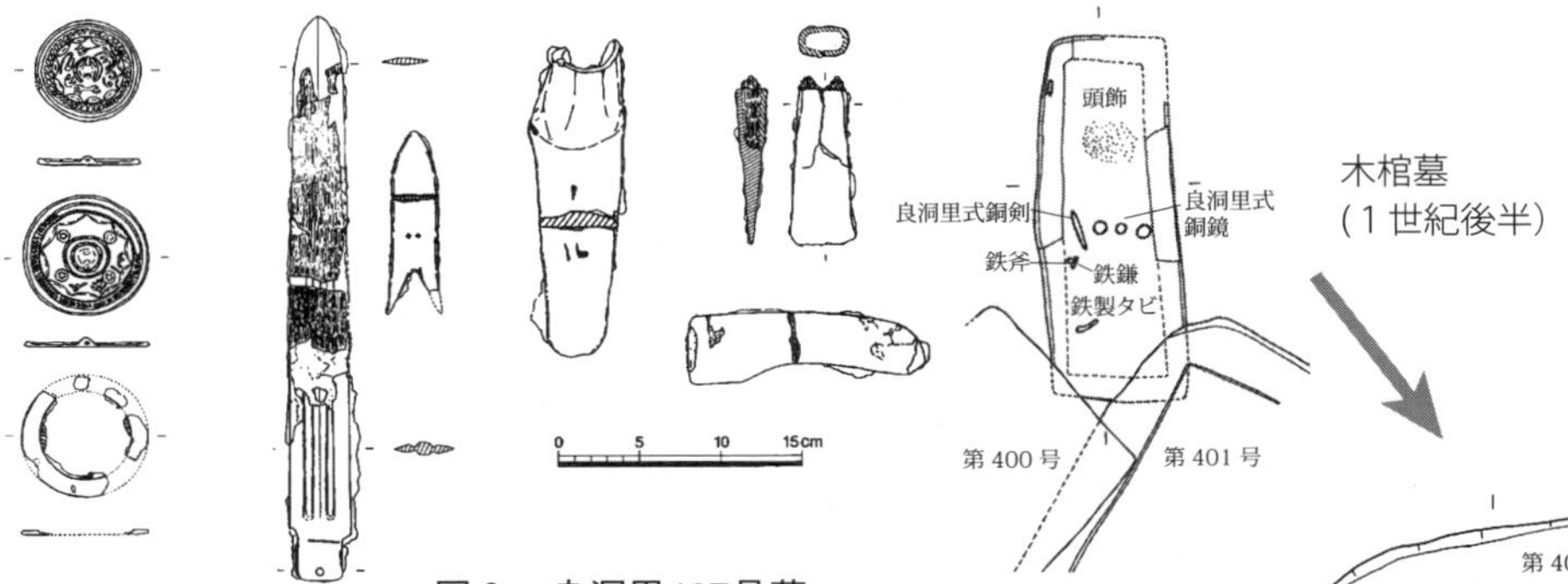

図8　良洞里427号墓

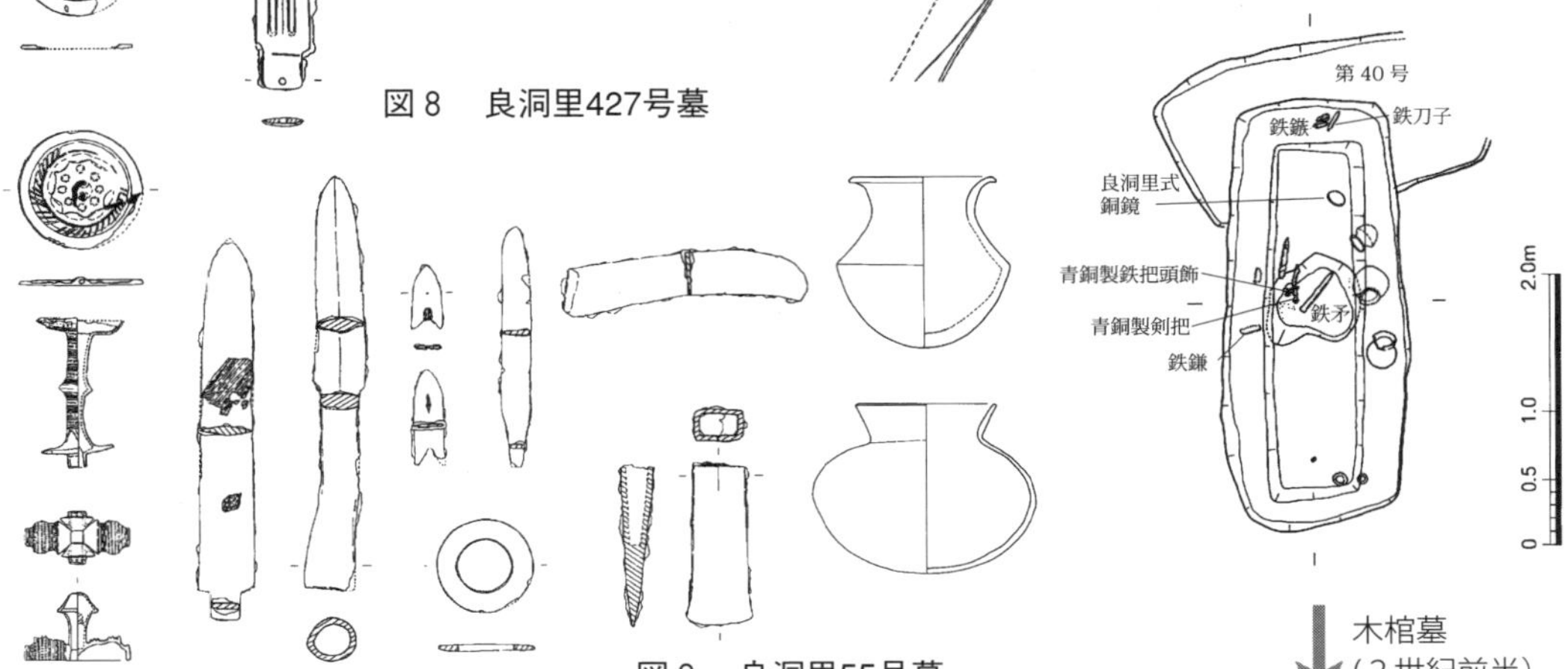

図9　良洞里55号墓

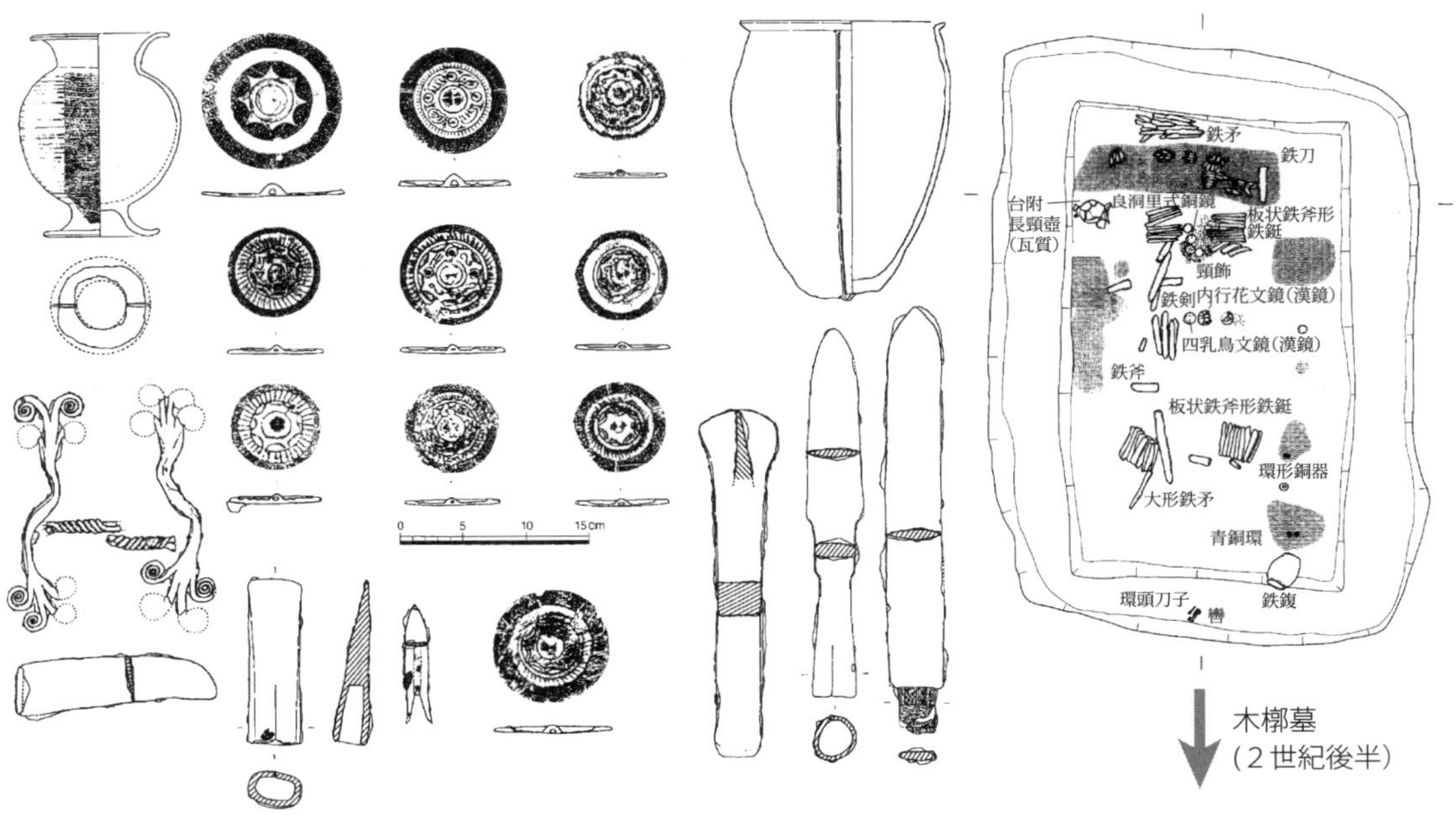

図10　良洞里162号墓

（図8～10：註7 東義大学校博物館 2000より）

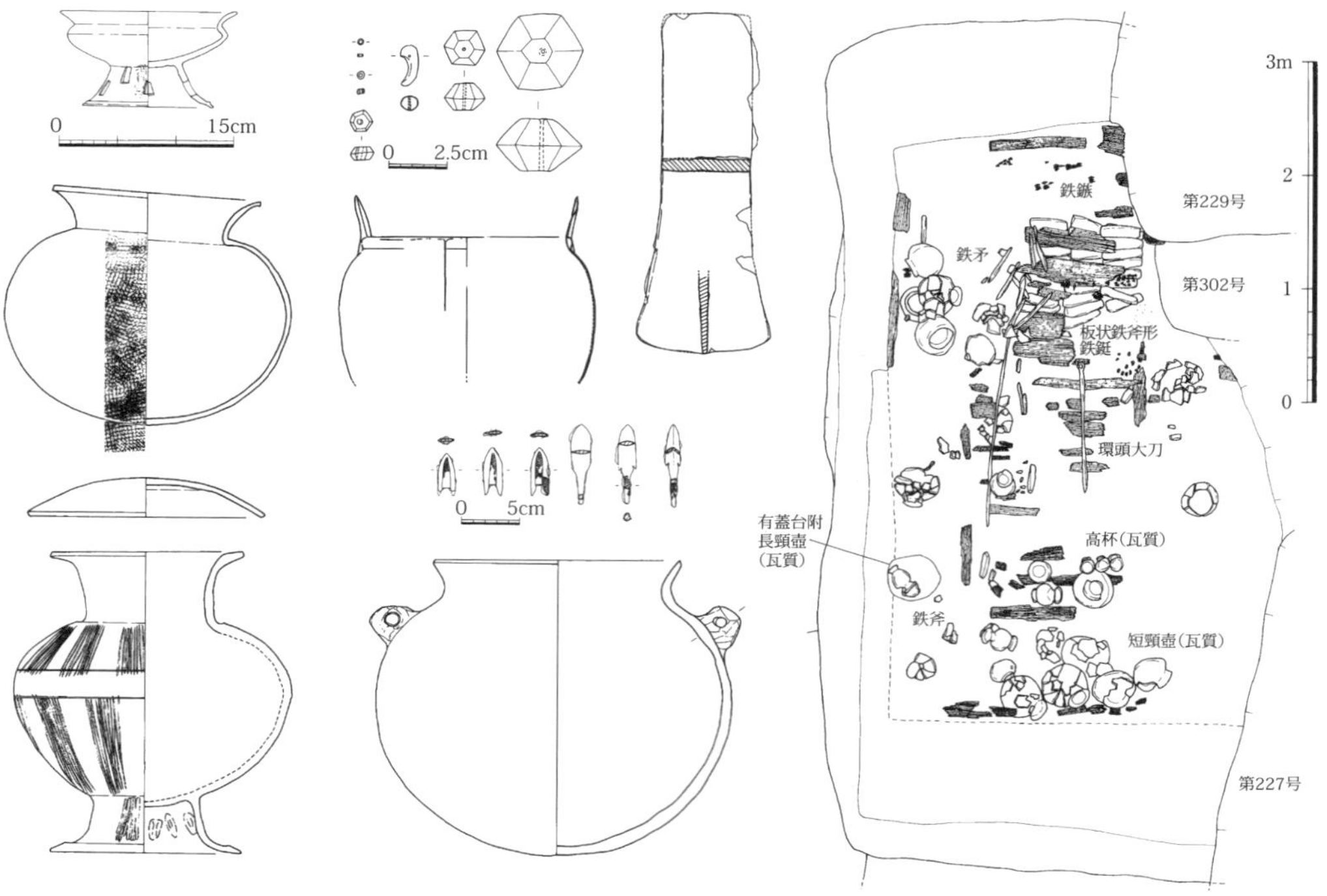

図11　良洞里235号墓（木槨墓：3世紀中葉）（註7　東義大学校博物館 2000より）

る。このことから丘陵裾には環濠がめぐり、その外側に木棺墓が造営されていた様子がうかがえ、集落は丘陵上にあったものと推測される。

　以下では、狗邪韓国を構成する原三国時代の遺跡群のうち、墳墓資料をいくつか概観してみたい。

内徳里遺跡　金海市長有面内徳里に所在する標高三四メートルの丘陵上に位置する。このうち、一九号墓は後一世紀後半に位置付けられる木棺墓である。詳細は未報告のため不明であるが、広形銅矛が木棺墓東南隅の充填土中で、鋒が突き刺さった状態で出土した。共伴遺物には瓦質土器のほか、把手付銅剣、鞘金具、方格規矩四神鏡などが出土した。

良洞里遺跡　金海市酒村面良洞里に所在し、標高約九〇メートルの丘陵斜面に造営された墳墓群である。同遺跡は、一九六九年に方格規矩四神鏡、鉄剣、鉄矛、青銅製剣把頭飾、土器などの一括遺物が偶然発見されたことで広く知られるようになった。[註13] その後、一九八四年には文化財研究所、一九九〇年から一九九六年までは東義大学校博物館によって発掘調査が行なわれ、二〇一〇～二〇一一年には史跡整備にともなう発掘調査が国立金海博物館と大成洞古墳博物館によって実施された。これまで原三国時代～三国時代の木棺墓四二基、木槨墓四〇八基、竪穴式石槨墓三二基、甕棺墓七三基などが検出され、原三国時代の墓制が木棺墓から木槨墓へ、三国時代になると竪穴式石槨墓へ変遷することが明らかになった。墳墓群の中心時期は大型木槨墓が集中して築造された後二・三世紀とみられる。

　このうち、積石木棺墓である七〇号墓が最も古く、前二世紀末～前一世紀初め頃に位置付けられる。その後、空白期をはさみ、木棺墓は後一～二世紀まで築造されており、後二世紀後半になると一六二号墓や二三五号墓をはじめとする大型木槨墓が築造された。この遺跡の最大の特徴としては、楽浪郡および北部九州との交渉関係をあらわす遺物が多く副葬される点が指摘できる。楽浪系は、一六二号墓で後漢鏡・鉄鍑、二三五号墓で銅鍑、三一八号墓で鉄鍑、三二二号墓で銅鼎などが確認でき、倭系は、五五号墓・一六二号墓・四二七号墓で小形仿製鏡、九〇号墓で中広形銅矛、二〇〇号墓で広形銅矛、三九〇号墓で中広形銅矛・広形銅矛が副葬されていた。

大成洞遺跡(註14)　海畔川流域の独立小丘陵上に立地し、木棺墓、甕棺墓、木槨墓、石槨墓などが検出された。丘陵およびその周辺部における発掘調査は、一九九〇年から一九九二年まで三次にわたり慶星大学校博物館によって実施され、その後同大学校博物館や大成洞古墳博物館によって六次まで調査が行なわれた。木棺墓は七〇基が調査されており、四・五世紀の大型木槨墓が築造された丘陵周辺部に立地する。築造時期は後一世紀後半から二世紀前半と推定される。出土遺物には土器のほか、鉄器、漆器、装身具類などがある。このうち、鉄器には鉄鏃や鉄矛などの武器類、鉄斧や鉄鎌などの農工具類が副葬されるが、その全体量は少ない。二世紀後半以降は、四五号墓など木槨墓も築造されているが、規模や副葬品からみて良洞里遺跡に比べて劣勢である。しかし、大成洞二九号墳が築造された三世紀後半以降は、丘陵頂上部に大型木槨墓が築造されており、四・五世紀代の金官国の王および王族の墓域となった。

伽耶の森墳墓群　大成洞遺跡の南側に位置する墳墓群であり、大成洞遺跡と同一遺跡とみられる。木棺墓三基、木槨墓一基、石槨墓一基、土壙墓一基が検出された(註15)。このうち、三号木棺墓は副葬土器からみて、後一世紀中葉頃に位置付けられる。木棺内には団扇、漆鞘鉄剣・青銅製付属具、素文鏡が、木棺充填土には巾着壺、把手付壺、組合牛角形把手付壺や、漆器、鉄環、鉄矛、鉄斧、タビ、刀子が副葬されていた。北部九州製とみられる鉄戈形（系）銅戈は、頭側の充填土から出土し、本来は鞘に入っていたものと推定される。

昌原茶戸里遺跡　狗邪韓国とは別の「国」の墳墓群とみられるが、狗邪韓国の初期資料とみる見解もある。同遺跡は、昌原市東邑茶戸里に所在し、現在の金海中心部北側において、東西に展開する山々を越えた洛東江下流域に位置する（図6）。隣接する地域には、青銅器時代の徳川里一号支石墓が分布する（図1）。広大な墓域を持つ単独墓であり、その規模は周辺の支石墓を圧倒する。

茶戸里遺跡は低い丘陵に立地し、木棺墓を中心とする墳墓群である。木棺墓は前一世紀前葉から築造が始まり、後二世紀中葉まで継続したが、中心年代は前一世紀～後一世紀と推定される。このうち、一号墓は長さ二七八×幅一三六センチの墓壙内に割竹形木棺を埋葬しており、墓壙床面中央に腰坑をもつ。星雲文鏡や五銖銭など楽浪郡からもたらされた遺物から、前一世紀後半に築造されたと考えられる。注目されるのが、腰坑内の竹籠に鉄矛などとともに、北部九州製とみられる中細形銅矛が副葬されていた点であり、同型式のものは永川龍田里木棺墓でも出土している(註16)。また、筆と書刀の存在からはこの地域における文字の使用・普及がうかがえる。

三　まとめにかえて―良洞里集団と大成洞集団―

最後に、狗邪韓国を構成する二大勢力であった良洞里集団と大成洞集団の動向を中心に整理して、まとめにかえたい。

狗邪韓国は、朝鮮半島の西・南海岸および日本列島をつなぐ航路上の要衝という地理的条件と、鉄生産という二つの要素を勢力基盤として、後一世紀代には台頭し、弁韓社会において中心的役割を果たすようになった。すなわち、漢（楽浪郡）との交易の主導権を握ることになり、古金海湾の一角が原始的な国際交易港として繁栄し、北部九州を含めた各地から集まった外来交易人の間で交易がなされたとみられる。それを裏付ける考古資料として、楽浪郡と関連する外来系交易品が金海地域に集中するようになり、また列島系青銅器も分布の中心が大邱や永川地域などから良洞里遺跡一帯に移動する。鉄生産に関しては、鉄素材である板状鉄斧や鋳造鉄斧の副葬状況からみて、後二世紀頃には金海地域における本格的な鉄生産が開始されたと推測される。

この時期になると、大成洞遺跡および良洞里遺跡において、本格的に木棺墓が造営されており、後二世紀後半以降は、良洞里一六二号墓や良洞里二三五号墓をはじめとする大型木槨墓が築造された。ただし、原三国時代の木棺墓段階から木槨墓段階にかけて、大成洞集団は墳墓の規模や副葬品の内容から、良洞里集団に比べると明らかに劣勢である。

しかし、三世紀後半以降は、少なくとも墳墓資料からみて、狗邪韓国の権力の中心が良洞里集団から大成洞集団へ移動したと考えられる。この問題に関しては、申敬澈は大成洞古墳群が狗邪韓国から金官加耶まで終始一貫して支配者集団の中心墓域であったとみるのに対し、洪潽植は狗邪韓国の最高支配者集団を良洞里集団と想定し、中心集団としての役割は二世紀末から三世紀初めまで継続したとみており、意見の一致をみない。[註17]

私は基本的に洪の見解に賛同するが、良洞里集団の中心集団としての役割は三世紀前半まであったとみている。この問題は、狗邪韓国から金官国段階において、この地域が国際交易の中心地として繁栄していたことを勘案し、良洞里遺跡における外来系交易品の集中時期をみれば理解できよう。[註18] 後漢鏡・銅鼎・銅鍑・鉄鍑など楽浪・帯方郡との対外交易を通じて流入した遺物は、二世紀後半から三世紀前半にかけて良洞里遺跡で多くみられる。これら遺物が副葬された墳墓は大型木槨墓であり、丘陵頂上部およびその周辺に立地する上位階層に限定される。また、倭系遺物についても、弥生時代後期の中広形・広形銅矛や小形仿製鏡が良洞里遺跡に集中するのに対し、大成洞遺跡では弥生時代の遺物がこれまで確認されていない。結局、同時期の他遺跡ではみられない威信財が、良洞里遺跡に集中することからみて、国際交易を政治的基盤とする狗邪韓国の中心が良洞里遺跡を含めた、古金海湾の西側にあたる潮満江水系にあったことがわかる。また、この時期における鉄器の副葬量が他遺跡を圧倒している点もこのことを補強する。

ところが、四世紀になると、巴形銅器や鏃形石製品といった古墳時代の倭系遺物や、楽浪系遺物の多くが大成洞遺跡で出土するようになり、金官国段階の対外交渉の主体が大成洞集団の支配者階層に移ったことがわかる。[註19]

四世紀以降、狗邪韓国は金官国として、前期加耶の中心となるほどの成長をとげる。金官国は四世紀代を中心に盛行し、四世紀から五世紀前葉までの王および王族の墓域は大成洞遺跡において確認されている。丘陵頂上部に築造された副槨をそなえる大型木槨墓がこれに該当し、土器および鉄器の多量副葬、外来系交易品や武器・馬具の副葬、殉葬が認められる。その後、四〇〇年の高句麗南征によって大きな打撃を受けたことにより、大成洞遺跡における大型木槨墓の築造は中断し、それ以降の金官国は衰退の道をたどっていく。

謝辞　本文作成および資料収集にあたっては、兪炳琭氏、趙晟元氏、李正永氏、竹村明美氏の協力を得ました。

＊紙幅の関係上、大部分の報告書を割愛させていただいた。ご容赦いただきたい。

（註1）狗邪韓国に関する先行研究には、李賢恵「金海地域の古代聚落と城」『韓国古代史論叢』八、一九九六（韓）、洪潽植「考古学からみた金官加耶」『考古学からみた加耶』二〇〇〇（韓）、武末純一「一　狗邪韓国」『倭人伝の国々』学生社、二〇〇〇、西谷　正「三　狗邪韓国」『魏志倭人伝の考古学』学生社、二〇一〇がある。

（註2）李賢恵「四世紀加耶社会の交易体系の変遷」『韓国古代史研究』一、一九八八（韓）

（註3）東亜大学校博物館『文化遺蹟分布地図　金海市』一九九八（韓）、釜山大学校博物館『金海の古墳文化』一九九八（韓）

（註4）辰韓・弁韓は、それぞれ一二の「国」から成り、盆地や平野を単位とする。「国」段階の基礎政治体といえる邑落は、中心集落の下に大小の多数の集落が集まり、日本列島の「クニ」にほぼ該当する。

（註5）慶南考古学研究所『金海亀山洞遺蹟X　考察編』二〇一〇（韓）

（註6）李熙濬「初期辰・弁韓に関する考古学的議論」『辰・弁韓史研究』二〇〇二（韓）

（註7）東義大学校博物館『金海良洞里古墳文化』二〇〇〇（韓）、東義大学校博物館『金海良洞里古墳群Ⅰ』二〇〇八（韓）、慶星大学校博物館『大成洞古墳群Ⅰ』二〇〇〇（韓）

（註8）井上主税「勒島遺跡と対外交流」『季刊考古学』一一三、二〇一〇

（註9）申東昭『嶺南地方原三国時代鉄斧と鉄矛の分布定型研究』慶北大学校文学碩士学位論文、二〇〇七（韓）、前掲註8に同じ

（註10）釜山大学校人文大学考古学科『金海会峴里貝塚』二〇〇二（韓）、三江文化財研究院『金海会峴里貝塚Ⅰ』二〇〇九（韓）

（註11）釜山大学校博物館『金海鳳凰台遺蹟』一九九八（韓）

（註12）慶星大学校博物館『大成洞古墳群Ⅰ』二〇〇〇（韓）

（註13）朴敬源「金海地方出土の青銅遺物」『考古美術』一〇六・一〇七、一九七〇（韓）

（註14）亀旨路墳墓群は、大成洞遺跡のすぐ北側に位置し、大成洞遺跡と同一墳墓群に含まれる。

（註15）東亜細亜文化財研究院『金海伽耶の森造成敷地内　金海茂渓里共同住宅建設敷地内 遺蹟発掘調査報告書』二〇〇六（韓）

（註16）井上主税「茶戸里遺跡にみられる倭と関連する考古資料について」国立中央博物館編『考古学誌』特輯号、二〇〇九

（註17）申敬澈「金海大成洞・東莱福泉洞古墳群点描―金官加耶理解の一端―」『釜山史学』一九、一九九五（韓）、洪潽植「考古学からみた金官加耶」『考古学からみた加耶』二〇〇〇（韓）

（註18）井上主税「倭系遺物からみた金官加耶勢力の動向」『九州考古学』八二、二〇〇七

（註19）前掲註18申論文、井上主税『嶺南地方出土の倭系遺物からみた日韓交渉』慶北大学校文学博士学位論文、二〇〇六（韓）

第二章　明らかになった国々の実像

対馬国

安楽　勉

一　対馬の地勢

日本海の西方に浮かぶ対馬は、大陸からの使者が最初に訪れる「倭」の玄関口であり「……始めて一海を度る千余里、対馬国に至る。その大官を卑狗といい、副を卑奴母離という。居る所絶島、方四百余里ばかり。土地は山険しく、深林多く、道路は禽鹿の径の如し。千余戸あり。良田なく、海物を食して自活し、船に乗りて南北に市糴す。……」と魏志倭人伝に六四文字で記されている。現状は道路と港が整備されているものの自然はまだ多く残り、当時の情景を彷彿とさせるものがある。

対馬は南北約八二キロ、東西約一八キロの細長い島で、佐渡・奄美大島についで日本で三番目に大きい島である。海岸は沈降と隆起によってできたリアス式海岸が発達し、総延長は九一五キロとなっている。全島の八九パーセントが山林でおおわれ、峻険な深い山が連なり標高二〇〇〜三〇〇メートルの山が海岸までせまっている。ちなみに対馬における最高峰は厳原町南部にある標高六四八・五メートルの矢立山である。河川は地形的な関係でほとんどが急流河川であり、流路は短く流域面積も狭く、したがって平野にも恵まれていない。現在の耕地率はわ

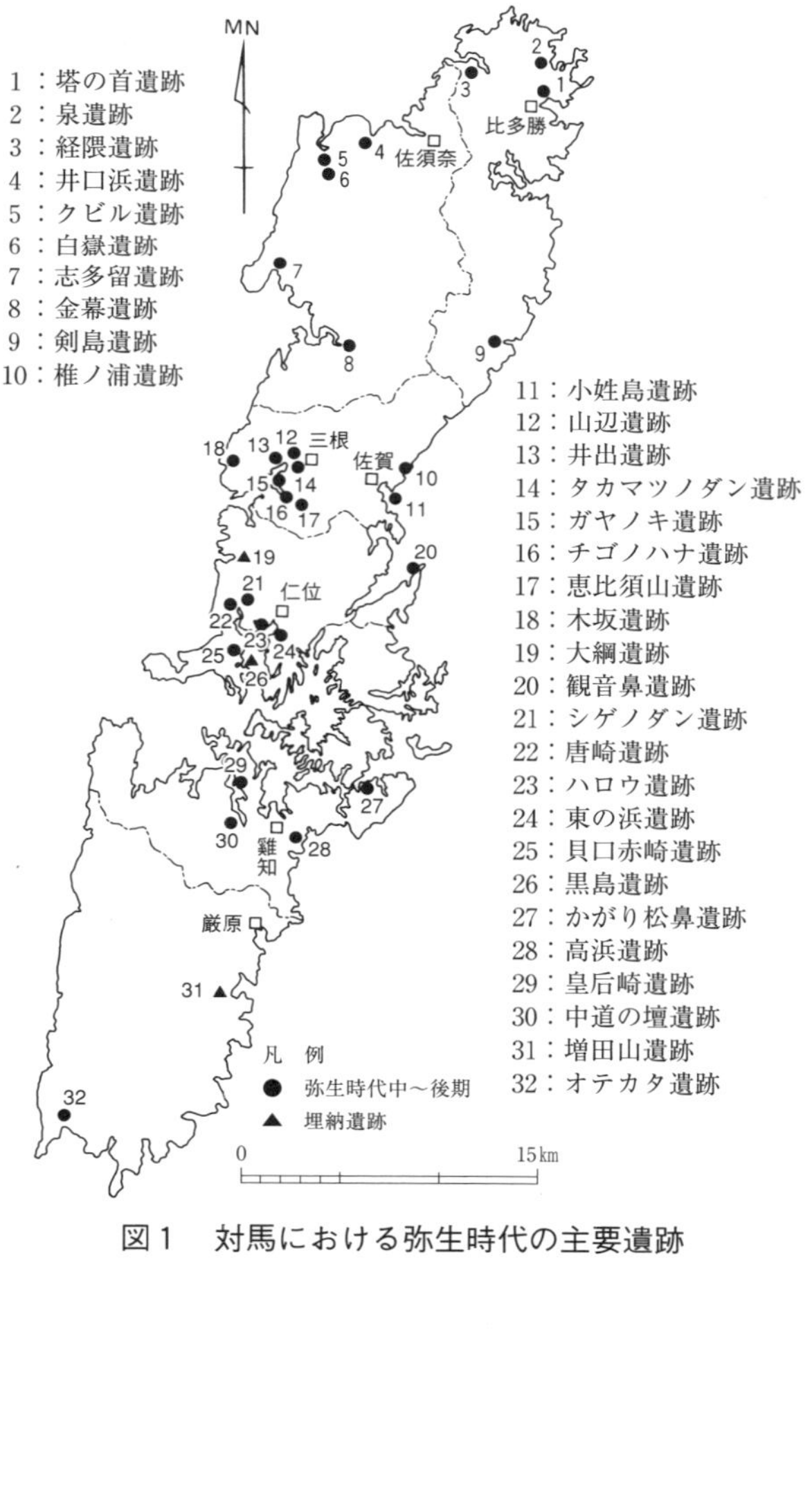

図１　対馬における弥生時代の主要遺跡

ずか一・四パーセントで、島内での主な耕地部は上県町佐護・仁田地区と厳原町佐須地区である。壱岐の耕地率を比較すると島の面積では対馬の五分の一であるにもかかわらず、対馬の四倍の耕地を有しており、両島の立地条件ないしは土地利用の相違がわかる。

二　対馬国の萌芽

対馬における弥生時代初期の様相は、細長い地形のなかで島中央部に限られている。東海岸に位置する豊玉町曽浦は湾が鋭角状にいり込んでいるが、湾を見下ろす標高一〇～一五メートルの小高い丘に住吉平貝塚が営まれ、夜臼式土器や板付Ⅰ・Ⅱ式土器が確認され、板付Ⅰ式に伴って抉入片刃石斧が出土している。一方、西海岸の峰町三根には湾が東に向かって深く入り込み、奥部には三根川が注いでいるが、河口部から上流は大きく袋状に蛇行している。低丘陵先端部から奥部に井出遺跡や三根遺跡山辺《やんべ》地区が所在し、周辺にはタカマツノダン遺跡やサカドウ遺跡、ガヤノキ遺跡などが点在する。

井出遺跡からは板付Ⅰ・Ⅱ式を中心とする弥生時代前期から中期までの壺や甕が出土し、抉入片刃石斧も出土している。土器では、甕口縁直下に刺突を施した孔列文土器を意識したものと、半島からの影響を強く感じる赤色研磨の壺型土器や、後期後半の無文土器も出土している。井出遺跡からさらに奥部の山辺地区では板付Ⅱ式土器が出土している。三根湾の支湾吉田浦に注ぐ吉田川右岸に位置している吉田遺跡は、一九五四（昭和二九）年道路工事によって台地先端が削平され貝層が露出しているところの調査が曽野寿彦、増田精一によって行なわれ、夜臼式土器や弥生土器が出土して対馬におけるクニの芽生えを感じさせる。

三　対馬の拠点集落

対馬は入り江が多く、湾の奥部には浦といわれる集落が発達している。一四七一年朝鮮国の申叔舟の撰による『海東諸国紀』の「対馬島」の冒頭には「郡八。人戸は皆海沿いの浦にして、凡そ八二浦に居いし。南北は三日程、東西は或は一日、或は半日程。四面皆岩山にして、土は瘠せ民貧しく、塩を煮き、魚を捕り、販売を以って生業と為す。」とあり、倭人伝と同様の表現がみられる。平野には恵まれず、遺跡といえば岬の突端に営まれた弥生時代から古墳時代にかけての墓地がほとんどで、しかも扁平な板石を組み合わせた石棺墓が主流であり、北部九州に見られる甕棺墓は二～三例である。地元の歴史に詳しい永留久恵は、拠点集落のランク付けを試みている。[註1]「Aランクには出土品に北部九州の弥生土器と共に、倭国産の青銅器（矛・剣・鏡）や玉類と、韓国産の土器や青銅器、それに中国系土器、青銅器など海外通商の物証を副葬した墳墓（箱式石棺）がある所、およびこれらの文物を出土した遺跡」として各町ごとに北から南まで一八地域をあげている。しかしながら、対馬国には倭人伝に統治者の存在は知られているものの、中心集落である国邑の所在は未確認である。

（一）対馬北端の拠点集落

これをもとに北から見てみると上対馬町では平地は少なく、豊・泉・古里に墓地が認められるが、西泊湾に面した標高一二メートルの岬突端に所在する塔の首遺跡では弥生時代の箱式石棺墓五基が調査された。[註2]遺構はかなり損壊をうけていたが、二号石棺墓からは銅釧一・管玉一・水晶製棗玉一・ガラス製小玉約一四〇〇・陶質土

図2　塔の首遺跡石棺墓出土状況
（長崎県教育委員会提供）

器二・赤焼土器一が出土した。三号石棺墓からは広形銅矛二・銅釧七・管玉一・ガラス製小玉約八〇〇〇個・弥生土器小壺一が出土し、棺外からは三韓系陶質土器が出土している。四号石棺墓からは方格規矩文鏡・小鉄斧各一が出土した。出土品内容は北部九州系と朝鮮半島系に分けられるが、前者の要素が強いのが特徴である。

この地区は対馬の最北端からやや南に位置するところで西泊は東に向いた天然の良港であり、戦前は韓国の釜山港との定期船も運航され、最近復活しており、また避難港として重要な港でもある。

（二）佐護川流域の拠点集落

島北西部の上県町佐護地区は東から西に向かって島内三番目の河足をもつ佐護川が流れ、流域には島内一の平野が広がる。河口左岸には湊の集落が点在し、河口部は『日本書紀』記載の「鉏海水門《そまのみなと》」とされ、この水門が海外通交の要衝であったとされる（註3）。その記述を裏付けるように、この周辺には弥生時代の遺跡も多い。通称友谷原と呼ばれる所は中世頃潮田原と称され、干潟の入り江だったと推定されている。

友谷集落の対岸には弥生時代後期のハカタンクマ遺跡が位置し、銅矛と玉類が出た伝えがある。この対岸にはゴンクマ遺跡やクビル遺跡があるが、後者は一九二一・二二（大正一〇・一一）年後藤守一により調査が行なわれ、その結果は「対馬瞥見録」に発表され青銅器などが紹介された。内容は石棺（室）構造の中から中広形銅矛一本・広形矛三本・青銅容器・弥生土器（高三瀦式）・漢式（三韓土器）が出土している。青銅容器は銅鍑で、楽浪古墳から出土したという天理参考館のものと同類と見られている。その後、小田富士雄はこの遺跡を「宗教的な特殊埋納遺構」との見解を出している（註4）。

佐護白嶽遺跡はさらに上流の尾根のゆるやかな斜面に位置しているが、現在では遺跡の確認は困難である。発見は明治の終わり頃で地元民によって発掘された。遺物はその後、鳥居龍蔵によって注目され東京大学人類学教室に保管されている。一九四八（昭和二三）年には、東亜考古学会によって石室一基が調査されている。明治の発見遺物には、細形銅剣・角形銅器・銅釧・鉄斧がある。土器は弥生時代中期と思われるものや陶質土器が出土している。

このほか、この地区にはヘボノダン・八幡壇遺跡や未調査の遺跡ながら井口浜の入り江の奥に集落を伴うと思われる井口浜遺跡があることから、対外交易の拠点との評価も許容できる。

（三）三根湾の拠点集落

島のやや北よりに位置し東西に海が開ける峰町は、近年の調査によって対馬国の中心集落の様相が現実味を帯びたものとなってきた。

三根湾が西から大きく湾入し、途中南に向けて吉田浦の支湾をつくり、周辺に有望な遺跡が点在する。この地区は『海東諸国紀』に「美女浦《みねうら》六五〇戸」とある三根のことで、この時期島内第一の戸数を誇ることでも、天然の良港を備えた朝鮮との交流が垣間見えるのである。

　三根川は大きく蛇行しながら北東部に延びるが、まだ潮の干満が残る田志川の分岐点の岬突端にガヤノキ遺跡がある。端部はW状に分岐して上と下ガヤノキに分けられるが、現在は開発で削られ見る影もない。調査歴は古く一九三二年に中山平次郎は出土遺物について調査し、石棺より銅剣・鉄剣・石剣が共伴して出土したと紹介した。その後、一九四八年に東亜考古学会によって石棺一基が、一九六八〜七〇年には長崎県教育委員会および九州大学の調査が行なわれ、一九九四年には上ガヤノキB地点が峰町教育委員会によって行なわれている。これまでの調査を総合すれば、弥生時代中期後半から後期前半の石棺墓と後期中葉の特殊埋納遺構、および古墳時代後期の遺構から構成されている。上ガヤノキは石棺四基・積石塚一基が調査され、弥生時代の遺物としては、後期後半頃の土器や鉄剣、ガラス製玉類・無文土器などが出土している。下ガヤノキの石棺からは、銅矛二本・銅戈一本・鍔形銅器・金銅環・双管状銅器・鉄剣・石製紡錘車・ガラス製小玉・弥生土器・半島系瓦質土器や須恵器・新羅系陶質土器などが出土している。[註5]

図3　山辺遺跡の住居跡（阿比留伴次氏提供）

　三根川を挟んでガヤノキ遺跡対岸の丘陵突端に位置するタカマツノダン遺跡からは、一九五四年の道路工事中に二基の石棺が壊され、細形銅剣一点・飾鋲三点・鍔金具一点・触角式把頭一点・小形仿製鏡二点・ガラス製小玉などが出土しているが、滑石粉末を入れた土器片も採集されており楽浪土器の可能性もある。

　ガヤノキ遺跡から約五〇〇メートル上流で三根川が大きく蛇行する地点に旧岬状の突端があり、サカドウ遺跡が所在する。現在は共同墓地として利用されており、一九五三年に新しい墓を掘った際に板石囲いの中から舶載の青銅製品が一括して出土したもので、細形銅剣・中細形銅矛・触角式剣把頭金具・角形銅器・笠頭形銅器・有孔十字形金具など九点で弥生時代後期初頭頃に位置づけられる。

　さらに河川が大きく蛇行しヤカノ内川が合流する地域に比較的平坦な水田や畑地が開け、ここに三根遺跡が位置する。遺跡は井出地区と山辺地区に分けられるが、前者は一九五九年と一九九〇年に調査され、板付Ⅰ・Ⅱ式を中心とする弥生時代前期末から中期までの土器と、孔列文土器を意識したものや松菊里遺跡出土土器類似の丹塗磨研土器および後期後半の無文土器・抉入片刃石斧などが出土している。[註6]後者の山辺地区はさらに五〇〇メートル上流の奥部にあたり、二〇〇一〜〇二年の峰町教育委員会の調査[註7]では、弥生時代前期前葉から古墳時代（五世紀）までの竪穴式住居や高床式倉庫、弥生時代中期では半島系無文土器や楽浪系土器および鉄素材や鉄滓が出土していることから弥生時代の鍛冶工房の存在も考えられるところである。

　このほか三根湾の入り口北側にあたる丘陵先端の木坂遺跡[註8]から

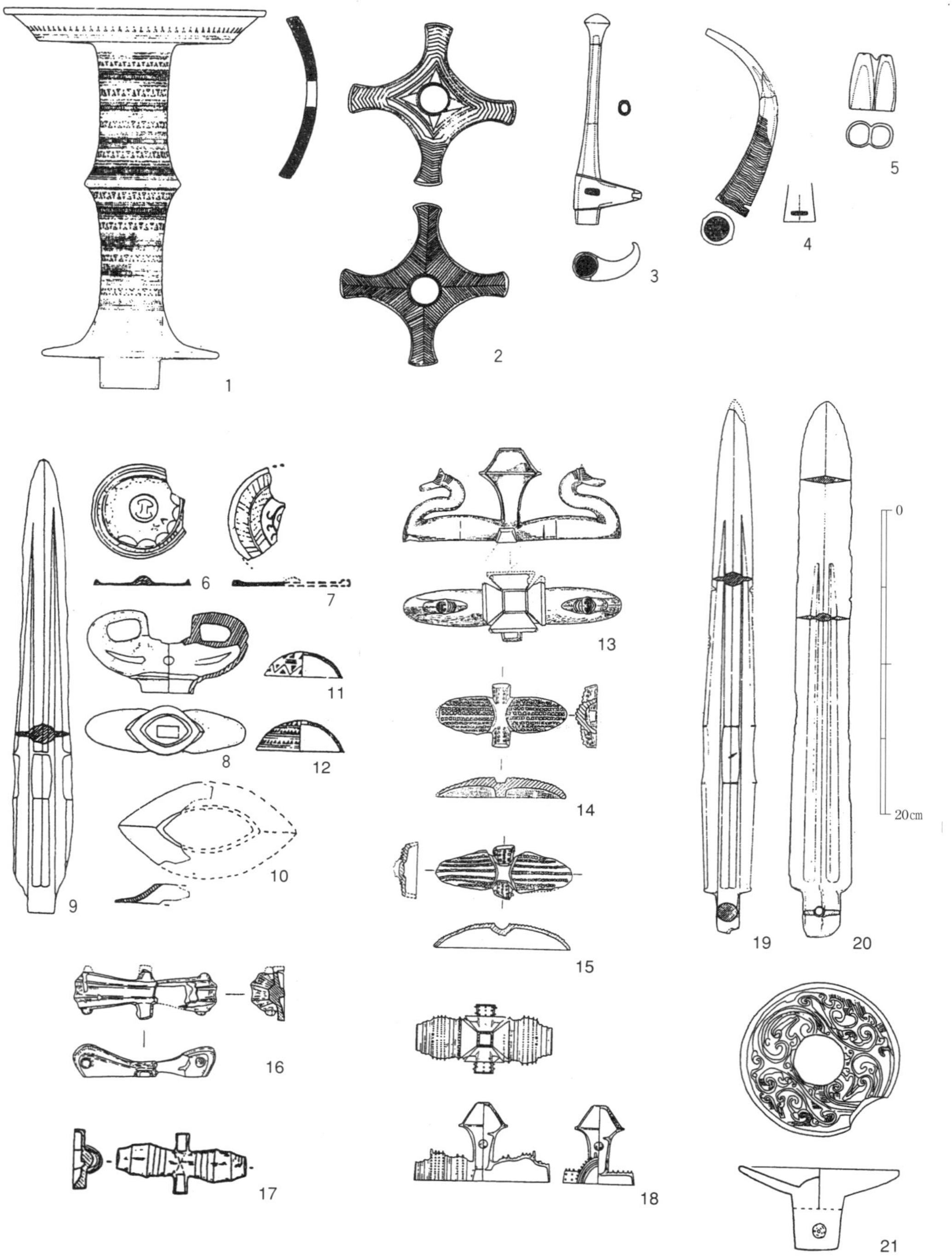

図４　対馬弥生時代遺跡出土の舶載青銅器

１～５：木坂遺跡（１／３、註８より）　６～12：タカマツノダン遺跡　13～15：シゲノダン遺跡　16：小姓島遺跡　17：唐崎遺跡（註２より）　18：恵比須山遺跡（註９より）　19～20：東の浜遺跡（註２より）　21：かがり松鼻遺跡（１／２、註12より）

は、一九七五年に石棺七基と配石遺構二基が調査され、青銅器では広形銅矛二点・有孔十字型銅器一点・笠形銅器一点・青銅剣柄・小形仿製鏡三面および鉄製刀子・ガラス製小玉など、土器は弥生時代後期や三韓系瓦質土器など舶載品を中心に豊富に出土している。

(四) 吉田浦周辺

三根湾の中ほどから南に吉田浦が南東に入り込み、奥には吉田川が注ぐが、この周辺には墓地などが営まれている。また、吉田川下流右岸には縄文時代中期～夜臼期までの貝塚を伴う吉田遺跡があるが、現在は国道などによって消滅している。湾の入り口を塞ぐように突き出したチゴノハナ岬先端からは粘板岩質の全長四三センチの有柄式磨製石剣が発見されている。

吉田川河口部の岬には恵比須山遺跡がある。(註9) 一九七四年河川改修工事に伴い調査され、弥生から古墳時代の石棺一二基と弥生時代後期の壺棺一基が検出され、弥生時代の石棺は三基である。そのなかの八号石棺から青銅製粟粒文方柱十字形剣把頭が出土している。同形のものは韓国慶尚南道良洞里遺跡にも見られる。六号石棺からは変形細形銅剣と後期土器、一〇号石棺からは弥生中期中葉の須玖式土器が出土している。この地域には沖積平野の遺跡として大田原ヤモト遺跡があり、弥生土器や粘板岩質の有式柄石剣が出土していることから、この地区にも集落の可能性を窺わせている。

(五) 佐賀浦周辺

峰町の東部海岸に開けた佐賀浦は対馬藩の始祖宗氏が最初に入国したところで、縄文時代の佐賀貝塚所在地でも知られる。この浦の入り口に陸繋島の小姓島があり、一九六九年永留久恵によって五基の石棺が調査され、青銅製十字型把頭金具・鉄剣や弥生時代中期後半から後期初頭の土器および三韓系瓦質土器などが得られている。

さらに北側の椎の浦の小さな入り江の岬突端に弥生時代中期末～後期の石棺五基と後期の甕棺二基が二回にわたり調査され、石棺からは細形銅剣・青銅製鍔金具と後漢代の内行花文鏡が出土し、東海岸にも小規模ながら集落があったことを示している。

(六) 仁位浅茅湾周辺

かつて、『万葉集』に浅茅浦と呼ばれたリアス式海岸は、大小無数の入り江と島々からなる景勝地のひとつであり、対馬を上と下に分断する地域でもある。元来、上と下の島はつながっていたが、旧海軍の要港が竹敷浦に置かれると、艦船が出入りできるように掘削されて万関瀬戸と呼ばれる運河が通じ、現在は橋が架けられている。

浅茅湾には無数の岬があり、その先端部には弥生から古墳時代にかけての墓地が営まれているが、その多くは遺構がむきだしになり原形をとどめていないものも多い。この湾の北奥部は豊玉町に接し、仁位浅茅湾と呼ばれさらに支湾を形成し、仁位浦・糠浦・佐保浦・貝口浦・卯麦浦などがある。なかでも佐保浦には、赤崎・唐崎・ハロウ・キロスガ浜・シゲノダンなどの遺跡が集中する。赤崎遺跡の石棺からは鉄剣や鉄斧・内行花文仿製鏡、土器では弥生時代中期初頭の壺形土器や中期中葉の長頸壺形土器および三韓系土器などがあり、近接するキロスガ浜からも銅矛の出土がある。唐崎遺跡は佐保川の河口西側の旧岬先端に位置し一九六六年の調査で石棺より有孔十字形金具・有鈎笠形金具・青銅製把頭飾などの舶載青銅器、ガラス製小玉などが出土し、弥生土器は中期末から後期初頭頃と見られる。(註10)

シゲノダン遺跡は佐保集落なかほどの段々畑の耕作中、偶然発見されている。石棺や土坑など特別な遺構があったわけではなく、露出に近い状態である。遺物は舶載品の双獣付十字形把頭飾・粟粒文十字形把頭飾・鞘先状金具二点・馬鐸・貨泉・鍔形銅器・変形細形銅剣、国産品では中広形銅矛・鉄剣五点・矛状鉄器・刀子などである。また佐保川をはさんで向こう側にはソウダイ遺跡が所在するが、ここからも馬鐸や釧、同笵と思われる巴形銅器二点があり一緒に磨製石斧が五本出土している。発見者は当時高校生で、出土時の聞き取り調査も行なわれたが、どのような経緯で発見されたか疑問点も多く、いまだ決着をみていない(註11)。

しかし、いずれにしても弥生時代後期頃の舶載青銅器がこの地区にあったことを事実と受け止めれば、楽浪郡から半島を径由してもたらされたものもあり、海外交渉の濃密さもうかんでくるのである。

仁位浅茅湾奥部山裾のゆるやかな斜面には、東の浜遺跡があり石棺から細形銅剣二本と仿製鏡と鉄剣が出土している。また、対岸の仁位浜のハロウ遺跡では一九六八・七〇年の調査で石棺から弥生時代中期中葉頃の磨製石剣と後期終末の小形仿製鏡・広形銅矛・鉄剣・ガラス玉類のほか弥生土器や瓦質土器などが出土している。

万関瀬戸が上と下で隔てられていることは先に述べたが、西側が浅茅湾で東側は三浦湾である。三浦湾には多くの支湾があるが、久須保浦に面した海面から五メートルの岬の突端にかがり松鼻遺跡があり、一九八七年半壊した石棺が調査された。石棺内にはこれまで対馬で出土例のない青銅製把頭飾が副葬されていた。剣把を挟んで装着するため二個の突起をもち、ラッパ状に広がる内面には浮彫の流雲形花紋が施されている。この把頭飾は中国前漢代の洛陽を中心とする中原地方で製作され、楽浪郡を通じてもたらされたものと考えられる。このほかに半島産の変形細形銅剣やガラス製小玉約一二〇〇点と弥生時代後期後半の壺の破片が出土している(註12)。

(七) 島最南端の遺跡

浅茅湾から南部域にかけては見るべき遺跡は少ないが、最南端の豆酘には若干の沖積地が開けオテカタ遺跡が位置する。調査は一九七六年九州大学によって行なわれ(註13)、四層からなる土層が確認された。第三層は弥生時代後期前半の単純層で、第四層は中期から後期の時期で三層からは無文土器である三角形粘土帯土器が出土している。遺物の出土状況からこの地区にも弥生時代の集落が存在していたことが窺える。

四 銅矛埋納の意味するもの

対馬には現在一四〇本あまりの銅矛が現存するが、そのほとんどは北部九州で生産されたものである。それに対して壱岐では五本と少ないが、その差はどこにあるのだろうか。

確実に銅矛が出土した遺跡としてあげられるのは三二ヵ所、遺跡が明確でないが神社に伝世したところが一八社にのぼる。遺跡のなかで最多が黒島遺跡の一五本、次いで大綱遺跡の一二本、増田山遺跡の七本でいずれも埋納遺跡である。黒島は仁位浅茅湾に浮かぶ小さな島であり、大綱・増田山は海からやや奥まった山間部である。その意味するところを、永留久恵は『対馬国志』の中で海際と山際と捉え「郷土に侵入する悪霊や魔性を祓うために、海からの入り口と山からの入り口に〝矛〟を祀り、その呪力によって郷土の安全を鎮守したもので、この地が郷土の関門、すなわち〝郷関〟だと思われる。」と述べている。対馬は岬の突端に墓地が営まれていることからしても海人集団の墓であったことは間違いなく、この観点から見ると航海の安全を願って埋納されたとも考えられるのである。

五　対馬の国邑と終焉

倭人伝には対馬国に大官の卑狗と副官の卑奴母離がいたことが記されて国としての統治がわかる。また良田無く海物を食して自活し船に乗って南北に市糴すとあり、日常的に船を使った海人の活動が想像できる。この活動は朝鮮半島や北部九州に及んでいることが出土遺物から見てとれるが、島内の卓越した地域として三根湾や三根川流域にガヤノキ遺跡やタカマツノダン遺跡などの重要な弥生時代墳墓群や山辺地区のように弥生時代集落が存在し、楽浪郡系の土器や銅器・鏡、三韓系土器や鉄器、それに北部九州の弥生土器をはじめ銅矛と仿製鏡などがあることから、東海岸の小姓島遺跡と西海岸の木坂遺跡も含めて、この地域が海上交易を生業とした対馬の国邑と考えられる。弥生時代後期後半になるとこの地域は衰退していくが、同じ頃仁位浅茅湾でも佐保浦の赤崎遺跡やシゲノダン遺跡・東の浜遺跡などがあり、また黒島や大綱遺跡の銅矛大量埋納が示すように、弥生時代後期から終末になるとこの島中央部に対馬における政治の中心が遷っていったようである。しかし、塔の首遺跡やクビル遺跡・かがり松鼻遺跡などは、舶載品や国産品の副葬品が首長級の墳墓に見劣りしないものであることから、国邑をとりまくムラの存在が窺われ対馬連合体の形成も考えられるのである。

弥生時代の国の終焉は新しい中心域を生み出す。浅茅湾の南岸からさらに南に下がると東岸に雞知浦が展開し、湾を望む標高五〇メートルほどの丘陵に全長四〇メートルの前方後方墳である出居塚が所在する。構築時期が四世紀後半の比較的古いことや湾口にも根曾古墳群があり、畿内との関係も深いことから対馬の独自性は失われ、古墳時代という新たな時代を迎えるのである。

(註1) 永留久恵『対馬国志　第一巻　原始古代編』二〇〇九
(註2) 九州大学考古学研究室編『対馬―浅茅湾とその周辺の考古学調査―』長崎県文化財調査報告書第一七集、長崎県教育委員会、一九七四
(註3) 永留久恵「対馬の歴史地名・鉏海の水門」『対馬の文化財』一九七八
(註4) 小田富士雄「対馬クビル遺跡の再検討」『慶祝松崎寿和先生六十三歳論文集』一九七七
(註5) 前掲註2に同じ
(註6) 下條信行『井出遺跡調査概要』峰町文化財報告書、峰町教育委員会、一九九〇
(註7)『峰町日韓共同遺跡発掘交流事業記録集』峰町、二〇〇三
(註8) 坂田邦洋『木坂石棺群』峰町教育委員会、一九七六
(註9) 坂田邦洋『恵比須山遺跡発掘調査報告書』峰町教育委員会、一九七四
(註10) 前掲註2に同じ
(註11)『対馬―豊玉村佐保シゲノダンと唐崎の青銅器出土した遺跡の調査報告―』対馬遺跡調査会、一九七四
(註12) 高野晋司『かがり松鼻遺跡』美津島町文化財調査報告書第三集、一九八八
(註13)「オテカタ遺跡」小田富士雄編『日韓交渉の考古学―遺跡解説―』一九九一

一支国

宮崎貴夫

一　はじめに

「一支国《いきこく》」は、三世紀の中国の史書魏志倭人伝に登場する倭国の三〇余りの国々の一つであり、現在の長崎県壱岐島（壱岐市）に比定される。「対馬国」の対馬島とともに、対馬海峡・玄界灘にあって、古来より中国、朝鮮半島の大陸との交渉に重要な役割を果たしてきた島である。倭人伝には、帯方郡から朝鮮半島南部の「狗邪韓国」を経て倭へ至る行程の最初の寄港地である「対馬国」に続いて、「一支国」について五七文字の紀行文風の簡潔な文章が記述されている。「また南海を渡る千余里、名づけて瀚海《かんかい》という。一大国（一支国の誤記）に至る。官をまた卑狗といい、副を卑奴母離という。方三百里ばかり。竹林・叢林多く、三千ばかりの家あり。やや田地あり、田を耕せどもなお食するに足らず、また南北に市糴す。(註1)」。ここでは、「対馬国」と同様に卑狗という大官と卑奴母離という副官がいること、「一支国」も海峡の南と北に航海して市糴（交易）していると記されているが、この「南北市糴」という言葉は「対馬国」と「一支国」にのみ記述されており、両国の重要なキーワードと考えられる。

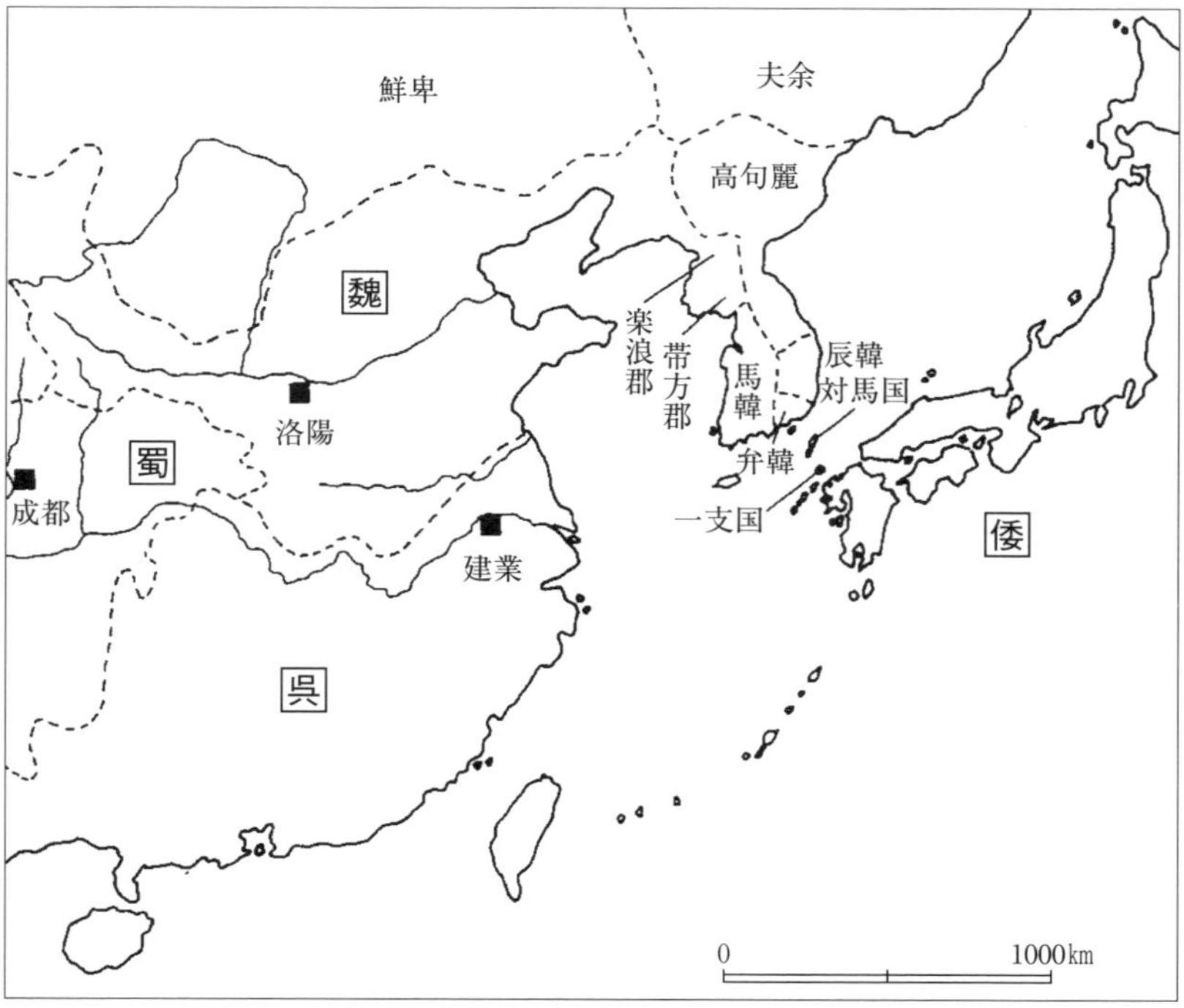

図1　3世紀中頃の東アジア世界

二　壱岐島の弥生時代遺跡と拠点集落

「対馬国」と「一支国」は離島であるために、自ずと国の領域が明らかである利点がある。壱岐島は南北一五キロ、東西一七キロ、面積約一三八平方キロの規模をもち、約六〇ヵ所の弥生時代遺跡が知られている。その分布状況については、幡鉾川下流域の原の辻遺跡を中心とするA群、幡鉾川上流の車出遺跡群を中心とするB群、刈田院川上流のカラカミ遺跡を中心とするC群と、中広形銅矛三本の埋納で知られる天ヶ原遺跡など島北部のD群の四つのグループが認められる。この中で拠点となる集落は、原の辻遺跡、車出遺跡群、カラカミ遺跡の三遺跡であり、それらの遺跡の周辺に小集落が点在している様相を示している。

原の辻遺跡は、弥生時代前期後葉から古墳時代前期にかけて長期にわたって壱岐島の中心的な集落として存在した遺跡である。島の南東部に位置し、島を西から東に流れ、内海という湾に注ぐ幡鉾川が形成した「深江田原《ふかえたばる》」という沖積地に飛び出した低台地を中心に立地し、約一〇〇ヘクタールの遺跡範囲をもつ巨大遺跡で、飛び抜けた遺跡の規模・内容から判断して、「一支国」の中心集落（国邑）と考えられている。遺跡の立地環境では、丘陵性の起伏をもつ地形が大半を占める壱岐島において、巨大な集落を形成できる広い台地がこの場所以外に望めないこと、周囲を一〇〇メートルほどの丘陵に囲まれて海上から直接見ることができない防御的に優れた場所にあること、「深江田原」という広い水田生産地を擁していることなど、原の辻遺跡が好条件に恵まれており、そのような場所に集落が計画的に形成されたことが推測できる。

カラカミ遺跡は、島の北東部に位置し、遺跡の東側から南側を流れる刈田院川の谷底平野から約四〇メートルの比高をもつ丘陵上に立地する、弥生時代前期から古墳時代初頭にかけての集落遺跡である。西側から南側を巡る環濠が確認され、約五ヘクタールの拡がり

図２　壱岐島の弥生時代遺跡

が推定される。遺物の構成は、原の辻遺跡に比較すると漁撈関係遺物が多く、後漢鏡片、楽浪土器、三韓土器などの船載遺物も出土しており、刈田院川が注ぐ湯ノ本湾の支湾である片苗湾を港津として、漁業や交易を生業にしていた様相をもっている。二〇〇四（平成一六）年～二〇〇八年の九州大学による調査では、竪穴住居跡のほか、鍛冶関係遺構が確認されている。

車出遺跡群は、一九九七年度の調査で、貨泉、後漢鏡片、小型仿製鏡、銅鏃などの遺物と環濠が確認されたが、二〇〇〇年度から二〇〇二年度に実施された確認調査で、車出遺跡、戸田遺跡、田ノ上遺跡と細分されている遺跡群が連なって一つのまとまりをもった遺跡であることがわかってきた。車出遺跡群は、弥生時代中期から古墳時代初期の遺跡であり、原の辻遺跡と同じ幡鉾川の上流域に立地するところから、原の辻遺跡から分岐した集団によって弥生時代中期に遺跡が形成され、遺跡西側の半城湾を港津として壱岐島の南西部をおさえる拠点集落であった可能性が高いと考えられる。

原の辻遺跡とカラカミ遺跡、車出遺跡群との関係は、カラカミ遺跡とが兄弟、車出遺跡群とが親子に例えることもできるが、原の辻遺跡が突出した規模・内容をもっており、「イキ国（一支国）」の中心集落（国邑）であったことが考えられる。「イキ国」は、原の辻遺跡をカラカミ遺跡や車出遺跡群の拠点集落と周辺小集落が支える構造であったと推察されるが、国の機能の大半は原の辻集落に集中していたことが考えられる。

三 「一支国」の国邑・原の辻遺跡の調査と保存活用

原の辻遺跡は、一九〇四・〇五（明治三七・三八）年頃に地元研究者の松本友雄によって発見され、昭和の初め頃に学界に紹介された。戦後には、九学会・東亜考古学会などの学会や県や地元町の教育委員会によって数々の発掘調査が実施され、規模の大きい弥生時代遺跡として知られていた。一九九三年度の圃場整備に伴う本調査では、多重の環濠が台地裾を巡っていることが確認された。これにより、原の辻遺跡は、大規模な規模をもつ「一支国」の中心的な集落であることが判明し、倭人伝に記載された国々のなかで国の中枢部が明確となった初めての遺跡となった。

さらに、一九九六年には、日本のみならず東アジアで最も古い弥生時代中期の船着き場跡が確認された。大陸のハイテク土木技術で築かれた船着き場跡は、それまでの弥生時代研究の常識を書き換える大発見であり、中国、朝鮮半島や日本本土から運ばれてきた多くの出土品の評価と併せ、原の辻遺跡が大陸・朝鮮半島と日本列島を結ぶ対外交渉・交易の拠点であったことを物語っている。このような発掘の成果によって原の辻遺跡は、倭人伝に記載された弥生時代の国の中心集落の構造や実態を解明できる極めて学術的価値が高い重要な遺跡であるとの評価を受けて、二〇〇〇年一一月に国の特別史跡に指定された。

原の辻遺跡は、二〇〇五年度から文化庁の補助を受けて遺跡の本格的な保存整備が開始され、二〇一〇年三月に「原の辻一支国王都復元公園」として開園した。また、遺跡を見下ろす北側丘陵上には、原の辻遺跡の展示物を中心とした壱岐市立一支国博物館が同時に開館して、遺跡と一体的に活用されている。この一支国博物館には、長崎県埋蔵文化財センターが併設されて学術・展示などの支援を行なっているが、県立の埋蔵文化財センターが離島に存在するのも全国的に見て初めてのケースである。原の辻遺跡は、現在約一〇〇ヘクタールの遺跡範囲のうち一〇パーセント余りが発掘されているが、長崎県と壱岐市によって今後も継続して調査が実施されていく予定であり、弥生時代の国の実態が明らかとなっていくような調査成果が期待される。

四　原の辻遺跡の集落変遷

原の辻遺跡の変遷は、これまでの調査成果から第Ⅰ期から第Ⅴ期の五期の段階に区分できる。

(一)　第Ⅰ期・集落の形成（弥生時代前期後葉～中期初頭）

原の辻遺跡は、弥生時代前期後葉に、幡鉾川が形成した沖積地「深江田原」を控えた台地と低地に形成される。そこで使われている土器は、北部九州沿岸部地域系統の弥生土器であり、その地域の人たちによって遺跡が営まれ始めたことが推定できる。この弥生時代前期後葉～中期初頭までの段階を第Ⅰ期とする。第Ⅰ期では、台地東端にある大溝遺構で、鍬・手斧ほかの木製品が出土しており、未製品もあることから木器の製作を行なっていたことがわかる。また、台地の北西部と北側の低地では、対馬産と推定される頁岩などの素材と未製品・失敗品・破片が多く出土しており、石庖丁・石鎌・石斧などの製作が盛んに行なわれていたことが判明している。また、台地北西部低地（不條地区）の約四〇〇〇平方メートルのエリアでは、第Ⅰ期から第Ⅱ期も含めると、一〇〇点を超える朝鮮半島系の無文土器・擬無文土器がまとまって出土していることから、渡来人やその子孫たちが弥生人と集住して、一種の居留地のような状況であったことがうかがえる。集落の形成については、朝鮮半島の後期無文土器の水石里式段階に、朝鮮半島での政情不安や社会的変動によって北部九州地域への渡来・移住がなされているが、原の辻遺跡が日本列島へ渡来する人々を受け入れる中継地となり、朝鮮半島との対外交易のネットワーク基地として形成されたことが推測される。第Ⅰ期後半の弥生時代前期末～中期初頭段階には、石田大原地区の墓域では特定集団墓が形成され、朝鮮半島製の多鈕細文鏡、細形銅剣・銅矛、天河石製玉や中国系のトンボ玉などの副葬品が出土しており、最初の優位集団の墓域の成立が認められる。首長クラスが台頭し、「イキ」の盟主となったのである。

(二)　第Ⅱ期・多重環濠集落の成立と交易の活発化（弥生時代中期前葉～後期初頭）

原の辻遺跡では、弥生時代中期前葉の須玖Ⅰ式古段階に環濠が掘削されて、濠に囲まれた約一六ヘクタールの居住域（原・高元地区）と環濠の外側に墓域が配置される「原の辻大集落」が成立する。この一大プロジェクトは、環濠ばかりでなく、台地中央部（原地区）の祭儀場、台地西側低地（八反地区）の船着き場など、全体計画に基づいた大土木工事であり、「イキ国」の国邑としての確立がなされたことになる。この弥生時代中期前葉～後期初頭までの段階を第Ⅱ期とする。低地部では、第Ⅰ期に引き続いて石器製作が継続して行なわれている。また、原の辻遺跡以外にはほとんど確認されていない朝鮮半島後期後半段階の擬無文土器（擬弥生土器）が出土しており、朝鮮半島から引き続き人々が来島していたことがわかる。とくに、船着き場跡に近接した低地の不條地区では、弩《ど》（機械仕掛けの弓）の矢尻である青銅製の三翼鏃《さんよくぞく》や前漢の貨幣の五銖銭、滑石混入の楽浪土器などの中国系文物が出土し、本来、礎石建物の高床建

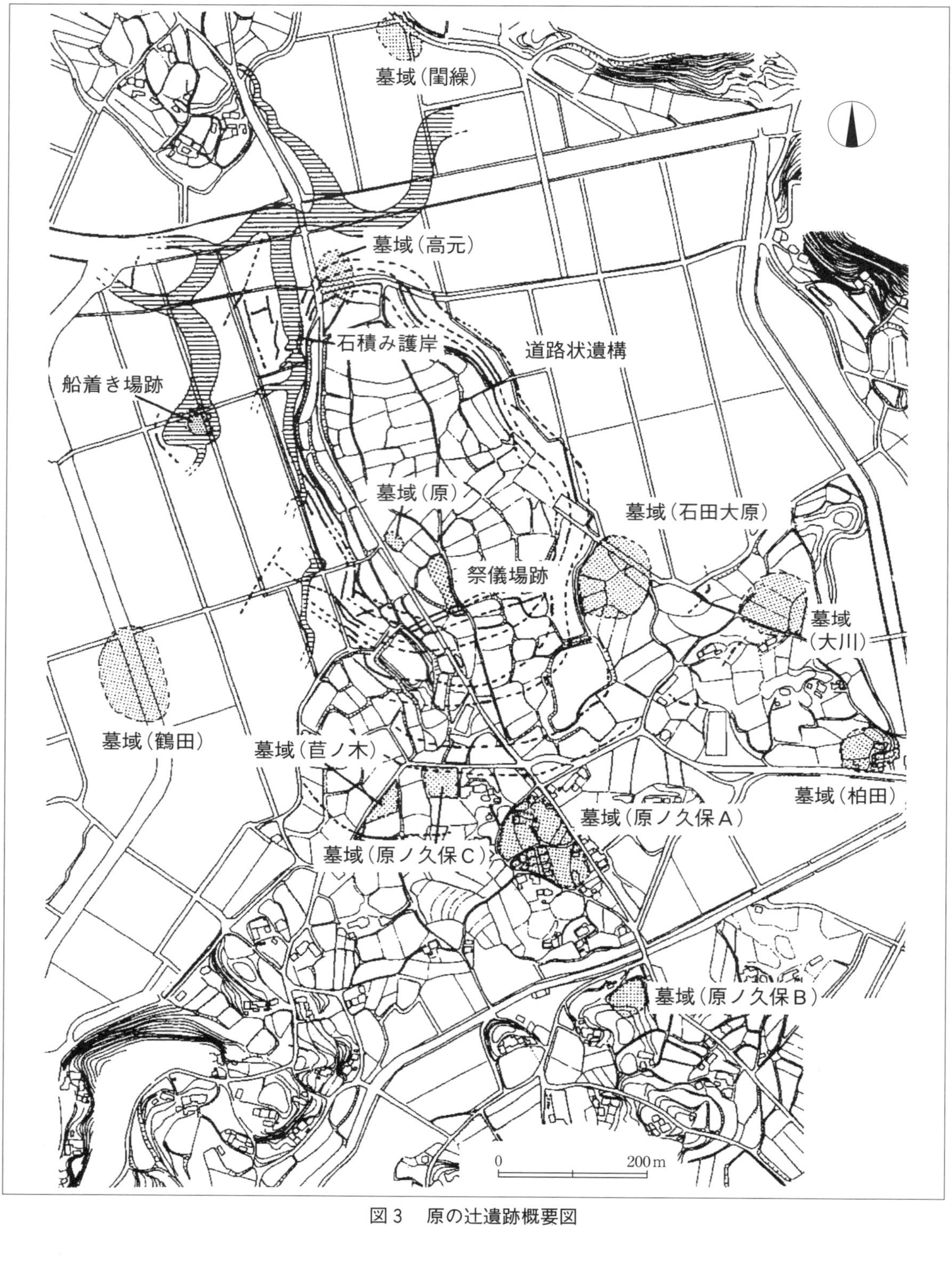
墓域（閨繰）
墓域（高元）
石積み護岸
道路状遺構
船着き場跡
墓域（原）
墓域（石田大原）
祭儀場跡
墓域
（大川）
墓域（鶴田）
墓域（苣ノ木）
墓域（柏田）
墓域（原ノ久保A）
墓域（原ノ久保C）
墓域（原ノ久保B）
0
200m

図３　原の辻遺跡概要図

物に使用される「建て込み工法」の床大引き材も出土している。船着き場跡の築造には、「敷粗朶《しきそだ》工法」などの大陸系の土木技術が採用されており、大陸から渡来した技術者が直接に関わりをもったことが考えられる。石田大原地区の墓域では、中国式銅剣、ヤリガンナ・刀子などの鉄器、細形銅剣、管玉、ガラス玉などが出土しており、首長クラスの特定集団墓が存続している。第Ⅱ期の「イキ国」の国邑としての整備の背景については、弥生時代中期初頭から前半段階に台頭していた北部九州地域の有力首長らとの連帯が図られて、原の辻大集落の整備が行なわれたことが想定される。この後ろ盾となった政治体制を、第一次「ツクシ連合体制」と呼んでおきたい。朝鮮半島では、この時期に半島南岸の勒島《ヌクド》遺跡が交易基地として成立するが、この勒島遺跡を中心とした「交易機構」を白井克也・久住猛雄は「勒島貿易」として定義している。（註2）この「勒島貿易」が原の辻遺跡の第Ⅱ期の段階に対応しており、勒島と原の辻を結んで対外交易が活発化したことが推測される。

（三）第Ⅲ期・環濠の再掘削と原の辻大集落の再整備

（弥生時代後期初頭〜後期後葉）

原の辻遺跡では、弥生時代中期末頃には環濠の埋没が進んでいたと思われるが、弥生時代後期初頭段階に環濠が掘り直され、新設された濠が認められる。この環濠の再掘削と集落の再整備が行なわれた弥生時代後期初頭から後期後葉までの段階を第Ⅲ期とする。この第二次的な集落の城塞化によって、低地にあった居住域が放棄されて石器工房が消滅し、台地西側低地（八反地区）にあって機能を失っていた船着き場も別地点へ新設されたことが推測される。船載土器の楽浪土器や三韓土器は、原の辻遺跡では煮炊き具が出土せず、交易品の運搬用具（コンテナ）である壺を主体とした構成に替わっており、交易従事者や使節らに対して宿舎や食事などを提供し迎賓する施設や管理貿易の体制が整備されたことが推察される。台地中央部の原地区では、市場で使用される棹秤の錘である「権」や青銅器の鋳型、銅材の可能性のある中広形銅矛片が出土している。「権」については市場、鋳型や銅材については青銅器工房が存在した可能性を示す。一六〇本以上出土している銅鏃は、柳葉形で茎をもつ単一な形態であり、生産された有力な候補の一つである。台地北西部低地および台地西縁の低地（不條・八反地区）では、中国貨幣（大泉五十・貨泉）、車馬具、円環形銅釧などの中国文物が出土している。現在一一枚出土している「貨泉」などの中国貨幣や「権」については、楽浪漢人や韓人たちが市場で使用した可能性をもっている。墓域では、大川地区で中国製の円圏文規矩四神鏡、銘帯鏡、内行花文鏡と倭製の有鉤銅釧、ガラス勾玉などが出土しており、首長クラスの墓域が石田大原地区から大川地区へと推移している。第Ⅲ期の原の辻大集落再整備の背景には、西暦五七年に後漢王朝へ奴国王が朝貢して中国の冊封体制に組み込まれるという国際的な契機を想定している。この五七年以前の段階に北部九州地域の「ナ国」「イト国」がイニシャチブを握り、再編された「ツクシ連合体制」が後ろ盾となって第Ⅲ期の集落再整備が行なわれたことが推測される。西暦一〇七年には、倭国王帥升の朝貢があって「ツクシ連合＝倭国体制」の政治体制の段階に入っていく。第Ⅲ期の段階は、久住猛雄のいう「原の辻＝三雲貿易」（前半）に相当し、原の辻大集落が「ツクシ連合」の外港的な開港場すなわち対外交易拠点として最も繁栄した時期と考えられる。

（四）第Ⅳ期・環濠の埋没（弥生時代後期末～古墳時代初頭）

原の辻遺跡では、弥生時代後期後葉（下大隈式後半）段階に、台地を取り巻く環濠や東西に区切られる濠に土器を主体とする遺物が一括遺棄されて、弥生時代終末～古墳時代初頭には濠が埋没した状況が捉えられる。この弥生時代後期末～古墳時代初頭の段階を第Ⅳ期とする。原ノ久保A地区の墓域では、面径二〇センチを超える内行花文鏡、不明筒形銅器、ガラス勾玉、小型仿製鏡が出土し、墓域内から半肉彫獣帯鏡片も採集されていることから、第Ⅳ期には有力階層の墓域が大川地区から原ノ久保A地区へと変遷したことが考えられる。また、台地西縁低地の八反地区では、楽浪系の鉄鎚、朝鮮半島系の板状鉄斧（鉄素材）、鉄鏨などが出土しており、鉄器の小鍛冶工房があった可能性が高い。第Ⅳ期にみられる環濠の消滅は、西暦一九〇年前後の卑弥呼共立と「倭国大乱」の終息という歴史的な画期があり、「邪馬台国連合＝倭国体制」が成立したことが背景となっていることが考えられる。「ツクシ連合体制」が「邪馬台国連合体制」への編入によって解体し、「イキ国」も「邪馬台国連合＝倭国体制」の一員として組織されたことが推察される。弥生時代の一般的な環濠集落では環濠が埋没すると衰亡していくが、原の辻遺跡の場合は対外交易ネットワークの基地としての役割をもっているところから、環濠を失っても大集落としての機能が維持され存続していくことになったのであろう。この第Ⅳ期の段階は、久住猛雄のいう「原の辻＝三雲貿易」（後半）に相当し、博多湾沿岸の大集落に対外交易拠点が移り、原の辻大集落は対外交易の開港場としての機能が衰退をはじめ、交易の中継基地としての役割に変移してきている段階といえよう。

（五）第Ⅴ期・大集落の解体・消滅まで（古墳時代前期前半）

原の辻大集落は、環濠が埋没後も存続したが、古墳時代前期の四世紀中頃には解体・消滅する。この台地を囲む環濠がほとんど埋没した後、大集落が解体するまでの段階を第Ⅴ期とする。この段階では、台地内の原・高元地区においてベット状遺構をもつ竪穴住居跡群が検出されており、集落での居住は継続して行なわれている。しかし、台地中枢の祭儀場では、前段階に高床主祭殿と平屋脇殿などで構成されていた祭儀建物群が、一棟の竪穴住居跡に替わっており、首長居館が集落内から別の地点に設置されるのに伴って、祭儀建物も移設されたことが想定される。また、前段階まで存在が確認されていた有力階層の墳墓と墓域が発見されておらず、今後の研究課題として残されている。舶載土器には、馬韓系土器や加耶系陶質土器がみられる。この段階は、久住猛雄のいう「博多湾貿易」に相当する。四世紀中頃の原の辻大集落の衰亡については、西暦三一三・三一四年に楽浪郡・帯方郡が滅び、三一六年に東アジア地域の宗主国であった西晋が滅亡することによって、大陸・朝鮮半島での足がかりを失い、列島内においては邪馬台国連合体制からヤマト王権体制の畿内政権への変動のなかで対外交易ネットワークが崩壊するという状況がみられる。対外交渉においても、畿内政権の直接的な関与が始まり、いわゆる「倭人伝」ルートから「沖の島」ルートへの航路変更がみられる。原の辻大集落は、この段階でも交易の中継基地としての命脈を保っていたが、東アジアの国際状況と列島内の政治社会の変動が歴史的な背景となって「交易・貿易」の存立基盤を失い、原の辻大集落は四世紀中頃に解体・消滅し、その歴史の幕を閉じたのである。以上の詳細は、拙著を参照いただきたい。（註3）

五　おわりに

原の辻遺跡は、弥生時代前期前葉（紀元前三世紀後半頃）に集落が形成され、弥生時代中期前半（紀元前二世紀前半頃）に環濠をもつ大集落として成立する。中国・朝鮮半島、日本列島各地からもたらされた品々は、「イキ国」の国邑として対外交渉・交易の拠点であったことを示しているが、古墳時代前期の四世紀中頃に交易の基盤を失って解体・消滅する。このように、原の辻遺跡は約六〇〇年間（国立歴史民俗博物館の年代観では約七五〇年間）の永きにわたって繁栄したが、水田耕作を基盤としたいわゆる「弥生農村」とは異なった姿をもっている。

内陸の中央を中心としたアジア的な政治都市、都城を都市として捉えていく考え方（陸地史観）に対して、文明史家の川勝平太が示した歴史観（海洋史観）[註4]からみていけば、原の辻遺跡を別の形の都市の原型としてみていくことができるのではないかと考えている。また、東洋史学者の生田滋は、貿易港の機能を基礎として成立した都市を「港市《こうし》」とし、この港市を基盤とした国家を「港市国家」と呼んでいる。[註5]このようにみていくと「イキ国」は、「港市国家」「海洋通商国家」とも呼ぶべき性格のクニであり、北部九州地域のクニグニ（「ツクシ連合体」）と連繋し、都市国家のような同盟・連盟関係のなかで、通商交易活動を活発に行なっていたことが考えられる。しかし、邪馬台国時代には、「ツクシ連合体制」が解体しており、「邪馬台国連合体制」の一員の「一支国」として倭人伝に記述されたのである。

（註1）石田道博編訳『新訂　魏志倭人伝・後漢書倭伝・宋書倭国伝・隋書倭国伝』岩波書店、一九八五
（註2）白井克也「勒島貿易と原の辻貿易」『弥生時代の交易』埋蔵文化財研究会、二〇〇一、久住猛雄「博多湾貿易の成立と解体」『考古学研究』五三―四、二〇〇七
（註3）宮﨑貴夫『原の辻遺跡』日本の遺跡三二、同成社、二〇〇八
（註4）川勝平太『文明の海洋史観』中央公論社、一九九七
（註5）生田　滋「アジア史上の港市国家」『日本の古代』三、中央公論社、一九八八

末盧国

田島龍太

一　はじめに

二〇〇七（平成一九）年、佐賀県唐津市桜馬場で、画期的な再発見の出来事があった。一九四四（昭和一九）年に発見され、その後、所在も、場所も不明瞭であった桜馬場遺跡が、位置ともども確認されたのである。戦後の考古学の技術の発展は、膨大な資料を提供してきた。そのようななか桜馬場遺跡は、末盧国の重要遺跡として示されている事実だけが、すべてのごとく考えられてきたかの感があった。今回の再発見は、前提という仮定を再確認することになった大きな意義もある。

唐津市は、二〇〇五年に合併し、東松浦郡の鎮西、呼子、肥前、北波多、浜玉、厳木、相知と、翌年には七山も加え、九市町村が一つになり、江戸時代の唐津藩の初期の領域に近くなった。唐津は佐賀県北部に位置し、東を脊振山塊、西は東松浦溶岩台地、南に杵島花崗岩の低山地を配し、中央には厳木川、徳須恵川を合流する松浦川による沖積平野、唐津平野が形成される。北に広がる海、唐津湾から沿岸、島嶼を隔てて、壱岐水道から壱岐、対馬海峡を出て、対馬、そして朝鮮海峡を渡れば、朝鮮半島南岸に至る玄界灘が続いている。一衣帯水という言葉は、かくて、こうした地理的環境の表現として使われてきた。三世紀、魏志倭人伝にいう「末盧国」は、ほかの国々の領域を考えれば、唐津・東松浦地域を指すことは、間違いないだろう。冒頭の桜馬場遺跡をはじめ、近年のこの地域の考古学的な成果を踏まえて、今の時点における末盧国像を描いてみよう。

二　末盧国の地理環境と調査の記録

―「また一海を渡る千余里、末盧国に至る。」（倭人伝）

大陸・朝鮮半島に近接するという地理的な環境もあり、当地は古くから学術調査の対象として、注目されてきた。一九五五年、東亜考古学会による、壱岐、対馬、唐津地域の調査成果は、それぞれ、膨大な資料を提供するとともに、日韓関係の考古学に新しい視点を与えた。最大の課題は、稲作の伝播の解明にあった。一九六四・六五年の日仏合同調査は、宇木汲田貝塚・甕棺墓、柏崎遺跡、中原遺跡、森田支石墓、瀬戸口支石墓などの調査によって、初期農耕文化の伝播とその発展による弥生社会の成立と展開を考察する重要な資料を提供することとなった。これを嚆矢として、続く一九六五年代から、唐津平野部の圃場整備事業に伴う地元での調査が行なわれ、唐津平野の面的な弥生時代遺跡の実態と環境状況が確認された。一九八一年の菜畑遺跡の発見は、稲作、とくに水稲耕作の起源問題に一石を投じるとともに、西北九州における農耕文化受容の形態が、水陸未分化稲と畑作から水稲耕作へと進むことを示す、自然遺物（水田雑草、花粉分析、プラントオパール）や科学的分析による具体的な試料をも提供した。

それに先立つ、一九五二年の葉山尻支石墓の調査によって明らかにされた、縄文時代晩期から弥生時代前期の墓制である支石墓については、宇木汲田甕棺墓や大友遺跡の調査によって、墓制の変遷という問題に対して、墓地と集落の関係、甕棺墓の受容と展開、墓地内における家族単位墓への発展という社会構成も考察された。

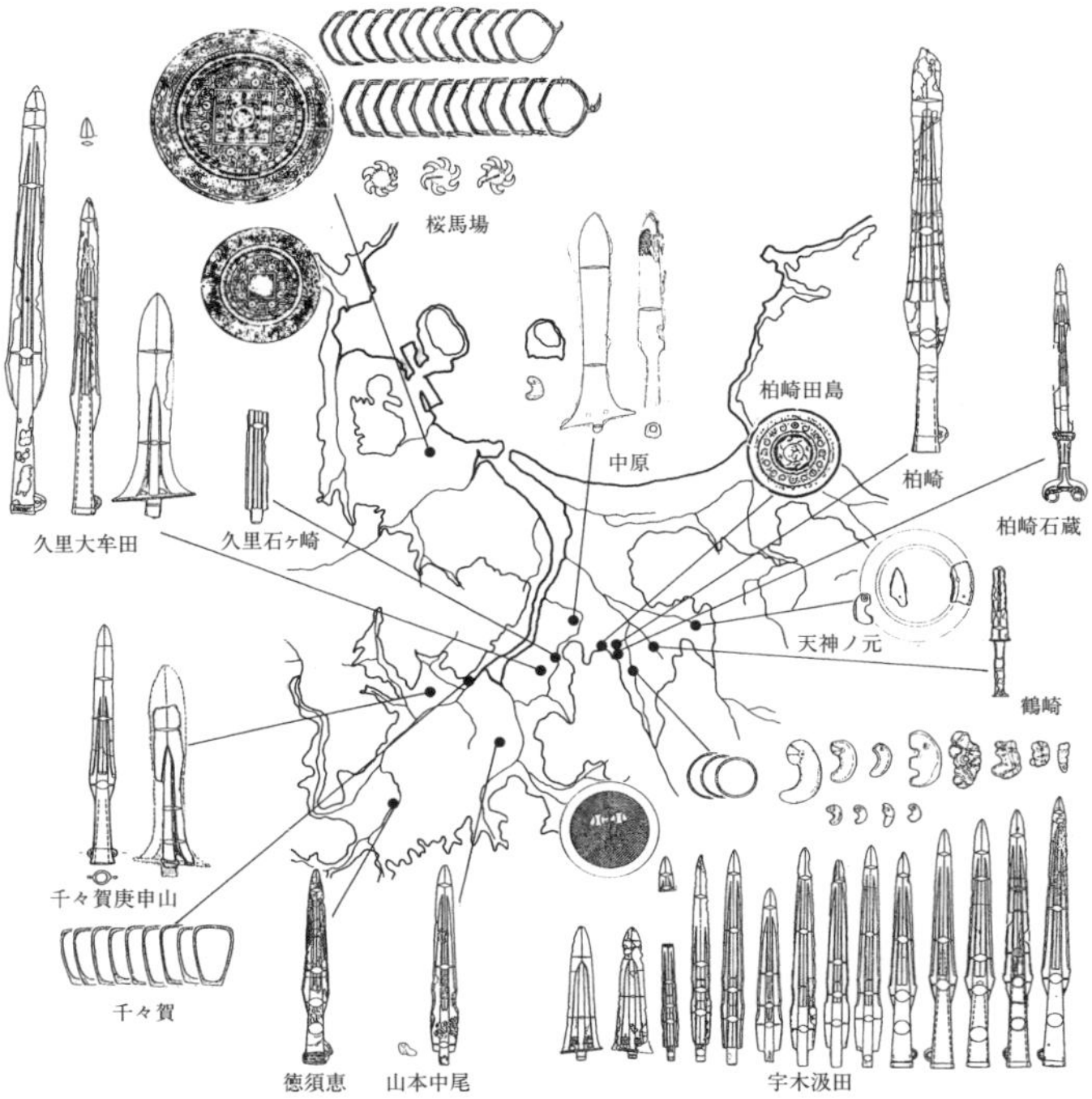

図１　唐津平野の首長墓と副葬品

縄文時代晩期に伝播した水田稲作技術は、沖積化の進む低丘陵縁辺に水田と集落を形成させ、それらを望む低丘陵には支石墓が営まれた。五反田、岸高、葉山尻、迫頭、森田、瀬戸口、割石と続く、玉島川、半田川、宇木川の流域にはこうした小集落が成立する。弥生時代前期後半〜中期初頭になると、これらの集落は規模を拡大し、進んでいく沖積化によって出現した丘陵端から延びる砂丘地に広がっていくことになる。森田支石墓、瀬戸口支石墓に近接する宇木汲田甕棺墓では、大型支石墓を中心に、甕棺墓・土壙墓などの墓が、七単位程度の家族墓群のまとまりをもって広がっていく。すでに、朝鮮系青銅器を副葬する甕棺が出現し、前期後半（硬玉製勾玉＋碧玉製管玉）から中期初頭（朝鮮系青銅器）へという副葬品の変化は、明らかに支配者層の出現とあいまっている。こうした、大陸文化先進技術としての青銅器の副葬は、唐津平野の特徴として、小規模の墓地を形成する集落でも認められる。戦国式銅剣を出土した鶴崎遺跡、触角式銅剣を出土した柏崎遺跡、銅戈と分析によって鉛含有が判明した中細銅矛を出土した久里大牟田遺跡、千々賀型銅釧を出土した千々賀遺跡、銅矛、銅剣を出土した千々賀庚申山遺跡、久里石ヶ崎遺跡では双耳形の銅剣がそれぞれ確認されている、これらは、中期後半期までの甕棺墓で、国産青銅器の副葬をする小首長墓と考えられる遺跡群である。

三　末盧国の集落の展開―「四千余戸あり、山海に浜うて居る。草木茂盛し、行くに前人を見ず。」（倭人伝）

一九八一年の菜畑遺跡の調査以前、唐津平野の東部に位置する、標高一五〇～二〇〇メートルの上場台地の、小河川を囲む緩斜面では、縄文時代晩期の遺跡が報告されてきた。女山、笹の尾、八幡などの遺跡では、黒川式段階から山の寺式段階までの土器とともに、繊維組織の圧痕のある型作りの特徴的な土器が検出され、小集落が台地に広がっていたことが確認されていた。その後の農業基盤整備事業などによる調査で、十蓮遺跡、コッポ遺跡、カンネオ遺跡、押川遺跡、呼子中野遺跡、高峰遺跡などが発見され、縄文時代晩期中頃の畑作集落の広範囲な展開が確認された。晩期終末以降、唐津平野に伝播した、水稲耕作を主体とする集落は、谷水田を基盤として規模を広げていったと考えられる。

こうした、弥生時代成立直前の縄文時代晩期の様相は、さらに近年の平野部や台地上の遺跡の調査でも確認される。とくに、河川堆積後背地に立地する五反田松本遺跡の調査によって、縄文時代後期終末から晩期前半の集落が確認された。遺跡では、粗製深鉢・精製浅鉢が大量に出土し、摩滅の著しい打製石斧とともに、比較的安定的な植物食依存形態の縄文集落の存在が形成されていることが確認された。こうした、様相が平野部のみならず、台地上にも展開し、平野部での菜畑内田遺跡や菜畑遺跡の段階に続いていくことがわかってきたのである。

続く弥生時代の集落跡の調査は、思ったより少ない。一九六五～一九七五年に実施された圃場整備事業では、従来知られていた半田川、宇木川の流域に展開する低丘陵地である、東宇木、鶴崎、柏崎、久里、夕日、城の各微高地に立地が再確認されるようになったのである。とくに、柏崎丘陵先端に広がる柏崎大深田遺跡では、大量の土器廃棄土壙などの遺構が確認され、台地縁辺の調査にもかかわらず、台地上の大規模な集落の存在が予測されるものとなった。土壙からは筒型器台などの祭祀土器とともに、青銅器鋳型も出土し、青銅器生産の可能性を示している。この柏崎丘陵の北側に当たる水田の微高地である梅白遺跡では、弥生時代前半の住居跡が確認され、すでに前期には、こうした平野内の微高地砂丘地にも遺跡が展開していた事実も確認されている。この半田川の上流の丘陵端にある半田天神ノ元遺跡では、甕棺墓群が確認され、前期後半から中期後半にいたる甕棺墓が確認されている。この甕棺墓のうち、前期終末から中期初頭の金海式甕棺胴部上半部に、沈線文で鹿、鉤などの紋様を描いた、いわゆる絵画甕棺が確認された。上下二本の沈線を廻し、縦の沈線で区画した中に図柄を描くものである。甕棺墓の形成される天神社の上段丘陵地に集落本体が展開するものと考えられ、その後に調査された弥生時代の遺物を出土する半田大園、半田引地、半田新田遺跡などは、こうした遺跡の外縁をなすものと考えられる。天神ノ元遺跡と引地遺跡からは、鏡破片も出土しており、中期中頃から後半にかけての集落立地として注目されるものである。また、近接する井ゲタ遺跡では掘立柱建物群も検出されており、鏡山東南麓の、後に官道沿いになる地域の重要性は見逃しがたいものがある。

一方、松浦川　西岸側の弥生時代の展開は、菜畑遺跡の立地する低丘陵地では、枝状谷に沿って菜畑内田、菜畑、八反間、巡見道と小規模な遺跡が立地する。この平野の小河川である町田川の丘陵地端には神田中村遺跡があるが、集落として規模や範囲は確認されていない。丘陵地から沿岸に向かう、砂丘列の南端列には、巡見道、山下町、平野町と中期中頃を中心とする甕棺墓が形成されている。この中に、桜馬場遺跡があることになる。

四　末盧国の生業の姿―「好んで魚鰒を捕え、水深浅となく、皆沈没してこれを取る。」(倭人伝)

倭人伝の記載のうち、ほかの地域以上に具体的に書かれているのが、生業としての末盧国の姿である。「好んで魚鰒を捕え、水深浅となく、皆沈没してこれを取る。」は、まさに潜水漁業そのものを示すもので、沿岸に立地する人々の生活の様子を物語るものである。遺跡の調査によって、出土する様々な自然遺物もしくは、その加工製品には、こうした要素が確認される。すでに、縄文時代前期の西唐津海底遺跡の発見以来、鹿の四肢骨を利用したヤスなどの漁具は確認されていたが、縄文時代中期後半～後期前葉にかけて、黒曜石製石鋸による刺突漁用の組み合わせ石銛が確認され、大型回遊魚の漁労活動が存在していたことが確認されている。こうした漁は弥生時代にも連続的に続き、菜畑遺跡の調査によって、鹿角・猪牙・鯨肋骨部などの骨角製品である、釣針・銛・ヤスが出土し、また、合わせてアワビオコシなどの潜水漁業に特有の道具も確認されたのである。アワビオコシは、玄界灘の島嶼に立地する小川島貝塚でも確認され、弥生時代前期～後期の層から、大量のアワビ・サザエなどの岩礁性貝類が検出されたことからも証明された漁労のあり方とされるのである。また、沿岸に位置する雲透遺跡では、弥生時代中期前半～中頃に営まれた貝塚が確認され、潜水漁・刺突漁・釣漁労具が出土している。貝塚からは、岩礁性貝類とともにマグロなどの回遊魚や外洋性の魚類も出土し、捕獲されていることがわかる。これらは、唐津平野部で確認された、汽水域のシジミ・小巻貝などの貝類で形成される貝塚とは明らかに異なるものであり、立地の差だけではない、専業性の萌芽とも受け取れるものである。とくに、大・中・小の形態差のある、アワビオコシは、現代の海士漁にも通じる道具立てである。さらに、菜畑遺跡・柏崎遺跡の弥生時代前期層、雲透遺跡の中期層からも、軸と針部が結合される大型の釣り針が確認されており、渡辺誠のいう、いわゆる「西北九州型結合釣針」が出土している。これらは、古墳時代には鉄製品に変わっていくもので、銛と同じく、大型回遊魚を対象とした漁労の存在を如実に物語るものとされている。

五　新たな末盧国の様相

唐津平野の弥生時代遺跡の展開は、概観するといくつかの画期をもって理解できる。まずは、①縄文時代晩期後半期～弥生時代前期後半期まで、②弥生時代前期後半～中期後半期、③弥生時代中期中頃～弥生時代終末期である。①は平野部の低丘陵地端、枝状谷部、台地上の低湿地近辺に主に立地し、後背の丘陵頂部には支石墓を営む場合が多い。このうち、縄文時代晩期前半まで古く遡る遺跡も存在する。②は平野部の丘陵端から、砂丘部にまで立地を広げるもので、やや規模を大きくし、甕棺墓には初期青銅器の副葬が開始される。

③は平野に延び出す、平坦な微高丘陵に立地しているもので、環濠をもつものも確認されている。鶴崎台地、柏崎丘陵、石崎丘陵、

天園丘陵、千々賀丘陵などがあげられる。甕棺墓も確認され、国産品を中心とする青銅器を副葬するものが認められる。

一九八六年に調査された、久里天園遺跡は、唐津平野の南部、夕日山から延び出す標高一五メートルの丘陵上に立地する。弥生時代中期から古墳時代中期に及ぶ遺跡であるが、弥生時代終末〜古墳時代前期の遺構として、溝・竪穴住居跡・掘立柱建物跡・貝塚が検出されている。溝ＳＤ三八四の機能時期は天園遺跡Ⅰ〜Ⅲ期、つまり弥生時代終末期であり、外濠ＳＤ〇七八は天園Ⅳ期、古墳時代前期に機能していたもので、環濠の機能の消滅と集落の存続が窺えるものであり、近接する久里双水古墳との関係が取りざたされるものである。

近年調査が進んだ千々賀遺跡では、大量の土器とともに、明らかに台地上から谷部に向かって倒壊した建物部材が確認され、貫き構造をもつ大型柱材が遺存していた。また、大量の中期後半から後期の土器の中には、中瀬戸内系、中九州系などのほかの地域の土器が認められた。さらに、黒漆地に同心円状の赤漆で紋様を描いた漆器蓋が出土している。この漆器蓋は北部九州の拠点的集落で確認されるもので、千々賀遺跡の評価に関わる遺物として注目されるものである。

一九八三年に唐津市西部の標高一八〇メートルの湊中野山の頂部で確認された中野遺跡では、弥生時代中期〜古墳時代前期の竪穴住居跡・掘立柱建物跡・土壙が確認された。とくに土壙は底面・側面の被熱変化が顕著で、焼土壙と呼ばれるものである。遺構は、山頂部の側面に展開すること、住居跡は数が少なく、成人墓がないことから、特殊な目的をもつ集落と考えられた。焼土壙は「のろし」のための遺構と考えられ、外洋を見通すことのできる場所であり、玄界灘沿岸と内陸部両方への情報伝達の場所として利用された遺構ではないかと注目された。末盧国領域の社会的環境の変化の傍証となる遺跡であろう。このように、調査の進行とともに、新たな末盧国像が示されている。

六　桜馬場遺跡の成果

桜馬場遺跡の調査は、一九四四年の発見以来、六四年ぶりに、宝器内蔵甕棺出土地と隣地の所有者から開発届けが出されたことがきっかけとなった。戦後宅地化していた推定地点の建物も撤去されており、今までの経過から、調査としては確認できる最後の機会と思われた。今回の成果には、なによりも、発見当時の龍渓顕亮の記録図の存在、吉村茂三郎・松尾禎作・梅原末治・乙益重隆・杉原荘介・原口昭三・岡崎敬諸氏の報告が下地にあったことはいうまでも

図２　桜馬場遺跡　調査遺構配置図
(仁田坂 2008より)

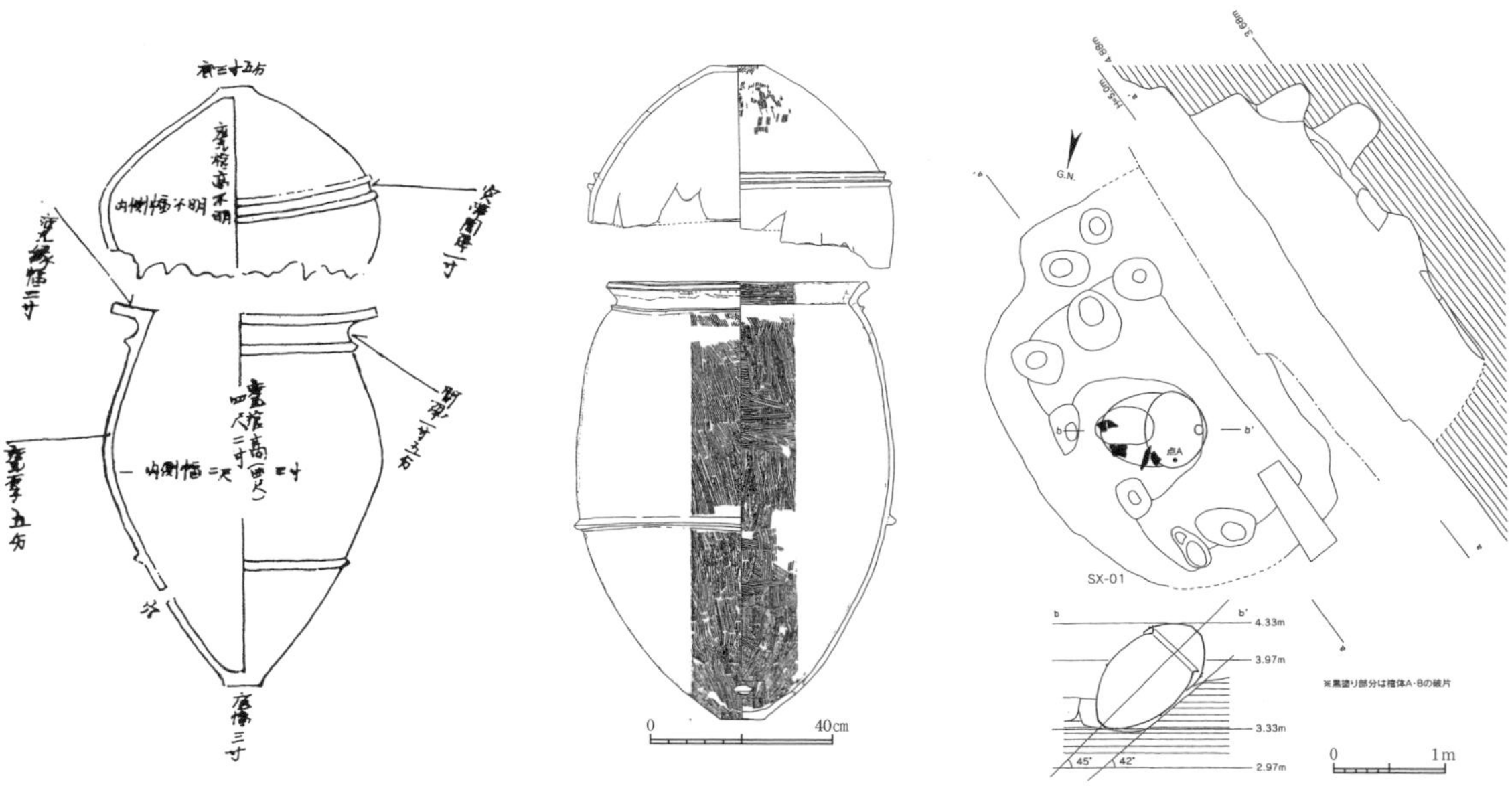

図３　桜馬場遺跡　宝器内蔵甕棺と出土状況復元図
左　龍渓顕報告図、中　2007（平成19）年出土甕棺体　下Ａ、上Ｂ、右　蒲原宏行復元図（蒲原 2009より）

ない。

概括すると、防空壕と考えられる土壙（掘り方）、ＳＸ〇一とＳＸ〇二との二ヵ所が確認された。ＳＸ〇一は平面プラン四・〇メートル×二・二メートルで、深さ約一・〇メートルで、床面が平坦になり、そこに柱穴状の掘り込み七個と、底面に約一・二メートル×一・〇メートルの楕円形平面プランの掘り方が検出されたのである。この掘り方は約二〇センチ程度残るもので、西側が緩やかに傾斜し、甕棺破片も確認された。出土遺物としては、遺構上層から内行花文鏡の破片が出土し、遺構内部の覆土を篩にかけたところ、一九四四年に発見された流雲文縁方格規矩四神鏡に接合する鏡破片と、巴形銅器と接合する青銅器片が出土した。さらに、硬玉製勾玉、素環頭太刀と考えられる鉄製品のほか、ガラス小玉も約二四〇〇点以上出土した。また、ＳＸ〇一の北西側に約五・〇メートル×六・〇メートルの大型の方形平面プランの遺構が確認された。深さ約一・三メートルを測り、床面には有機質素材の区画部材が残存しており、大戦時の防空壕施設の痕跡と確認された。ＳＸ〇二の西側面には、階段状の痕跡も認められ、南側には上面から遺構底面への傾斜壁に大量の近代瓦・陶磁器などの塵芥に混じって弥生時代の甕棺破片が数多く出土した。出土状態からして、一括して投棄した様子が窺え、この投棄物集中域からも甕棺破片のほか、巴形銅器、ガラス小玉、また、覆土の篩かけによって、勾玉・ガラス管玉・ガラス小玉などが出土したのである。これに加えて、調査区北側では、中期中頃～中期後半で、立岩段階を主体とする、東西方向に列状の甕棺墓七基が確認された。

何よりも、確認された遺構が、当時の防空壕とされたものであり、そのうち、SX〇一の床面で検出された掘り方は宝器内蔵甕棺墓の墓壙であると考えられた。この墓壙と復元できた甕棺体AおよびBを考察した蒲原宏行は、詳細に検討した上で、棺体AとBは、一九四四年に出土した宝器内蔵甕棺そのものであり、掘り方痕跡が二次遺構の跡と断定したのである。

この発見とその意義は、末盧国調査に関するのみならず大きいものがある。宝器内蔵甕棺の特定、副葬資料の増加、加えてその甕棺の副葬品かどうかは特定できないとしても、新たに確認された硬玉製勾玉・ガラス製品の分析を通して検討されていくものと考えられる。

七　末盧国の終焉と久里双水古墳

西九州自動車道建設にかかる調査は、多くの成果を上げて終了した。圃場整備時代以来の大型開発によって、かつての唐津平野の奥部は、高速道で分断されてしまった。景観としてはさておき、この道が奈良時代の官道と符合することは皮肉な事実である。さて、この調査によって、従来、知られていた中原遺跡の様相が確認され、その価値が大きく評価されることになった。精密な報告書が刊行されつつあるので、その後さらに議論が進められると期待する。本稿では、注目している諸点を概括する。一つ目は奈良時代の遺構群であり、二つ目は古墳群の存在であり、三つ目には弥生時代の遺構群である。この三番目の遺構群では、弥生時代の甕棺墓群と終末段階の周濠墓群があげられる。この稿では、他を言及する余裕はないので、この弥生時代の遺構について述べておこう。中原遺跡の立地する砂丘列は、幅約二〇〇メートルで、東西に延びる河川と唐津湾流によって形成されたもので、起源は縄文時代中期段階の堆積物がふくまれることから、沖積化の早い段階のものとされる。弥生時代中期前半を主体とする甕棺墓はこの砂丘の尾根筋の北側斜面に営まれたもので、一方、終末段階の周溝墓群は、砂丘列の先端側の湾に面して造営されたことがわかる。中期前半を中心とする甕棺墓では、限られた範囲に集中的に初期青銅器が副葬される群が確認された。

図4　中原遺跡　周溝墓群の位置図（小松 2011より）

宇木汲田遺跡に近接して、同時期の副葬品を保有する墓群が形成されていることが注目される。この時期の集落は、丘陵地端にあるものと考えられ、砂丘微高地の利用形態が前段の②の段階であることがわかる。一方、注目されるのは、四基の周溝墓群で、上部が削平されるものの、内部主体は木棺であることが確認された。ＳＴ一三四一五とされた、径南北一〇メートル程度の墳丘をもつと考えられる方形周溝墓は、墳丘内に長辺四・七二メートル、短辺三・七四メートルの墓壙が確認され、内部には木棺が配置されたと考えられる。棺内の頭位に硬玉製勾玉一・碧玉製管玉二〇、足位の棺外に、鉄剣一と破砕された内行花文鏡二面が散布されている。周溝内には木棺もしくは土壙と考えられる埋葬遺構も検出され、頭位から碧玉製管玉一・ガラス小玉九が、頭位棺外から、これも破砕された方格規矩鏡が布に巻かれたひとかたまりの状態で出土している。また、ＳＰ一三二三一とされる木棺墓からは、墓壙短辺から硬玉製勾玉四、碧玉製管玉六七と、棺外から鉄剣一と破砕された獣帯鏡破片が散布されたような状態で確認されている。複数枚の鏡の副葬と副葬状況、棺主体のあり方は重要である。

桜馬場遺跡の内行花文鏡が甕棺副葬かどうかは確認されていないが、続く、鏡でみる厚葬墓の様相とすれば、この中原遺跡周溝墓群となる。弥生時代後期前半から終末段階までやヒアタスがあるものの、続く末盧国の王墓が、この時期、中原に出現したと考えたい。

報告書の刊行によって、時期の確定がされたかにみえる、唐津平野における初期前方後円墳である久里双水古墳の出現はこうした平野の状況の反映といえる。後円部主体の祭祀遺構土器の多彩な地域性、石室構造と副葬品にみる特異性は、いまだ、情報の濃さは失っていない。末盧国時代の終焉と大型前方後円墳の成立との端境はまだ、未解決である。

参考文献

梅原末治「肥前唐津市発見の甕棺遺物」『考古学雑誌』三六―一、一九五〇

岡崎　敬・木下尚子「桜馬場遺跡」『末盧国』一九八二

蒲原宏行「桜馬場「宝器内蔵甕棺」の相対年代」『地域の考古学』佐田茂先生佐賀大学退官記念論集、二〇〇九

小松　譲『中原遺跡Ⅳ』佐賀県文化財報告書第一八二集、二〇一〇

小松　譲『中原遺跡Ⅴ』佐賀県文化財報告書第一八七集、二〇一一

杉原荘介・原口正三「佐賀県桜馬場遺跡」『日本農耕文化の生成』一九六一

中島直幸・田島龍太『湊中野遺跡』唐津市文化財調査報告書第一四集、一九八五

中島直幸・田島龍太『久里天園遺跡』唐津市文化財調査報告書第一九集、一九八七

仁田坂聡『雲透遺跡(Ⅱ)』唐津市文化財調査報告書第八三集、一九九八

仁田坂聡『桜馬場遺跡―重要遺跡確認調査外洋報告書―』唐津市文化財調査報告書第一四七集、二〇〇八

仁田坂聡『千々賀遺跡』唐津市文化財調査報告書第一〇二集、二〇〇一

宮本一夫・田島龍太『久里双水古墳』唐津市文化財調査報告書第九五集、二〇〇九

吉村茂三郎・松尾禎作『唐津桜馬場遺跡』佐賀県史蹟名勝天然記念物報告第八集、一九四九

伊都国

岡部裕俊

一　伊都国の地理的特徴

伊都国は倭人伝に、末盧国の東南五百里に位置する隣国として登場する。「千余戸」があり、「世々王有」、「帯方郡使」が常駐する国と記され、その領域は、律令時代以後の怡土郡、志摩郡を合わせた一帯（糸島市および長垂山以西の福岡市西区）が想定される。

伊都国の地理的な特徴として留意すべき点は二つある。一つは弥生時代開始期にすでに玄界灘に面した広大な平野部を有していたことである（図1）。この地方最大の怡土平野はすでに弥生時代には東西五キロメートル×南北七キロメートルの範囲に起伏穏やかな平原が広がっており、南の脊振山麓から北側の海岸線に向かってなだらかに傾斜した扇状地形を呈していた。つまり、稲作文化開始期からまとまった肥沃な平野地帯を擁していたことになる。

近隣の唐津平野や福岡平野では、平野の大半が弥生時代においてはラグーン状地形で、倭人伝に記された「山島に寄りて国邑をなす」状況であったこととは大きく環境が異なる。

この平野は周囲を急峻な脊振山系と、それから派生した高祖～長垂山塊に囲まれ、地形的に周辺地域とは厳然と画されていた。

一方、海岸線に大小の湾が数多く分布したことも特徴である。なかでも糸島半島には東西から内海が大きく切り込み、波静かな天然の良港が形成されていた。沿岸部には、縄文時代後期以後、臨海型の集落が各所に形成されており、弥生時代を迎えると、これら集落が大陸との積極的な交流を展開していった。

二　弥生時代後期～古墳時代にかけての集落の分布

近年の調査で、弥生時代後期から古墳時代前期にかけての伊都国域における集落の分布の状況が次第に明らかとなってきた。確認された集落数は主なものだけで三〇ヵ所を越え、分布の密度は高い。これらの集落の多くは弥生時代中期後半以後活動が活発化し、古墳時代前期にかけて継続して営まれている。これらを立地環境や相互の規模、影響範囲を想定すると、以下のような五つの地域グループに分けることができる。

①三雲・井原遺跡と周辺の集落群
②今宿地区周辺の集落群
③志登地区周辺の集落群
④長野川流域の集落群

⑤深江湾岸の集落群
⑥糸島半島の集落群
これら集落群の特徴は以下のとおりである。

三　三雲・井原遺跡—伊都国の拠点集落—

（一）遺跡の規模

従来、三雲遺跡と称され伊都国の拠点集落と認識されてきたが、近年の調査でその範囲が南の井原地区にまで及ぶことが明らかとなったため、弥生時代中期から古墳時代にかけての伊都国前後の集落について三雲・井原遺跡と呼ぶ。

遺跡の調査は、一九七四（昭和四九）年の福岡県教育委員会による調査によって本格化し、一九九四（平成六）年以後は、糸島市教育委員会が遺跡の範囲・構造を確認するために発掘調査を継続して行なっている。

これまでの調査によって、弥生時代中期〜古墳時代前期の集落の範囲は瑞梅寺川と川原川に挟まれた南北一キロメートル、東西七〇〇メートルの範囲に広がっていることが明らかとなった（註1）（図2）。

遺跡を取り囲む環濠は確認されていないが、東南部の寺口〜八龍地区では幅三メートルほどの併走する二条の大溝が長さ五〇〇メートルにわたって確認され、集落の東南境界を区画する溝と推定された。さらに東部のサキゾノ、石橋地区でも同種の溝が確認されており、これらが一連の環濠となるかは引き続き検討課題となっている。なお、遺跡の西側は瑞梅寺川の浸食によって崖状の段丘斜面が形成されたため、環濠掘削の必要性が生じなかったのかもしれない。

（二）三雲南小路王墓と方形環濠区画

周溝の確認　伊都国を象徴する歴代王墓の一つ三雲南小路遺跡では、二基の甕棺墓から計五七面の前漢鏡が出土したことは既知のとおりである。二〇〇〇（平成一二）年度の調査では甕棺墓の北部と東部で幅三〜五メートルの溝が相次いで発見され甕棺の周囲に廻る周溝である可能性が高まった。この溝に囲まれた墓域は、推定で南北三三×東西三二メートルの方形プランを呈する。

三雲南小路王墓の発見の端緒となった『柳園古器略考』によれば、甕棺が発見されるまで地表から五尺ほど掘り下げたことが記されているが、一九七四年の甕棺の調査で確認された甕棺の埋置状況から、甕棺の上には二メートルほどの墳丘が残っていた可能性が指摘されており、周溝が巡る堂々とした墳丘墓であったことになる。

水銀朱を用いた墓前祭祀　墳丘裾の西側溝では数度にわたる溝さらえが行なわれたことがうかがわれ、埋土中からは大量の供献土器も出土している。土器は弥生時代中期後半から後期前半のものが主体を占めるが、西新式の土器の埋納土壙も確認されており、墓への祭祀が長期にわたって続けられていた可能性がある。

さらに、北西コーナーでは、弥生時代後期前半の土器に水銀朱が付着するものが多く出土している。滑石製のL字形石杵も出土しており、水銀朱が甕棺塗布などの葬送祭祀にとどまらず、墓前で繰り広げられた祭祀においても用いられていたものと推定される。

方形区画の発見　また、二〇〇三（平成一五）年の調査では、南小路王墓から北へ二〇〇メートル離れた下西地区で、幅三・五〜四メートル、深さ一・五メートルほどのV字に掘り込まれた溝が発見された。溝の屈曲状況からこの地点に一辺四五メートル程の方形に

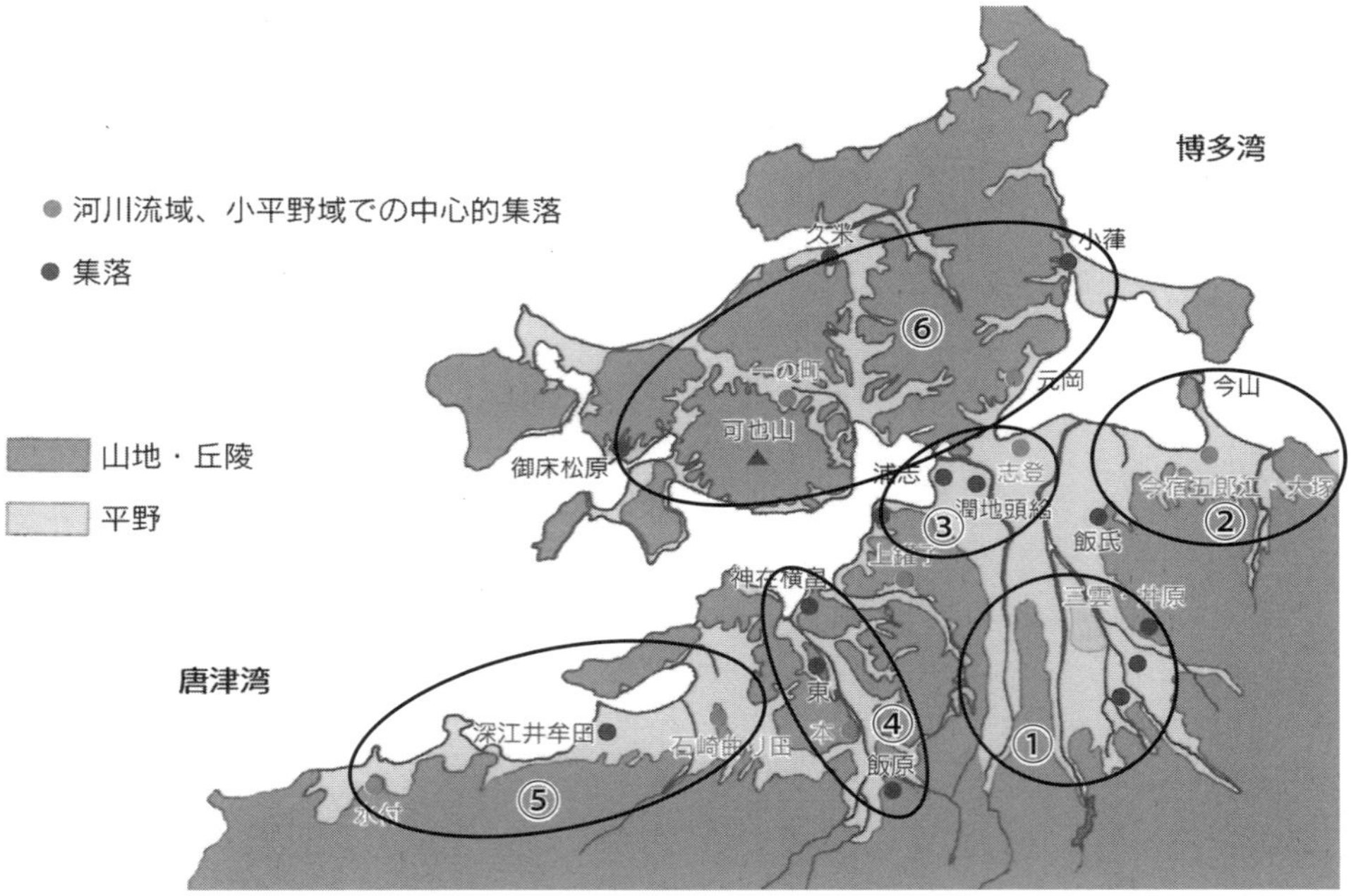

図１　伊都国の基本地形と弥生時代の主な集落の分布

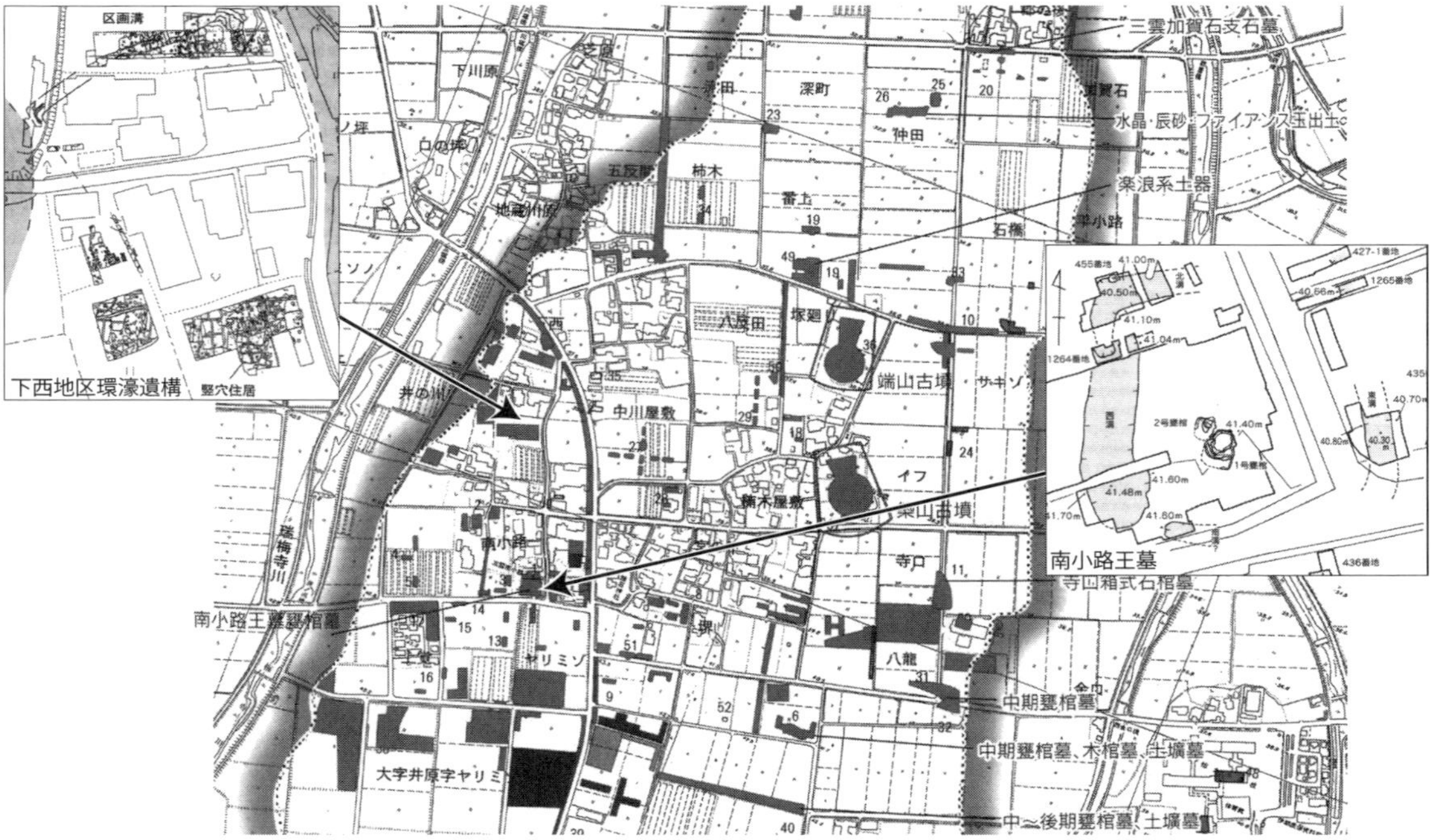

図２　三雲・井原遺跡周辺の地形と主な遺構・遺物の分布

区画されたスペースが存在する可能性が高まった。溝の掘削時期は同じ中期後半で南小路遺跡とほぼ同時期である。区画内部が住宅街であるため詳細は不明であるが、王墓と同じ微高地上に立地することを重視すれば、王の居館ないしは祭祀場であった可能性もある。

(三) 井原ヤリミゾ遺跡の有力層墓群

三雲南小路王墓からは南へ一〇〇メートルほど離れた微高地は井原鑓溝王墓の所在推定地である。二〇〇四(平成一六)年の調査では、この一角から新たに弥生時代後期の墳墓群が発見された。(註2) 王墓との混用を避けるため、「ヤリミゾ」と標記している。

墳墓群は南北方向に列埋葬された木棺墓、石棺墓、甕棺墓、祭祀土壙によって構成されており、このうち、六号木棺墓の棺外から方格規矩鏡が出土した。鏡は半割し重ね合わせて副葬されていた。棺内頭部を中心に大粒のガラス玉も多量に出土している。また、一七号木棺では長宜子孫銘内行花文鏡の鏡縁を割って遺体下に置いた状態で副葬されていた。さらに、一号、七号木棺墓では内行花文鏡の破砕片のみが副葬されており、銅鏡の破砕副葬が儀礼として確立していたものとみられる。他にガラス玉や銅鏃の副葬、棺内外の水銀朱の塗布・散布がみられるなど多様な副葬、埋葬パターンを見せる。

この墓群からは合わせて後漢鏡六面、ガラス玉一万個以上が出土した。副葬品は木棺墓の五二%、甕棺墓では一三%から出土し、弥生時代後期の集団墓地としては高い副葬率を示す。

この墓群の時期について、弥生時代後期初頭から終末期まで長期に及ぶが、六号、一七号木棺墓は近接する甕棺から弥生時代後期中葉と推定されている。いまだ発見されていない井原鑓溝王墓の時期について、筆者は後期中葉段階と推定しており、これら有力層墓群の造営時期に近いものと考えている。新たに発見されたこれら墓群の被葬者は、王を頂点とする階層社会において高位に位置していた有力層であったと推定される。

四 伊都国を支えた中核集落群

伊都国域では小平野、河川流域単位に比較的規模の大きな集落が点在することが最近の調査で徐々に明らかになってきた。主な集落は以下のとおりである。

(一) 伊都国東端の環濠集落—今宿五郎江遺跡

今宿五郎江遺跡は旧今津湾に面した海浜集落で、伊都国域の東端部にあたる。

集落中心部の様相は明らかではないが、周囲を取り囲む環濠の調査によってその規模が明らかとなった。中期後半に集落の本格経営がスタートし、当初から小規模な環濠を有していたとされる。後期になると集落域は北に拡大し最盛期の後期後半期にはその規模は東西二二〇メートル、南北二七〇メートルに及ぶが、終末期に環濠は役割を終え埋没していったことが確認された。(註3)

集落内からは楽浪系土器、貨泉、後漢鏡片など豊富な船載品とともに、瀬戸内や山陰系土器も出土しており、海を介した交易活動を積極的に展開していたと考えられる。

また、短甲・盾、銅鏃など武具、武器類が多く出土したことも特徴である。今宿五郎江遺跡の東には、福岡平野との地理的境界線となる長垂山が控え、その裏手には環濠集落として有名な野方中原遺跡が立地する。伊都国、奴国の境界に位置する両遺跡が、弥生時代の後期後半〜終末期に環濠を備えて対峙していたことになる。

方格規矩四神鏡（6号墓／径15.0㎝）

内行花文鏡（17号墓／径18.6㎝）

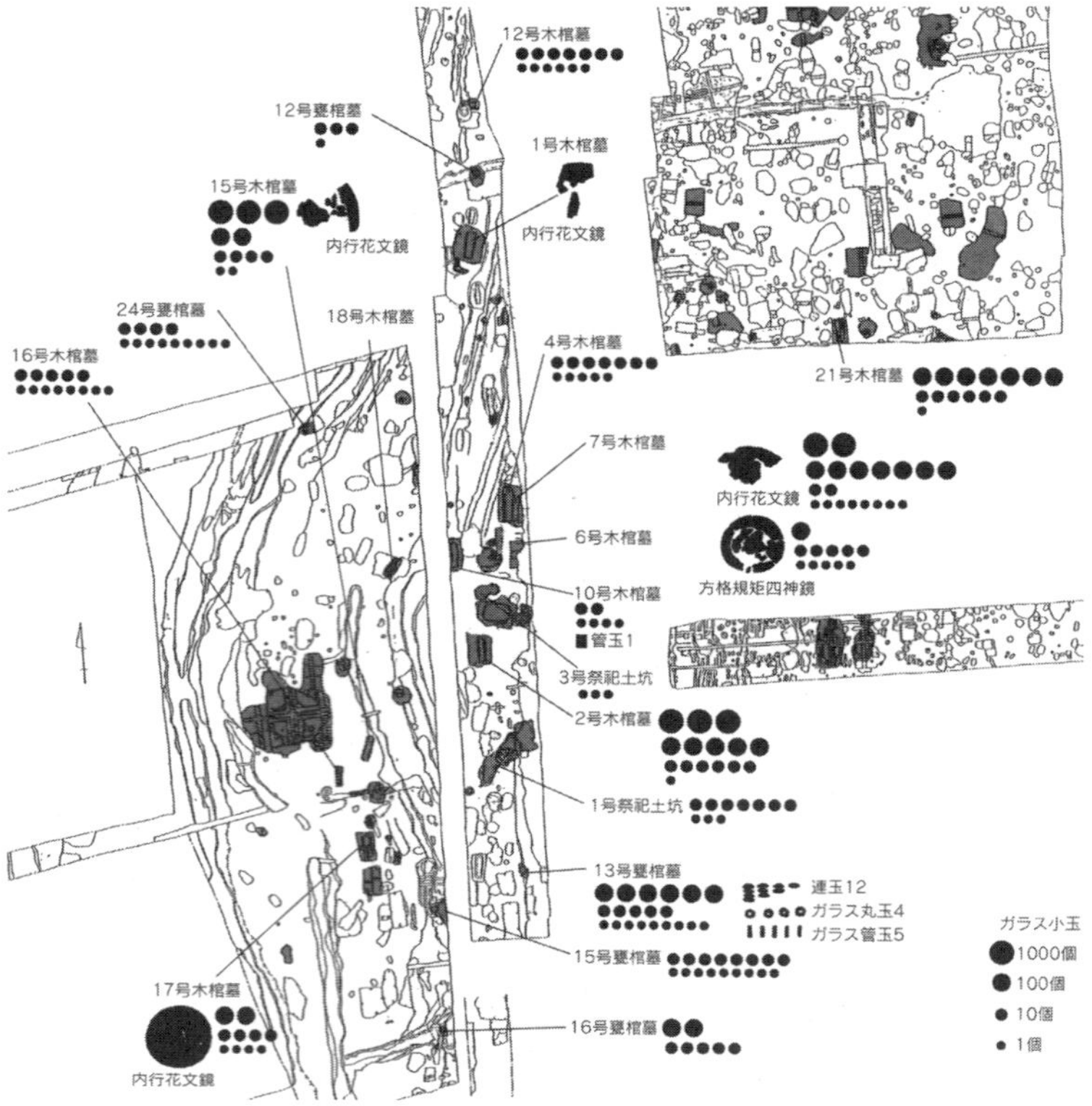

図3　井原ヤリミゾ遺跡の副葬品出土墳墓の分布状況（1／1,000）

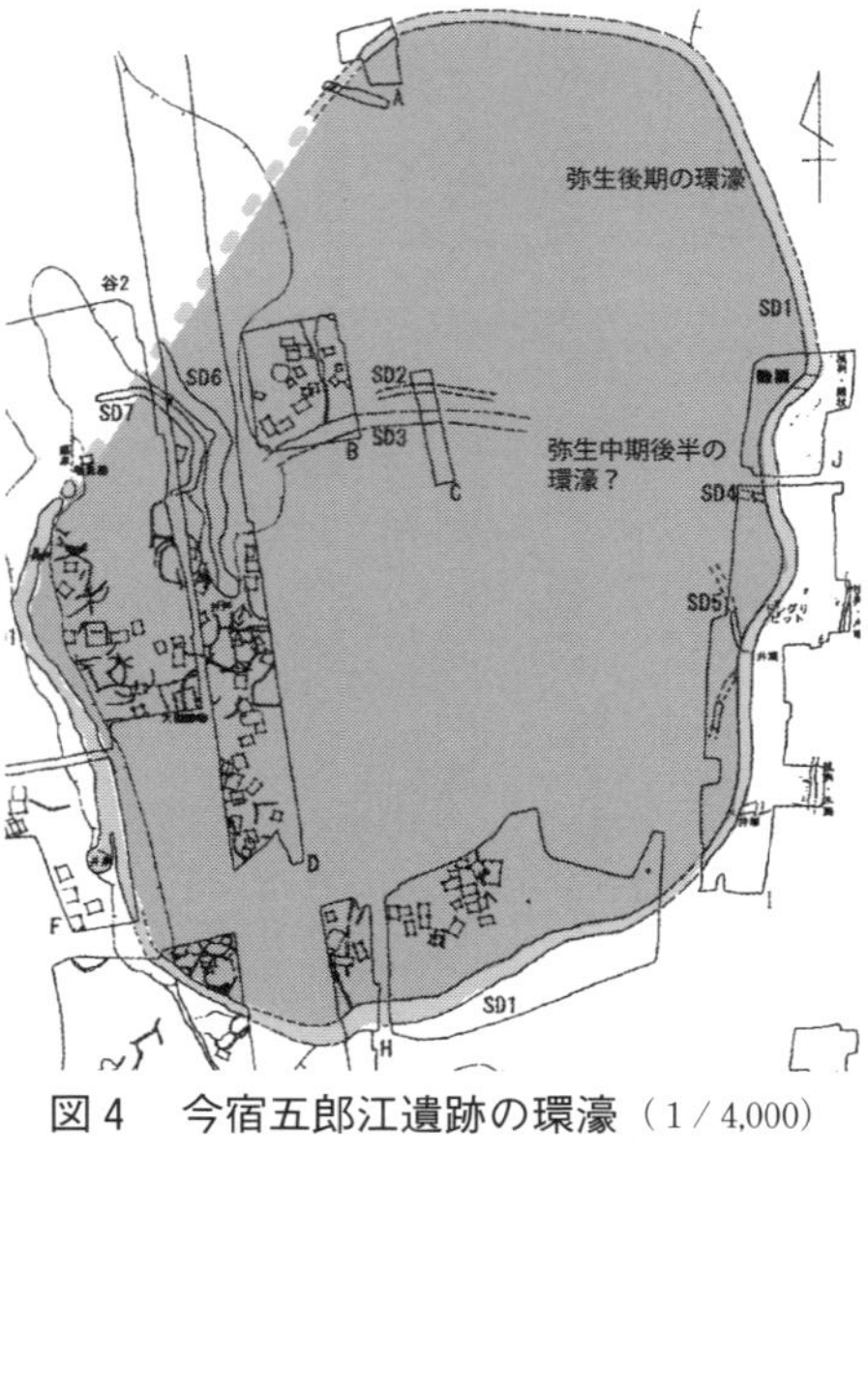

図4　今宿五郎江遺跡の環濠（1／4,000）

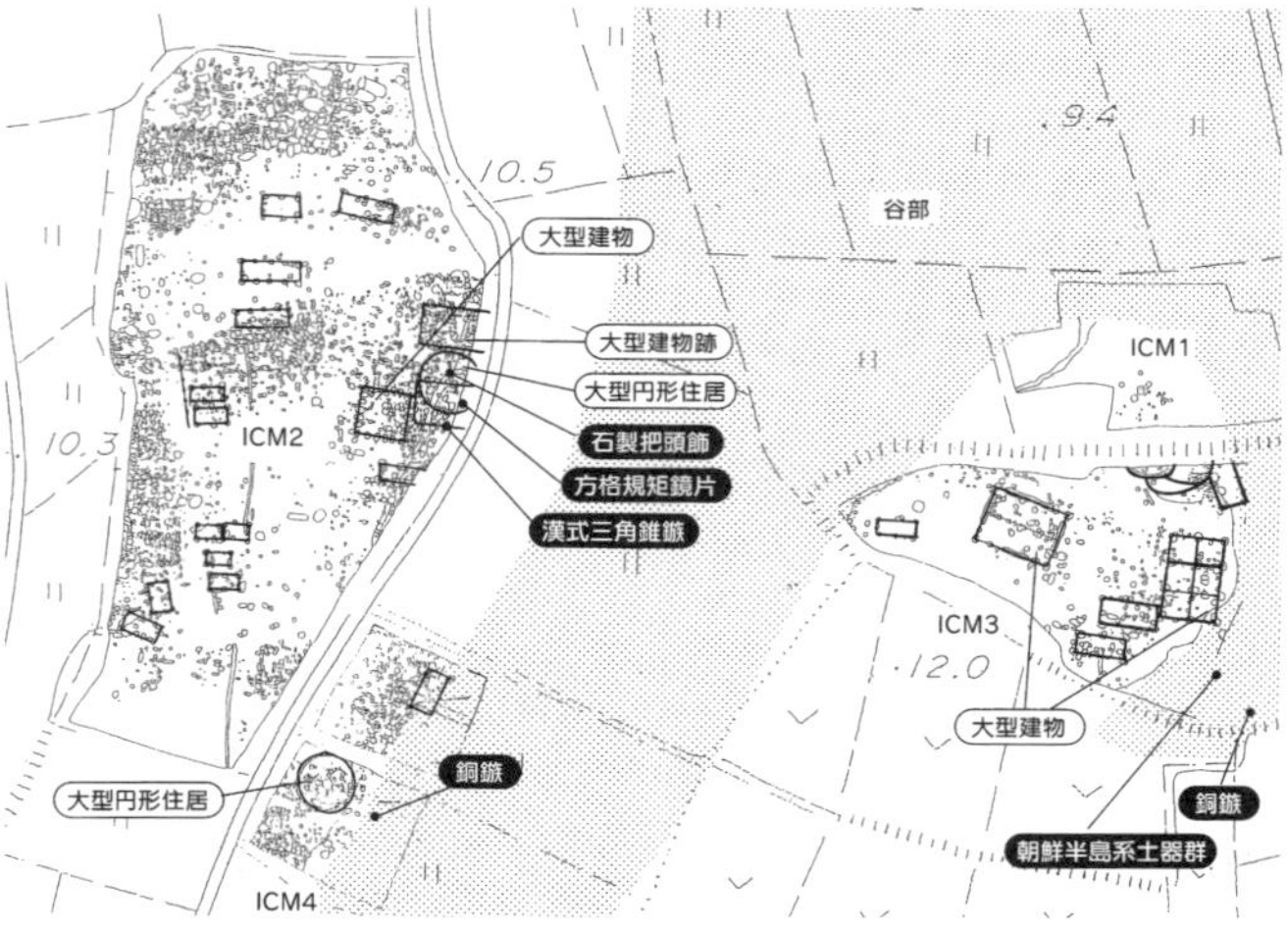

図5　一の町遺跡の主な遺構と出土品の分布

（二）大規模な玉作り集落―潤地頭給遺跡

中核的集落群の中でも大規模になると想定されるのが、志登～前原地区の旧臨海部に展開した遺跡群である。この一帯は、旧今津湾と加布里湾が東西から迫る最深部にあたり、とりわけ、旧加布里湾岸南東部で集落遺構が広範囲に確認されている。個々の集落の詳細はわからないが、これらを大きく一括した大規模集落群とする見方も出てくる。

この一帯では、これまでの調査で楽浪系・三韓式土器、西日本各地の土器、小銅鐸など大陸系遺物が出土し、伊都国時代の対外交易の中心地帯と考えている。

なかでも、潤地頭給遺跡は、弥生時代終末から古墳時代前期にかけての玉作り遺構群が発見され注目されている。遺跡は舌状微高地上に南北一三〇メートル×東西八〇メートルの範囲に分布する。この中で弥生時代終末～古墳時代前期にかけての竪穴住居三三棟が確認されており、住居の内外で工作用の土壙が検出されており、遺構の内外から水晶・メノウ・鉄石英など、多種の玉作りの石材が確認されている。中心となるのは碧玉と水晶で、とくに碧玉は出雲の花仙山産の石材が多く使用されていることが明らかにされている。

竪穴住居では、住居内から外、また住居を取り囲むように断面コの字形の深い溝がめぐらされ、住居内外の排水を目的としていたことをうかがわせる。また、集落内からは甑形土器、二重口縁甕をはじめとする山陰系土器が多く出土している。これらの状況から、玉作りには出雲地方の工人が深く関与していたものと推定されている。(註4)

（三）長野川流域の集落群

長野川流域には、狭小な平野帯が展開するが、この流域にも弥生時代後期から古墳時代前期にかけての集落が六ヵ所で確認されている。河口に近い神在横畠遺跡では、楽浪系土器が、東下田遺跡では吉備系土器や三韓系土器が出土し、ここでも対外交易が活発に展開されていたことをうかがわせる。この地域の中核集落と考えられるのが本遺跡群である。周囲を見渡す一段高い丘陵上に立地しており、集落中心部の調査は行なわれていないが、集落縁辺の土器溜りから朝鮮半島系の漆器や青銅製鋤先が出土し、また、隣接する東二塚甕棺墓（弥生時代終末）からガラス釧、本田孝田遺跡ではガラス玉を副葬した甕棺が出土し、古墳時代前期前半の前方後円墳である本林崎古墳も近くに立地する、さらに周辺集落を結ぶ道路状の遺構も確認されており、弥生時代後期～古墳時代前期にかけて、この集落が長野川流域における中核集落であったと考えられる。

（四）深江湾岸の集落群

深江湾南岸では三つの集落遺跡を中心に展開される。

湾岸の砂丘上に営まれた深江井牟田遺跡は、集落の規模、構造などの詳細は明らかでないが、土器溜りから出土した土器から中期後半から古墳前期まで継続して集落が営まれていたことがわかる。楽浪系・三韓式土器が多数出土し、朝鮮半島系銅剣も出土するなど、大陸との交渉に積極的に関わったことがうかがわれる。

石崎遺跡群は、深江井牟田遺跡から東に一・五キロメートルほど内陸部に位置する低丘陵上に営まれた集落である。集落は丘陵の縁辺に展開し、早期の集落として知られる曲り田遺跡を皮切りに、弥生時代後期にいたるまで長期に営まれた集落で、丘陵の周囲には水田遺構も検出されている。弥生時代中期には硬玉勾玉を含む豊富な玉類を副葬した石崎小路甕棺墓が発見されるなど有力首長が台頭したことをうかがわせ、弥生時代後期の包含層から広峰銅矛の鋳型も出土している。また、楽浪・三韓系土器も出土していることなどから、弥生時代中～後期の深江湾岸の中核集落であったとみられる。

（五）糸島半島の中核集落―一の町遺跡

糸島半島でも、重要な発見が相次いでいる。なかでも一の町遺跡で一九九七（平成九）年～二〇〇三（平成一五）年にかけて行なわれた調査では、低地に突き出た低丘陵上から弥生時代中期～後期の掘立柱建物、大型円形竪穴住居によって構成された集落が発見された。

そのうち弥生時代中期の大型の掘立柱建物群は平地式、高床総柱式、布掘工法など多様な構造をもちながらも規則的に整然と配置された感がある。さらに、これらを囲むように柵列や道路状の空閑地も存在し、設計性の高い集落構造を有している。

これら大形掘立柱建物群や円形住居群の時期は概ね弥生時代中期後半に成立したものとみられ、集落における祭祀などが行なわれた公的施設や首長の居宅など、集落における特別な建物であったと推定されている。さらに大型建物の一部は弥生時代後期に下るものがあり、また建物群の周辺から楽浪系土器、漢式三翼鏃、方格規矩鏡片、銅鏃などが出土していることから、集落が弥生時代終末まで長期にわたっていたものと推定される（註5）。

五　伊都国の地域構造

近年の発掘調査で伊都国域における弥生時代中期後半～古墳時代前期の集落の動静についての新しい情報が蓄積し、その構造について検討を深める土壌は整いつつある。

弥生時代後期の伊都国では三雲・井原遺跡を中心に、領域内の小地域単位に配された中核的集落群、さらにこれらを取り囲む衛星的集落により、複合的な地域社会が形成されていた。

当時の集落の数、規模から考えると、倭人伝に記された伊都国の戸数とされる「千余戸」について、末盧国（五千戸）、一支国（三千戸）、対馬国（千余戸）と比較するとあまりに少なく、『魏略』に記された「万余戸」の数値が妥当と考えられる。「二万戸」を有した「奴国」と推定領域面積で比較すると、両国の人口の密度が肩を並べるほどの高密度地帯といえる。

一の町遺跡の発見によって、伊都国内における半島部（シマ地域）と内陸部（イト地域）との関係を整理する必要も生じている。糸島半島西部の御床松原遺跡の評価として、従来、三雲・井原遺跡の一極支配下における港湾集落群のひとつと理解していたが、一の町遺跡における船載系遺物の集積状況からみると、地理的に独立性の高い糸島半島では、直接的な管理を一の町遺跡が行なっていた可能性が出てきた。伊都国内の地域構造は、より複雑な様相をみせ始めていることも付記しておく。

（註1）江崎靖隆「三雲・井原遺跡」『考古学ジャーナル』二〇一一

（註2）糸島市教育委員会『三雲・井原遺跡Ⅵ』二〇一一

（註3）森本幹彦「今宿五郎江遺跡の成立とその背景」『福岡考古』二三　福岡考古懇話会、二〇一〇

（註4）江野道和「伊都国の玉作遺跡―潤地頭給遺跡を中心に―」『魏志倭人伝の末盧国・伊都国王（墓）と翡翠玉』日本玉文化研究会、二〇一一

（註5）志摩町教育委員会『一の町遺跡』二〇一〇

奴国とその周辺

久住猛雄

一　はじめに

本稿は、魏志倭人伝の「奴国」とその周辺について、最新の考古学的成果によりその実態を考察するものである。対象時期は、後漢書の「倭奴国王」の一世紀から、魏志の「奴国」（三世紀）を経て、四世紀前葉頃までとする。編年上では、弥生時代後期初頭～古墳時代前期前半までに当たる（註1）（表1）。なお、倭国女王卑弥呼と魏（帯方郡）の通交があった二三九年（景初三年）～二四七年（正始八年）は、筆者のⅠB期新相（＝大和の寺沢薫編年庄内3式）と考える。この根拠の一つには、ⅡA期（＝布留0式）には楽浪土器が激減するため（註2）、帯方郡使が何度も来ていた二四〇年代は、まだⅡA期には入っていないだろうということがある。

二　「奴国」の中心地とその領域について

（一）「奴国」の二つの中心地と〈首都〉の遷移

「奴国」の〈首都〉は一般的に春日市須玖岡本遺跡群とされる（註3）。しかし、魏志倭人伝の三世紀には、すでに政治的中心地が比恵・那珂遺跡群（福岡市博多区、図1）に遷移していた可能性が高い。Ⅰ

表1　弥生時代中期末～古墳時代前期前半編年対照表

	推定暦年代	本稿	久住1999・2006・2007・2008 時期区分	田崎 1983・1993	柳田 1987・1991	常松 1991	蒲原 1991・2003	畿内（大和）
須玖Ⅱ式古相	ＢＣ60	（中期後半）	中期後半（＝須玖Ⅱ式古相）	ⅢＡ式				Ⅳ様式
須玖Ⅱ式新相	ＢＣ20	中期末	中期末（＝須玖Ⅱ式新相）	ⅢＢ式	後期１式古		村徳永１式	
	ＡＤ10	中期末／後期初頭		ⅣＡ式	後期１式新	Ⅰ式古	村徳永２式	
高三潴式	40→	後期初頭	後期初頭～前半	ⅣＢ式	後期２式古	Ⅰ式新	村徳永３式	Ⅴ様式
	80→	後期前半		ⅤＡ式	後期２式新	Ⅱ式	千住１式	
	110→	後期中頃	後期後半古相	ⅤＢ式	後期３式			
下大隈式	150→	後期後半（古相）	後期後半新相	ⅤＣ式	後期４式古	Ⅲ式	千住２式	
	180→	後期後半（新相）		ⅤＤ式	後期４式新	Ⅳ式	惣座０式	（寺沢 1986）
					後期５式古			纒向１式古
西新町式古相	210→	ⅠＡ期 終末期（古相） ※伝統的Ⅴ様式系伝播	（以下は久住1999・2006） ⅠＡ期		後期５式新（Ⅰａ式）	Ⅴ式	惣座１式	庄内０ 庄内１
	250→	ⅠＢ期 終末期（新相）＝古墳早期 ※筑前型庄内甕出現	ⅠＢ期	ⅥＡ式	（Ⅰｂ式）	Ⅵ式	惣座２式	庄内２ 庄内３
西新町式新相（在地系丸底＋布留系甕存在）	275→	ⅡＡ期 古墳初頭 ※北部九州型布留甕出現	ⅡＡ期	ⅥＢ式 有田式古相	Ⅱａ式		タヶ里式	布留０
	300→	ⅡＢ期 古墳前期前半（古相） ※布留系広域伝播	ⅡＢ期	有田式新相	Ⅱｂ式		土師本村１式	布留１
	325→	ⅡＣ期 前期前半（新相） ※布留系浸透	ⅡＣ期	柏田式古相				

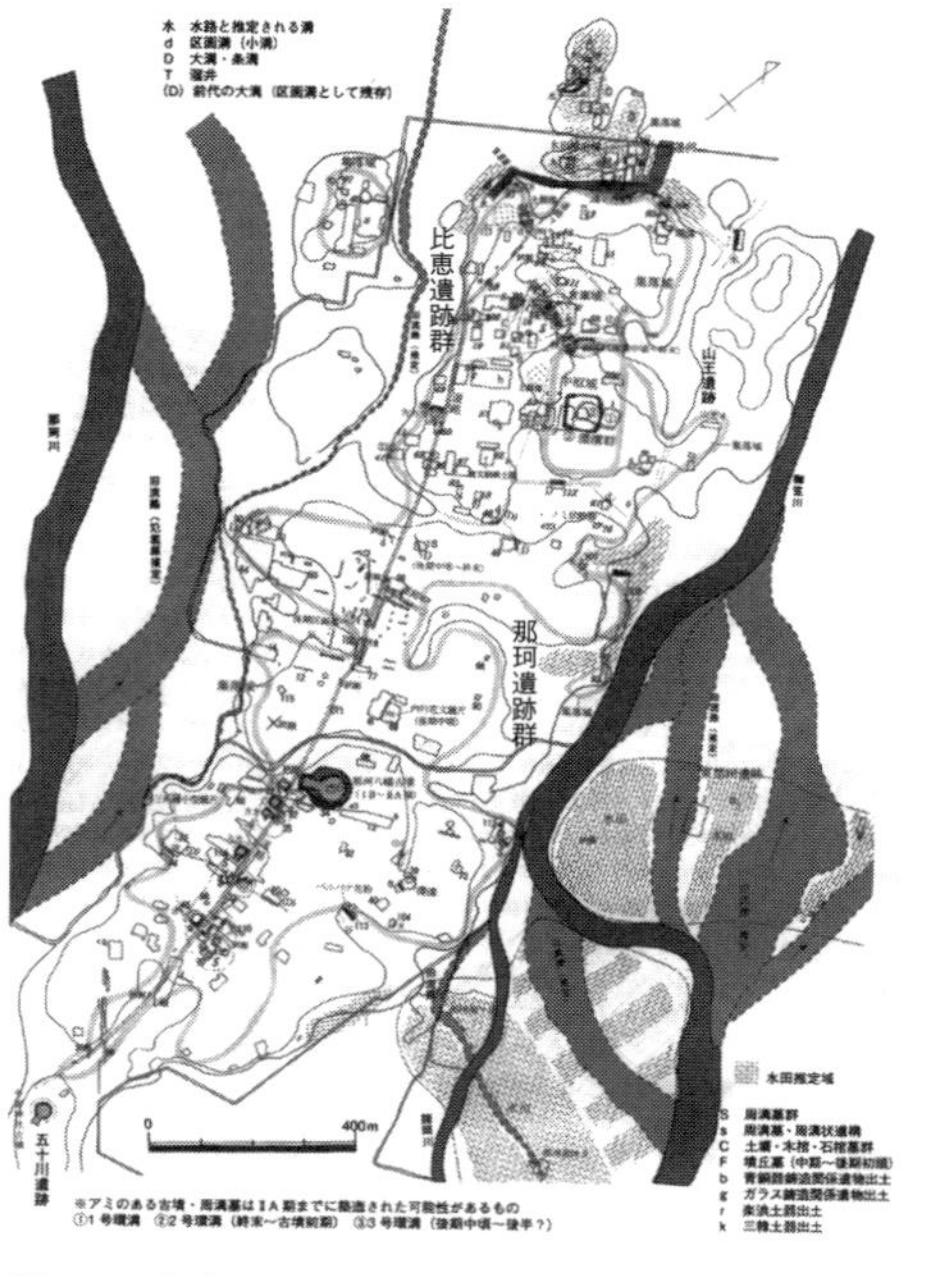

図1　比恵・那珂遺跡群　全体図（註4より）
（弥生時代後期後半〜古墳時代初頭）

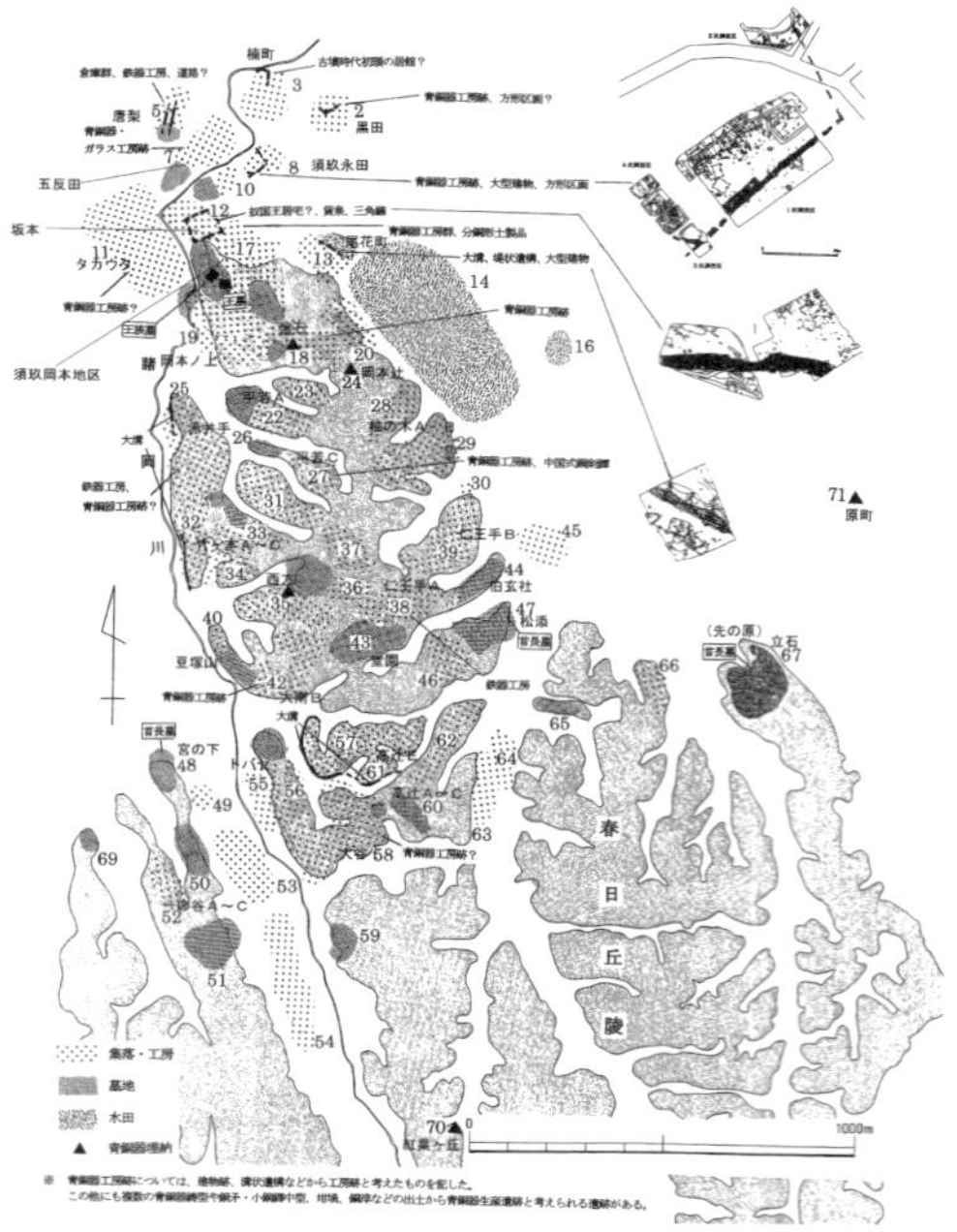

図2　須玖岡本遺跡群　全体図
（註38 井上 2009に加筆）（弥生時代後期）

A期からⅡA期にかけての比恵・那珂を貫通する一・五キロ以上の道路の整備、王の居館と目される一辺七〇メートルの方形環溝（「二号環溝」）の造営、ⅠB期新相と考えられる全長八五メートルの那珂八幡古墳の築造がその根拠である。[註4] 一方、須玖岡本遺跡群（図2）も、北部低段丘の青銅器工房群（坂本・永田など）は弥生時代終末期新相（ⅠB期）まで営まれ、[註5] その「遷都」は漸移的であった。須玖岡本から比恵・那珂への「首都」の遷移は、同一主体でなく、比恵・那珂の「裏切り」によるという論があるが、これは成立しない。[註6] 例えば須玖岡本は、比恵・那珂に中心が遷移するⅠA期〜ⅠB期でも、三韓系土器や半島系鉄製品（赤井手の鉄素材板状鉄斧ほか）の出土など外部との交易路を有しており（そもそも青銅器原材がそうであ

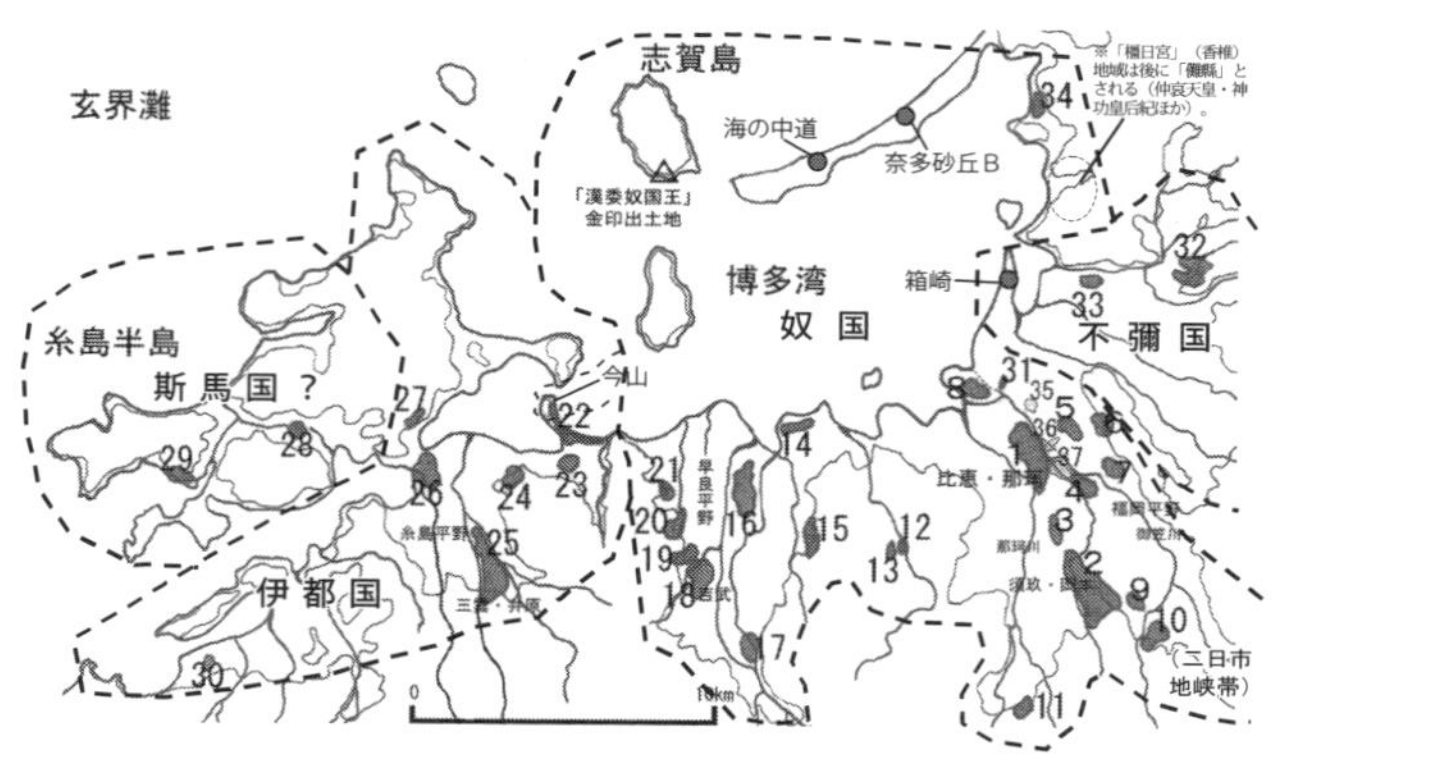

図3　福岡平野と周辺の弥生時代後期〜古墳時代初頭遺跡分布図
1：比恵・那珂遺跡群　2：須玖岡本遺跡群　3：井尻B遺跡　4：板付遺跡　5：雀居遺跡　6：席田大谷・久保園遺跡群　7：下月隈C遺跡　8：博多遺跡群（博多濱）　9：駿河遺跡　10：御供田遺跡　11：安徳台遺跡　12：樋井川A遺跡　13：宝台遺跡　14：西新町・藤崎遺跡群　15：飯倉D・E・F遺跡群　16：有田遺跡群　17：東入部遺跡　18：吉武・太田遺跡群　19：羽根戸原C遺跡　20：野方久保・野方中原・野方塚原遺跡群　21：コノリ遺跡群　22：今山・今宿遺跡群　23：今宿五郎江・大塚遺跡群　24：飯氏遺跡　25：三雲・井原遺跡群　26：潤地頭給・志登遺跡群　27：元岡遺跡群（弥生時代集落範囲）　28：一の町・ウスイ遺跡群　29：新町・御床松原遺跡群　30：深江井牟田遺跡　31：吉塚遺跡（弥生時代集落範囲）　32：蒲田部木原・蒲田水ヶ元・蒲田遺跡群　33：多々良込田・戸原鹿田遺跡群　34：唐原遺跡　35：東比恵三丁目遺跡（弥生時代中期前半〜後期前半水田）　36：東那珂遺跡（弥生時代後期以降の水田、一部集落）　37：那珂深ヲサ・那珂君休遺跡（弥生時代中期末〜古墳時代の水田）

る）、交通路的に比恵・那珂を通過しない入手は考えがたい（図3）。比恵周辺に多い、古相の「筑前型庄内甕」Ⅰ・Ⅱ式（註6）も、須玖岡本周辺でも出土している。須玖岡本の北西側に所在する須玖御陵遺跡では、ⅡA期の竪穴住居一括土器群に筑前型庄内甕、北部九州型初期布留甕、精製器種B群、馬韓系瓦質土器があり、比恵・那珂の土器組成と近く、隣接する御陵古墳はⅡA期築造で（註7）、那珂八幡の相似形の可能性がある。そのほか、海浜砂丘の博多遺跡群においてⅡA期に成立した新来の高度技術による鍛冶遺構群では、様々な鉄製品を作っているが、その中に前期古墳の副葬品に多い有稜系定角式鉄鏃がある（註8）。この祖形になる鉄鏃が、弥生時代終末までの墓地で

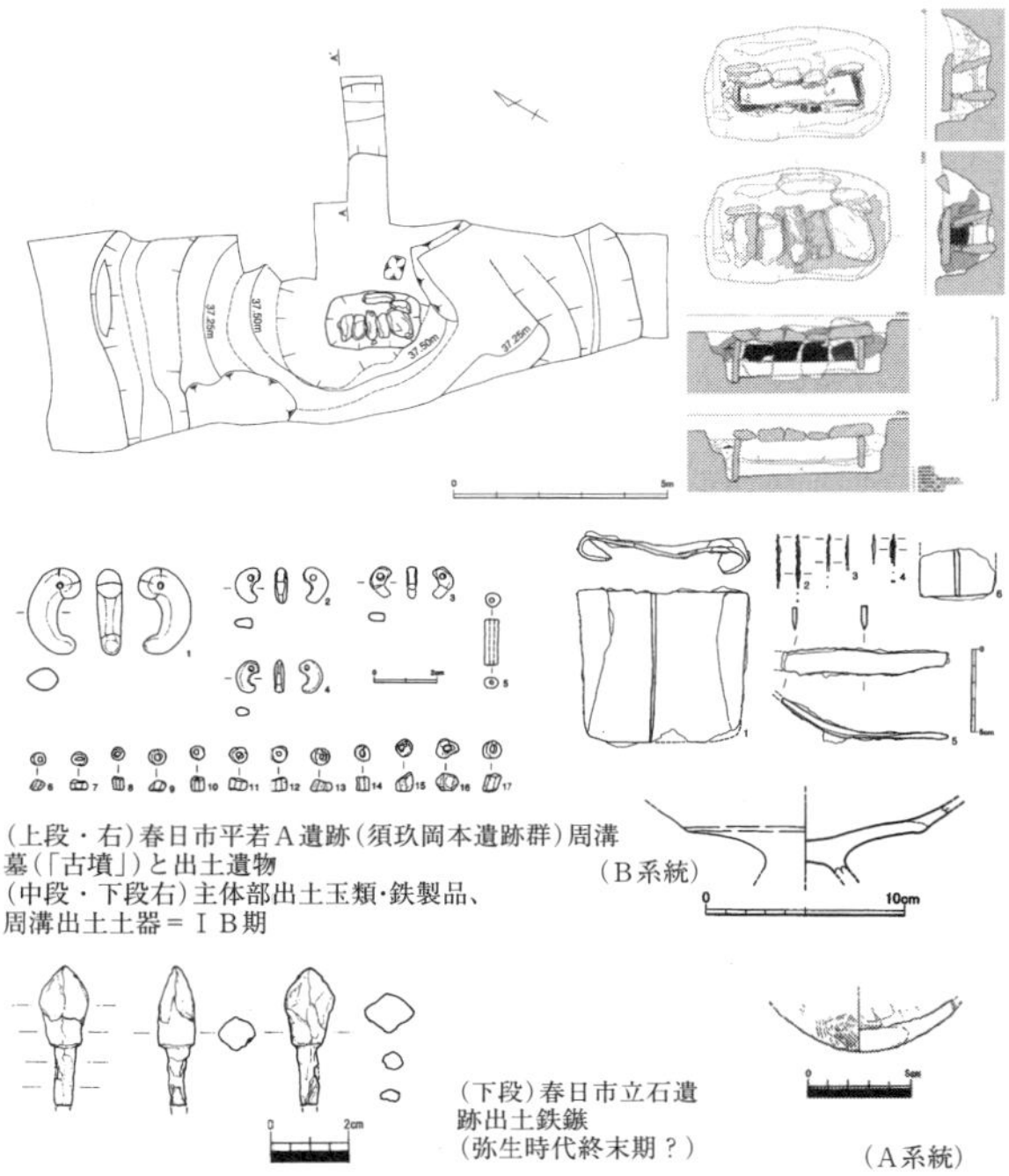

（上段・右）春日市平若Ａ遺跡（須玖岡本遺跡群）周溝墓（「古墳」）と出土遺物
（中段・下段右）主体部出土玉類・鉄製品、周溝出土土器＝ⅠＢ期

（下段）春日市立石遺跡出土鉄鏃
（弥生時代終末期？）

図4　立石遺跡弥生時代終末期有稜鉄鏃と平若遺跡墳丘墓

ある立石遺跡（須玖岡本遺跡群の一角）に存在する（図4左下）。立石例は楽浪土城の有稜鉄鏃に近い形式があり、その直接模倣の鏃身部断面菱形だが（有稜系定角式は断面三角形）、それを可能にする技術受容はまず須玖岡本遺跡群で行なわれたと考えられる。いずれにしても、須玖岡本から比恵・那珂や博多という新しい中枢への移行は諸要素で相互に連関し、別勢力とする論には無理がある。

（二）「奴国」の領域についての考古学的検討

奴国の範囲を考古学的に証明するのは難しい。しかし、その範囲は考古学資料の諸要素の境界によって推測を試みることはできる。

「奴国」の西の境界と西半部の様相　まず西側の端については、「伊都国」の領域が何処までかということ、その間にある早良平野はどう捉えるかによって推測される。「伊都国」の弥生時代後期中頃～古墳時代前期前半は、土器様相に着目すると以下のような特徴がある（註9）。①広口壺系甕棺の盛行（後期初頭～終末期）と、弥生時代終末期からの在地系胴部多条（三条以上）突帯甕棺（大甕）の盛行（「福井式」（註10）、他地域は頸部を除く胴部突帯一、二条が通有）、②複合口縁壺の二次口縁内湾気味属性の遅い残存や、口縁部内側貼付突帯広口壺の存在などの強い地域色（註11）、③在地系大型土器における頸部二条突帯の主体化（他地域は基本一条）、④弥生時代終末期以降（ⅠA期～）における外来系（畿内系）土器伝播受容の遅さ（註12）、⑤古墳時代初頭（ⅡA期）以降の在地系土器様相の残存（④と表裏一体）、長胴布留系甕や在地系高坏が変容した「畿内系」高坏など折衷形式の存在、などがあげられる。早良平野は糸島の隣接地域であるため、以上諸要素も存在はするも激減している。ⅡB期（畿内大和の布留0式新相～1式古相併行）には、早良平野では布留系土器群（「D系統」）

の比率が多くなり主体化するが、[註12] 糸島（「伊都国」+「斯馬国」か？）では、ⅡB期は中心拠点の三雲遺跡群および潤地頭給遺跡のみ半分に近い普及の可能性があるが、他遺跡では在地系が未だに主体である。例外的に、今山遺跡の砂丘地点（8次調査）で筑前型庄内甕の多数存在などの福岡平野中枢に近い土器様相がⅠB期～ⅡA期に見られるが、これは「奴国」の飛地的拠点と考える。[註13] 今山の南、古今津湾の対岸である同時期の今宿五郎江・大塚遺跡群では、この時期の外来系土器の搬入はあるが、畿内系土器を受容し在地化し始めるのはⅡB期以降である。以上、「伊都国」の土器様相を説明したが、広石峠・飯盛山・日向峠を隔てた早良平野の古墳時代初頭前後の土器様相は、むしろ福岡平野＝「奴国」中枢部に親縁性が強い。

奴国西端の弥生時代後期後半～古墳時代前期前半の拠点集落としては、野方中原・野方久保遺跡群がある。ほかに後世の造成が進み全貌が不明だが、コノリ遺跡群は弥生時代終末期までの拠点と考えられ、宮ノ前C地点墳丘墓（ⅠA期築造）の基盤であろう。「伊都国」への最前線の野方遺跡群に「環濠」があり（野方中原）、広石峠を隔てた「伊都国」側東端の今宿五郎江・大塚遺跡群にも、中期末／後期初頭に掘削され、後期後半まではある程度維持された「環濠」が存在することから、伊都国と奴国に一定の緊張関係があったことが示唆される。[註14] なお、弥生時代前期末ないし中期初頭以来の早良平野の中心的拠点集落であった吉武遺跡群は、後期前半頃に居住域が縮小して衰退し、これに変わって北東側の太田遺跡や羽根戸原B・C遺跡などに後期前半から古墳時代前期の遺構・遺物が展開し、居住域が分散・移動したものとみられる。[註15]

ところで弥生時代後期初頭ないし前半に、前・中期以来の室見川流域の集落の多くが衰退・廃絶する事実に対して、それら集落の住民が「奴国」中枢および「伊都国」中枢など、特定地域の拠点集落に人口移動して「集住」したとする説があり、その論では早良平野は「伊都国」とされている。[註16] 確かに当該期の集落変動は認められるが、しかしその解釈は極端かつ恣意的な部分が多く、誤りを含むことは別に論じたところである。[註15] また早良平野は「伊都国」ではなく「奴国」域であることもすでに論じたとおりである。室見川右岸の集落群（有田遺跡群から東入部遺跡群）や早良平野海浜砂丘の集落（姪浜遺跡、藤崎・西新町遺跡群）では左岸に比較して、後期初頭～前半にかけて集落が衰退・廃絶する事実は動かしがたい。一方、左岸側はコノリ遺跡群や羽根戸原B・C遺跡などが後期に継続し、野方遺跡群が後期中頃以降に拠点化している。

しかしながら、海浜部の藤崎・西新町を含む室見川右岸の集落群の衰退と交替的に、南北に長い飯倉丘陵（飯倉A・C・D・E・F・G遺跡）に後期前半から中頃にかけて集落群が興起する事実が注意される。また室見川上流では、松木田・岸田・長峰遺跡群は後期土器の存在から、盛行地点を替えて集落が存続している可能性が高い。早良平野では樋渡墳丘墓の有力集団が存続する後期初頭までは、吉武遺跡群を中核とする「クニ」が存続した可能性が高いが、それ以降は突出した中核的な墓地や集落が無くなっている。そのため、室見川・十郎川流域の早良平野およびその東側の樋井川流域は、後期以降、全体として「奴国」領域に編入されたものと考える。樋井川と室見川の間にある飯倉D遺跡において、後期後半に青銅器工人が活動しているのもその脈絡であろう。[註17] 室見川上流では、東入部2次で楽浪土器が出土しているが、出土地点の遺構再盛行時期からⅡ

A期の可能性が高い。楽浪土器出土の最終段階は福岡平野に多いが、その様相の一角であろう。福岡平野の西側になる樋井川流域は、後期前半に集落変動があり（浄泉寺遺跡・片江B遺跡→神松寺遺跡、宝台・長尾遺跡・小笹遺跡→樋井川A遺跡）、樋井川Aでは後期中頃に環濠が掘削され、集住化していることが注目される。

「奴国」の北側と南端および南東端　「奴国」の中核地域は、後の「那珂郡」や、「儺縣」・「那津」の記述から、那珂川と御笠川の両流域である。「漢委奴国王」金印出土の志賀島も、かつては那珂郡であり、能古島も同様である。那珂川と御笠川に挟まれた地域（A）、さらにその両流域（那珂川流域左岸と上流：B、御笠川流域右岸と上流：C）は、有力な遺跡群が連続的に存在している（図3）。そのほか、博多湾東半沿岸部の「橿日」が「儺縣」の一部とされたように[註18]、博多湾岸の大部分は「奴国」であろう。

では、「奴国」の南端はどこか。まずBの上流では、弥生時代中期〜後期初頭の拠点集落として那珂川町安徳台遺跡があり、この麓に後期〜古墳時代前期前半の推定拠点として安徳遺跡がある。この安徳遺跡の一角に広形銅矛一三本を埋納した安徳原田遺跡がある。これが那珂川上流での「奴国」南端を示す象徴的埋納であろう。

問題はC地域である。御笠川上流域は二日市地峡帯が分水嶺となるが、ここまでを奴国の領域と考える（図5）。弥生時代後期から古墳時代前期前半の本地域では貝元遺跡から立明寺遺跡（筑紫野市）に拠点が遷移する[註19]。両遺跡群の南側には、筑後川水系となる宝満川の支流の山口川が東流する。貝元は中期末前後に「久保園タイプ」大型建物が造営されるなど、後期中頃までの拠点集落であるが、その盛行期末期の後期中頃に立明寺の集落が大型化し、拠点化する。以後、立明寺はⅡC期まで二日市地峡帯の拠点集落となるが、楽浪土器（ⅠB期住居）、瓦質土器（馬韓系か、ⅡA期住居）が出土し、さらに「環濠」から半島産のU字形鉄製鋤先や匙状異形鉄製品が出土する（いずれも弥生時代終末期〜ⅡA期の幅内）。貝元では、三四号住居（ⅠA期）の環頭が一見蕨手状の（刃部の反りが無く、蕨手刀子とは異なる）素環頭刀子があり、金海良洞里二〇〇号墓などに類品がある。本地域は、当時の朝鮮半島系遺物の出土ホライズンの南限であり、これより南の筑紫平野での出土はまったく無い訳ではないが、分布が急減する。また立明寺や貝元において、ⅠB期〜ⅡA期の「筑前型庄内甕」が比較的まとまって出土していることも「奴国」

図5　二日市地峡帯の弥生時代後期〜古墳時代初頭遺跡分布と「奴国」の南東端（註27文献 掲載図に加筆）

の南限とする根拠である。半島系遺物と同様、これより南に行くと「筑前型庄内甕」の分布は一部例外を除き極端に減少する。[註20]さらに、ⅡA期に一定の畿内系土器の伝播と在地化が貝元・立明寺にあり、立明寺ではⅡB期には畿内系土器にほぼ変容する（B地点一四-〇〇〇三・二一）。

両遺跡群の東方、北からの丘陵突端にある峠山一号墳（ⅡB期）には、福岡平野中枢製作と思しき精巧な精製器種B群土器群の供献がある。その東側の宝満川上流右岸の御笠地区遺跡群や日焼遺跡ではⅡB期まで在地系土器群が残存し、畿内系（布留系）土器群の主体化はⅡC期に下る。御笠地区の墳墓である宝満川左岸の阿志岐古墳群に供献されたⅡB期以降の精製器種B群土器群は、御笠地区と同じやや質の劣るものが多い。一方、南側の筑紫平野に入った宝満川中・下流域の小郡市域では、複数の拠点集落ですでにⅡA期に畿内系（庄内・布留系）土器群に変容している（津古遺跡群、大崎小園遺跡周辺）。この地域には、津古二号墳（ⅠB期新相）や津古生掛古墳（ⅡA期）などの首長墓系列の存在があり、別の「国」の存在が推定される（仮称「御笠・筑紫」）。[註21]

そのほか、弥生時代中期中頃から後期初頭には北部九州に広く分布した「久保園タイプ」大型建物が[註22]、立明寺では後期中頃～終末期にかけても集落の中心建物として存続することは、奴国や伊都国の拠点集落である雀居や今宿五郎江と同じであり[註23]（須玖永田や三雲遺跡群にも可能性がある）、玄界灘沿岸中核「国」群の特徴であり、「奴国」の一部とする傍証となる。一方、立明寺では筑紫・佐賀平野に多い「周溝状遺構」が複数存在し[註24]、「環濠」に取り付く突出部状の長方形の「環溝」空間は、筑後川流域の弥生時代後期～古墳時代初頭の拠点集落や居館遺構に環濠「突出部」が多いことや複数の環溝が共存することと関連し[註25]、これは筑後川流域文化圏の要素の影響があると言える。また、立明寺（A地区）1・2次調査では古墳時代初頭前後の方形環溝が集落内の特定区画として存在するらしく[註26]、突出部を備えない点は比恵の環溝群などに近い。以上、本地域が「奴国」の南東端の関門的地域であれば、原口古墳（推定ⅡC期）は福岡平野勢力の首長墓となる。

なお、二日市地峡帯北方に高雄山があり、この南北尾根筋の各一ヵ所に武器形青銅祭器の埋納があった。北は「安楽寺巽方」の「銅鉾十口」（「矛」か「戈」か不詳）と、南は「片野山」の「銅鉾十一口」（実際は中広形銅戈）である[註27]。安徳原田の銅矛埋納と同様、高雄山付近が「奴国」南東境界であることを示す。

「奴国」の東側と推定「不彌国」について

「奴国」の東側は、地理的環境として福岡平野東部を画する月隈丘陵までであろう。丘陵の東側が、推定「不彌国」（「ウミ」が遺称または「于彌」の誤りか）の宇美川・多々良川流域となる。両流域では、弥時代終末期の特定集団墓や墳丘墓が数多く知られ、そのまま前期古墳へ継続する発展過程が明確である[註28]。したがって、御笠川・那珂川流域を中核として、早良平野までを傘下におさめた「奴国」とは別の政治領域として捉えられる。またこの地域では、関門的な沿岸部砂丘の箱崎遺跡や、当時は潟湖が入り込み現在よりも内陸にあった当時の多々良川河口近くの多々良込田遺跡を除き、半島系土器などの船載遺物は集落からはほとんど出土しない。この点は、船載遺物が内陸部集落にも深く分布している推定「奴国」の領域の様相とは異なる。

多々良川・宇美川流域の古墳時代初頭（ⅡA期～ⅡB期）前後の

土器様相は、上記の関門的・港津的な集落では「畿内系」土器の受容が早いが、それ以外では粕屋町戸原王塚古墳（ⅡA期）や宇美町光正寺古墳（ⅡB期）などの首長墳に福岡平野中枢（比恵・那珂および博多遺跡群周辺）製作と推定される精製器種B群土器や筑前型庄内甕、精巧な作りの北部九州型布留甕が搬入され供献されるものの[註7]、流域内陸部では在地系土器がⅡA期までは主体であり、拠点的集落である蒲田部木原・蒲田水ヶ元遺跡群（福岡市東区）でも畿内系土器群への変容はⅡB期に下り、その時期でも在地系を残す。多くの拠点的集落において、ⅡA期には畿内系土器群が主体となる「奴国」中核の御笠川・那珂川流域とは月隈丘陵を挟んで異なる様相である。ただし「奴国」域でも、樋井川流域以西、早良平野では、拠点的集落での畿内系土器の主体化はⅡB期に下り[註29]、福岡平野中枢の土器様相の特殊性が際立つ[註6・12]。

また時代は遡るが、弥生時代中期後半～中期末において、多々良川・宇美川流域では、甕形土器の口縁部の一定割合（四割以上）に「跳ね上げ口縁」がみられ（同時期の福岡平野にはほとんどない）、「須玖式」の「遠賀川以東系」土器圏との接触地帯であることを示し、「奴国」と異なる一領域をそこに想定することが妥当である。

三　「奴国」周辺の弥生時代後期から古墳時代前期前半までの墳墓とその社会

（一）弥生時代後期の墳墓とその社会

弥生時代中期末までの墳墓　北部九州では、弥生時代後期に入ると中期に盛行した甕棺墓制が衰退する。その直前の中期末＝須玖Ⅱ式後半の「立岩式」甕棺の時期には（紀元前一世紀中頃～末）、前漢鏡を二〇面以上副葬する須玖岡本「D地点」遺物群王墓（奴国）や、三雲南小路一号・二号甕棺王墓（伊都国）が知られる。この二者は別格だが、前漢鏡を一～二面（立岩堀田は六面）や、青銅武器ないし武器形祭器（鉄戈を含む）を複数副葬する甕棺墓が筑紫・肥前の各平野に点在している。こうした厚葬墓は、「特定個人墓」（被葬者一、二名）か「特定集団墓」かにかかわらず、多くは墳丘墓あるいは祭祀溝や周溝で区切られた区画が存在するか、集塊状区画墓を形成している。さらに一辺二〇メートル以上の大型墳丘墓が弥生時代中期に確実に存在する。吉野ヶ里墳丘墓（特定集団墓）はその典型だが（約四〇×三〇メートル）、後の「奴国」域でも吉武樋渡は一辺二〇メートル以上の墳丘墓であり、那珂二一・五〇次区画墓は墳丘が削平されていたが、吉野ヶ里とほぼ同規模である。三雲南小路「王墓」は、周囲の祭祀溝（周溝）から一辺三〇メートル前後の墳丘区画が想定され、近年の調査では周囲にも前後する時期の区画墓群が存在する可能性が生じている。須玖岡本では、「須玖岡本D地点」遺物群の「王墓」があった地点は、周囲地形から約二五×三〇メートル程度の墳丘区画が想定され、近隣で調査された「王族墓」とされる特定集団墓は墳丘盛土が確認され、二〇×二五メートルの規模である。このように北部九州では、中期後半～中期末こそ、副葬品も含めて墳墓の厚葬化が一時的にピークに達した段階として理解しうる。

弥生時代後期の墳墓　ところが後期になると、甕棺墓の造営は激減し、埋葬施設としては甕棺以外に箱式石棺、石蓋土壙墓、土壙墓、足元掘込土壙墓、木棺墓という多様な墓制が展開するが、全体の墳墓数は減少する[註30]。一方、後期の墳墓には前漢末から新代の鏡や後漢鏡が出土するものもあるが、中期末の前漢鏡の出土量に比べると、一様式期あたりの数量としては減少する。また、墳丘墓・区画墓も存続するが、二五メートル以上の大規模なものは不明となる。明確な周溝墓である平原五号墓（伊都国）（後期初頭、木棺?、前漢鏡二面以上、周溝に後期前葉の壺棺）は六・五×五・六メートルである。比較的大きな対馬の経隈墳丘墓（後期中頃造営、石棺墓三、鉄剣）があるが二四×一六メートルである。銅鏡四〇面などの他を圧倒する豊富な副葬品がある「伊都国」王墓の平原一号方形周溝墓（割竹形木棺）はⅠA期と考えるが（註31）、これも約一四×一二メートル（周溝内法）と小さく、いずれも中期の大型墳丘墓には及ばない。これらを見ると、北部九州の後期社会は中期社会から「衰退」したと解釈されることが多い。しかし、筆者はむしろ逆と考える。

まず、後期にも「王墓」的な豊富な副葬品を有する厚葬墓が存在する。唐津（「末盧国」）の桜馬場遺跡は再発掘され、所属時期が明らかになった（後期中頃に近い後期前葉）（註32）。しかも、内行花文鏡片や広形銅矛が同一墓域の別の甕棺墓に副葬されていた可能性があり、少数の厚葬墓を擁する区画墓の可能性が高まった。近世の記録にある、「伊都国」王墓の井原鑓溝遺跡（後期広口壺系甕棺?）は方格規矩鏡二〇面以上・巴形銅器三・鉄器多数を伴う。周囲にほかの埋葬施設があった記録はないことに留意すれば、特定個人墓の蓋然性が高い。しかし前述の後期の墳墓の状況から、墳丘や区画があっても小規模であろう。近隣には、後期初頭～後期後葉の、副葬品出土率が高い墳墓群が存在する。後期中頃前後の木棺には、割竹形木棺で、棺外に銅鏡を破砕副葬し、またガラス玉類を棺上に撒くような、平原一号墓の先行例がある（註33）。井原鑓溝の後期墳墓群は不明瞭だが、

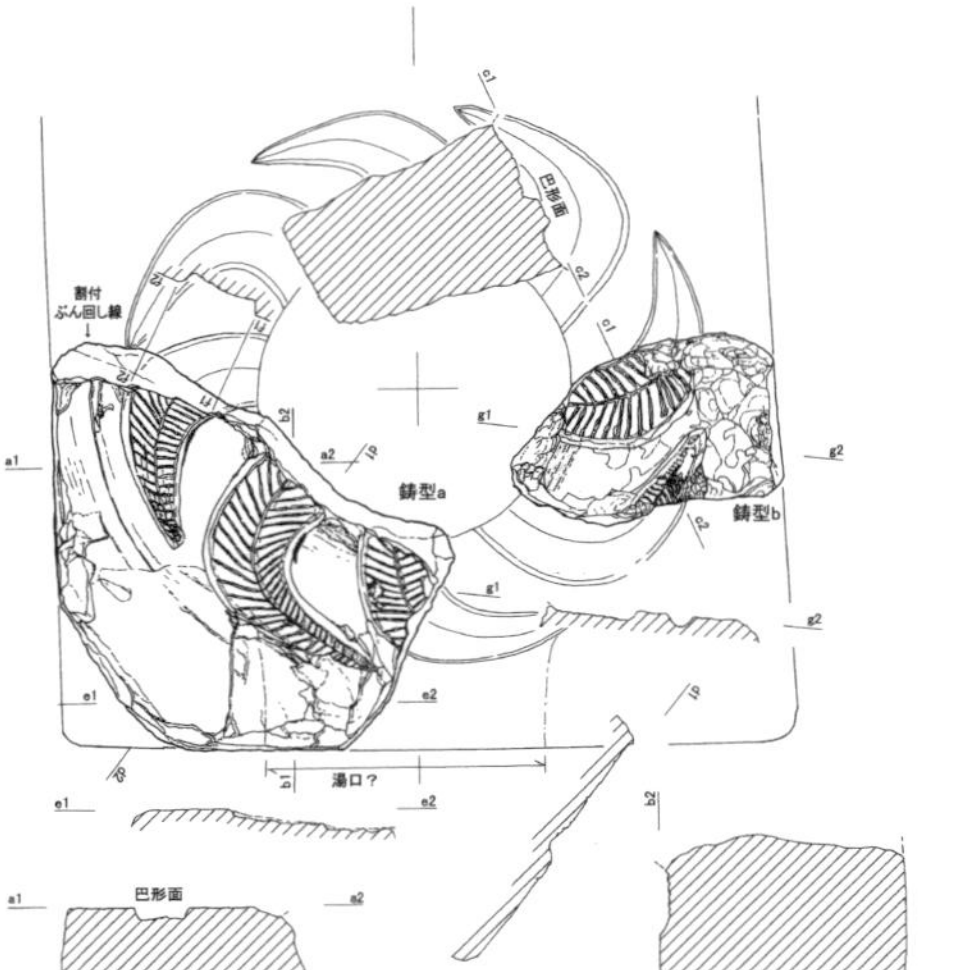

図6　那珂125次調査出土巴形銅器鋳型
（註35より引用改変）

よく見ると墳墓配置上の小区画が析出される（註34）。近世に青柳種信が記録した厚葬墓は、それらの上に立つ「王墓」であろう。井原鑓溝の巴形銅器は、拓本と絵図から径一五センチ前後と見られるが、これと酷似する特徴の巴形銅器の鋳型が、「奴国」中枢の一画である那珂遺跡群一二五次調査で出土した（註35）（図6）。井原鑓溝の「王」と奴国との同盟関係が考えられ、その王墓は巴形銅器の型式や周囲の墳墓群から後期前半の幅内であろう。これは五七年の「漢委奴国王」金印の時期に近い。金印の読みは、「漢ノ委（倭）ノ奴ノ国王」とする定説を支持するが（註36）、その「奴国王」墓は未だ不明である。

「奴国」中枢である須玖岡本遺跡群周辺の後期の墳墓をみると、有力集団墓として立石遺跡や宮の下遺跡がある。両者の墓地は、明確な区画や墳丘は有しないものの、前漢末～後漢初頭の鏡を出土し、そのほかの青銅器や鉄器などの副葬品出土率が高い墳墓群である。

ほかに松添遺跡では、本来の遺構は不明だが、内行花文鏡と方格規矩鏡が共伴した後期の墳墓の存在が想定される。立石遺跡円墳下層墳墓群は低墳丘区画墓の可能性が高く、倣製戦国式銅剣を伴う「一号大柱遺構」土器群から後期中頃の成立であり、土壙墓群には細長い形態の舶載袋状鉄斧が伴う。[註37] また、須玖唐梨遺跡にも後期初頭〜前半の甕棺・土壙墓からなる低墳丘墓がある。遅くとも後期後半には、以下の比恵・那珂諸例から福岡平野にも方形周溝墓が存在するのは確実である。[註4] 比恵六次の「方形周溝遺構」(五×四・五メートル)は、周囲に弥生時代中期墳丘墓やⅠB期新相の周溝墓が存在する墳墓域であることから、後期後半の周溝墓と考えられ、この南側隣接の「環溝住居址」(「五号環溝」)も実際は後期の一辺九メートルの方形周溝墓としてよいだろう。石材検出の記録があり、箱式石棺があった可能性がある。東光寺剣塚下層(那珂十五次)には、後期後半の一辺二〇メートルの土壙墓群を伴う区画墓がある。したがって、「奴国」中枢の須玖岡本遺跡群には、これらの上位に立つべき、後期の最有力墳墓(墳丘・区画墓、厚葬墓)が須玖岡本「王墓」の周囲に存在する蓋然性があり、後期の「奴国王」墓の存在もありうる。[註38] おそらく、「伊都国」王墓の井原鑓溝や平原よりは下位としても、桜馬場程度の副葬品内容はあり、小規模ながら墳丘や区画を有するものであろう。しかし、金印の王が「奴国王」ならば井原鑓溝クラスの王墓があっても驚くに値しない。

弥生時代後期の北部九州の墓地の状況は、中期のような大規模な墓地を形成せず、小規模な群在であることが多く、「墓」自体が少ない。逆に言えば、明確な墳墓を造営できる集団成員がより階層的に限定されたと解釈できる。後期の墳丘・区画の小規模化傾向も、そうした脈絡で捉えられる。さらに後期には、中期と異なり墳墓の大規模化の社会的意味が小さくなった、墳墓の規模で社会関係を表示する意味が弱まったとも考えられる。こうした解釈は、集落遺跡から判明する弥生時代後期の北部九州社会の成熟化や、中国文献にある「倭国」の記事内容によって妥当性が証明される。

弥生時代後期の社会　まず『後漢書』の記述から、五七年には「漢委奴国王」として後漢の冊封体制下に入り、一〇七年の「倭国王」の遣使は連合体としての「倭国」の成立を示している。[註39] このことは、中国王朝から見て、伊都国や奴国を中心とする北部九州「倭国」の〈国家〉的体裁が整ったことを示唆する。

次に、集落遺跡の状況からも北部九州社会の成熟を証明できる。「奴国」の拠点中の拠点というべき須玖岡本遺跡群(図2)と比恵・那珂遺跡群(図1)は、中期後半以来一〇〇ヘクタール以上もの集落域を有する。[註40] 須玖岡本では、丘陵北部低位段丘地区が後期初頭以降、「青銅器工業団地」とも言われるような、青銅器の大量生産を行なう集約的な集落に編成され、[註5・41] 比恵・那珂では後期初頭以降に方形環溝が出現し、中期以来の条溝群や道路的な並列溝とともに「都市計画」的な様相を呈するようになる。[註42] 方形環溝は古墳時代首長居館の先駆けであるが、北部九州では後期以降に各地で展開し、首長層の居館ないし特定の祭祀空間などとして機能した。[註22] 後期社会の成層化は墳墓では一見不明瞭となるが、集落の様相からは実際はより進行していたことが判明する。吉野ヶ里遺跡の「内郭」もこの一種であり、後期中頃以降の「内郭」の整備や重層化(後期後半新相以降に二つの「内郭」に分化)が社会の成層化を語る上で重要である。このように北部九州の弥生時代後期社会は、弥生時代中期に比較してより成層化、成熟化が進み、墳墓の状況もそれらに即して再解釈すべきである。「北部九州社会弥生時代後期衰退説」も未だにあるが、もはや根拠のない旧説としてよい。

後期後半新相から終末期古相（ⅠA期）の墳墓　下大隈式（後期中頃～後半）最新相になると、それまでやや不明瞭であった墳墓の様相が再び明確化する。下大隈式最新相（後期後半新相）の例として、「伊都国」の三雲寺口石棺墓群がある（蝙蝠座内行花文鏡、八×七メートルの複数主体区画墓）。この時期から銅鏡（鏡片含む）を副葬する墳墓の数が増加し、また墳丘墓・周溝墓の存在が明確化する。銅鏡副葬の増加は、この時期（後期後半新相以降）に中国鏡の新たな流入の画期があることを示すが、(註43) 墳丘の明確化は中国地方（山陰および中部瀬戸内）から北近畿との、後期は断続的にしか存在しなかった周溝墓の顕在化は近畿周縁部（播磨・近江か）との関係性の深化の結果であろう。後期中頃から後半に瀬戸内系高坏（讃岐・吉備・伊予）が受容され在地化する動きや、後期後半から近畿周縁部（播磨、近江、北近畿）の土器が搬入され始め、(註44) さらにⅠA期に伝統的Ⅴ様式系土器が流入・一部受容(註12)されることも関連する動向である。

終末期前半のⅠA期には、「伊都国」では平原一号墓が造営された。「不彌国」域では、上大隈平塚墳丘墓（粕屋町）（一辺一〇メートル以上？、大型箱式石棺、蝙蝠座内行花文鏡、墳裾に複数の小石棺）がⅠA期前後であろう。亀山「古墳」（志免町）は、多量の水銀朱を納めた大型箱式石棺を中心主体（複数の石棺墓あり）とする一辺二〇メートル前後の方形墳丘墓である。(註45) 様相的に宮の前C地点とほぼ同時期であろう。

「奴国」域西半の早良平野にも墳丘墓がある。宮の前C地点墳丘墓は丘陵上にあり、大型箱式石棺を中心主体とする。土器溜（墳裾祭祀土坑）の多量の土器群には一定量のⅠA期があり築造期を示し、ⅠB～ⅡA期の土器群は複数の副次主体に伴うものだろう。高坏群祭祀土坑二基はⅡA期である。一二×一〇メートルの方丘に突出部があり（全長一五メートル）、前方後方墳の祖形的様相でをなす。(註46) 野方塚原遺跡の甕棺・石棺墓群は、後期後半新相からⅡB期まで営まれる。野方塚原の墳墓群は、「七区」石棺墓群が一一×一四メートル前後の区画墓の可能性があり、東側の「九区」の高坏群祭祀（ⅠA期）が築造初期を示す。同二号甕棺墓（ⅠA期）・三号甕棺墓（壺棺、高坏群から後期後半新相）は掘込み残存度からも若干の墳丘が存在した可能性が高く、地名の「塚原」もそれを示唆する。

「奴国」中枢の福岡平野では、この時期の墳丘墓は不明瞭であるが、老司観音山（老司A）遺跡には七×八メートル前後の墳丘墓があり（中央に大型箱式石棺一基）、鉄刀とⅠA期の小型鉢を伴う。比恵・那珂では後期後半までに方形周溝墓が存在することを述べたが（比恵

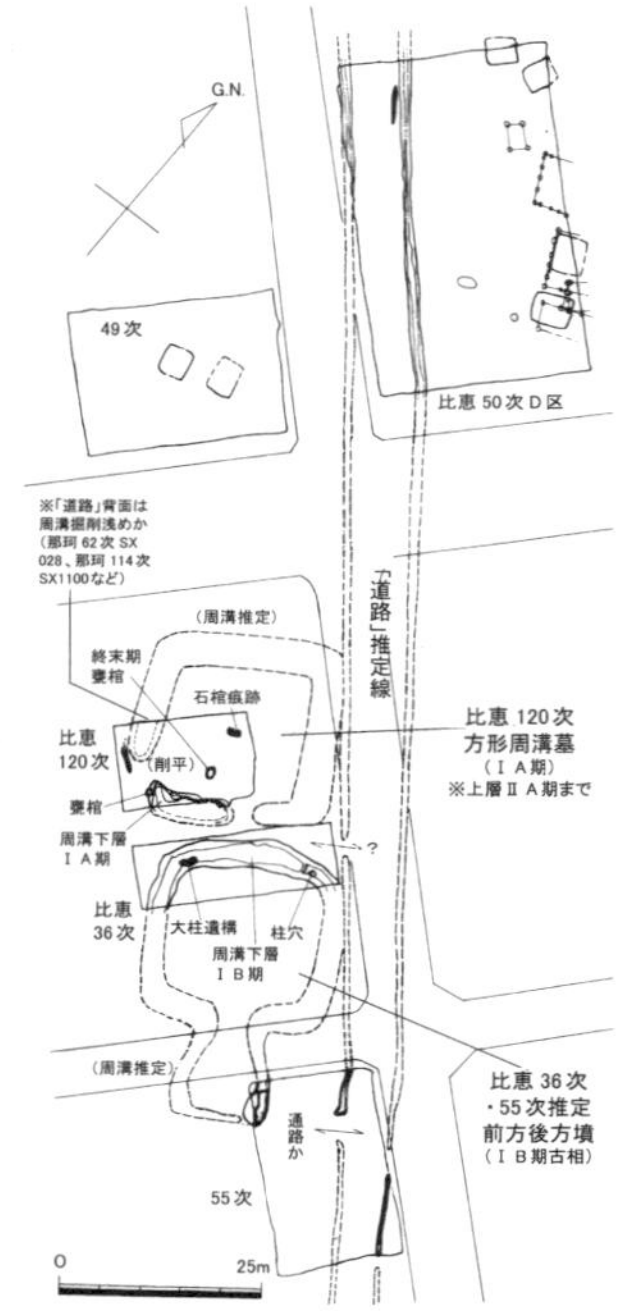

図7　比恵120次方形周溝墓・36・55次前方後方墳と「道路」遺構

二・六次、那珂一一二次)、ⅠA期には推定一辺二〇メートルの方形周溝墓が成立する（比恵一二〇次、図7）。中央に石棺痕跡があるが、複数主体と見られる。周溝下層に在地系高坏主体の祭祀土器群があるが（報告書Fig.16〜18-10〜14、16〜27、29〜32）、在地系に加えて伝統的Ⅴ様式系変容土器が一部含まれる（報告書Fig.16-10、11、14）。この周溝墓はⅠA期成立の道路遺構と同時に造営された可能性が高く[註47]、南側にⅠB期古相の前方後方墳（比恵三六・五五次）が連続して営まれる。那珂一一二次では後期後半新相の方形周溝があるが、周囲でⅡA期以後の周溝墓が展開する起点となった墳墓であろう[註42]。須玖岡本遺跡群周辺でも、立石遺跡円墳下層の推定区画墓からは斜縁の後漢晩期の鏡片が採集され、一号土壙墓混入の高坏片や、本来は甕棺と思われる大甕、墓壙対角主軸の石蓋土壙墓などから、ⅠA期までの存続が考えられる。須玖岡本地区でも、夔鳳鏡の存在から終末期ないし古墳時代初頭までの有力な墳墓が存続している可能性が考えられる。

（二）「奴国」周辺における古墳の成立とその展開

ⅠB期（終末期新相＝古墳早期）における古墳出現　ⅠB期に至ると、前方後円形や前方後方形の墳丘墓が北部九州に確実に出現する[註7・31]。これらを「古墳」とするか「墳丘墓」とするか問題だが、筆者はⅡA期以降の「古墳」と大差ないと考え、当該期は「古墳早期」としても認識する。前方後円墳には、「筑紫」の津古二号墳（小郡市）（二三メートル）、「奴国」中枢に那珂八幡古墳（博多区）（八五メートル）があり、前方後方墳には比恵三六・五五次（三二メートル？）があり、比恵・那珂に二基あるのが重要である。比恵三六次周溝上層には石棺材が廃棄され（六〜七世紀）、箱式石棺の存在が考えられる。しかし那珂八幡の中央主体はおそらく石棺ではなく、一〇メートル前後×五・五メートルの墓壙から推定される埋葬主体は五・四メートル前後の割竹形木棺と推測される[註48]。なお那珂八幡の三角縁神獣鏡は、小規模な第二主体木棺の出土であり築造時期を示さず、古墳造営時期は周溝底面検出の最新井戸（ⅠB期）を上限とし、第二主体上方に混入した精製土器の型式と周溝下層出土土器からⅠB期新相となる[註7・12]。墳頂と周溝出土土器は比恵三六次周溝墓土器群の様相に近く、那珂八幡の南にある那珂六二次〇二八号方形周溝墓（ⅡA期）の多数の二重口縁壺や精製器種B群がある土器群より明らかに先行する。那珂八幡はⅠB期新相、比恵三六次はⅠB期古相であるが、より古い後者の土器群は在地系と外来系が半々だが、前者では外来系（畿内系）が主体化する[註7]。ⅠA期の比恵一二〇次周溝墓も含め、首長墓級三基は比恵・那珂を貫通する「道路」沿いに築造される[註49]（図7・8）。当該期には、弥生時代中期墳丘墓に接して比恵六次周溝墓「比恵一号墳」（方墳？、二〇メートル前後）もあり、ⅠB期新相〜ⅡA期の外来系主体土器群が周溝下層から出土している[註7]。

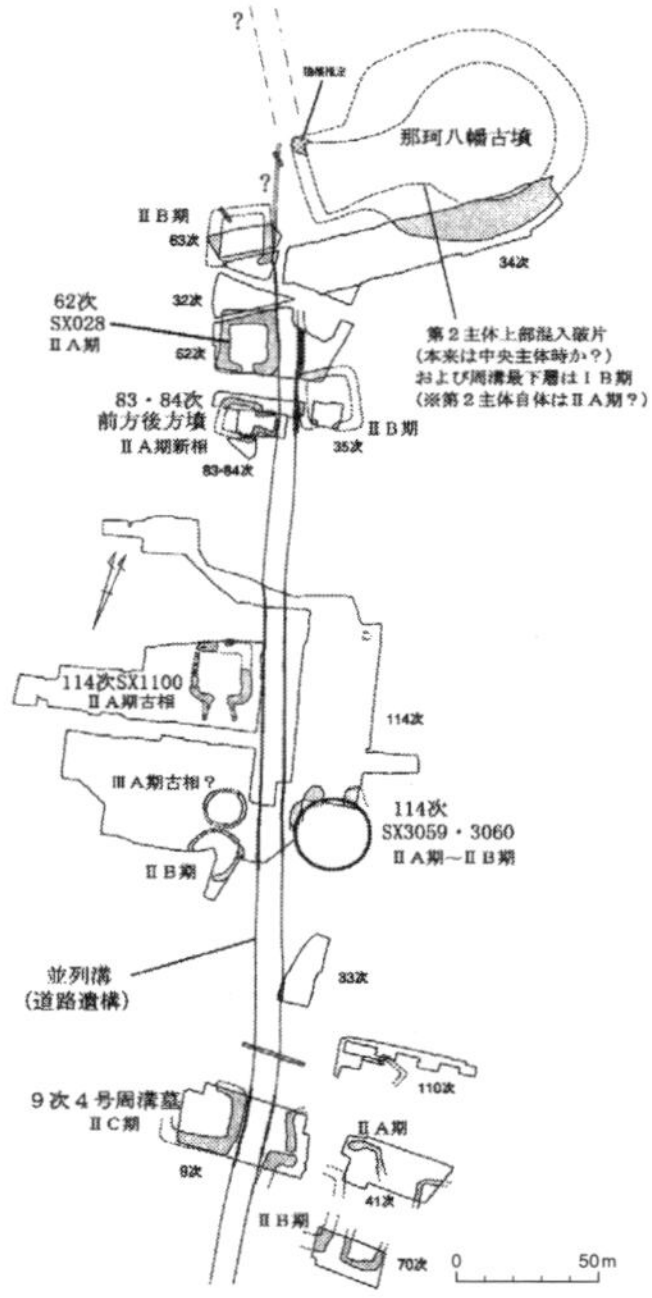

図8　那珂八幡古墳とその南側の「道路」沿いの那珂古墳群

ⅠB期には、本来の奴国中枢である須玖岡本遺跡群の平若A遺跡においても、円丘が想定される周溝を有する墳丘墓が出現した（図4）。大型箱式石棺を中央主体とし、玉類・鉄器を副葬し、周溝から在地系壺と伝統的Ⅴ様式系変容の高坏が出土している。[註50] そのほか、「不彌国」域の五×六メートルの長方形墳の名子道二号墳（東区）は墳裾に貼石を有し、中央主体は大型箱式石棺である。ⅠB期の在来系高坏を供献する。早良では野方塚原一号甕棺には斜縁の上方作系半肉彫獣帯鏡が伴うが（ⅠB期）、小墳丘を有した可能性はすでに述べた。

ⅠB期には、真正の庄内式系土器群（「C系統」）が比恵・那珂遺跡群、雀居遺跡などの福岡平野中枢部で生産され流通しはじめるが、[註6・12] 墳墓への供献土器の系統比率について地域間、遺跡間で差異が生じている。なお福岡平野中枢以外での「畿内系」土器群は、庄内甕の伴わない「伝統的Ⅴ様式系」（B系統）が大部分である。[註12・29] ⅠB期以降、上位の前方後円（方）墳や比較的大型の墳墓には外来系の土器が伴うことが多くなるが、[註51] ⅡA期までは在来系も共伴することが多い。一方、福岡平野中枢を除く多くの集落や、周縁地域や下位の墳墓には、在来系土器が次のⅡA期、地域によりⅡB期まで主体を占めている。[註12・19]

那珂八幡古墳の意義と墳丘規格の波及と継承

「古墳早期」のⅠB期から、古墳時代初頭のⅡA期の前方後円（方）墳のうち、一部は後円（方）部長（径）：前方部長の比がほぼ二：一の「纒向型」であることが注意される。ⅠB期では津古二号墳、比恵三六・五五次がそれにあたる。なおこの墳丘規格はⅡA期以降、ⅡC期までは残る。ⅡA期以降では、「宗像」の徳重本村二号墳（一八・七メートル、ⅡB期）がこれである。前方後方墳では、妙法寺二号墳（那珂川町）（一八メートル、ⅡC期）や、「不彌国」域の部木八幡一号墳（福岡市東区）（二三メートル）もこの規格である。時期不詳だが、周堤を有する幅広気味の後方部周溝から、少なくともⅡA期に下るだろう。変形として、後円部第一段が広い平坦面となるがこれを除いた後円部径：前方部長がほぼ二：一である「筑紫」の津古生掛古墳（小郡市）（約三三メートル、ⅡA期）もこの可能性がある。「末盧国」の双水柴山二号墳（唐津市）（約四〇メートル、ⅡB期）もこの規格の可能性もあるが、朝日谷二号（松山市）などの西部瀬戸内型かもしれない。そのほか、「アサクラ」の神蔵古墳（朝倉市）（四〇メートル以上？、ⅡB期）や、「不彌国」か「奴国」かが微妙な位置（「ナ・シマ」で奴国か？）の名島一号墳（福岡市東区）（三三メートルないしそれ以上、ⅡC期）も「纒向型」とされるが、前方部が破壊され墳長不明確であり、次の「那珂八幡型」の可能性もある。

ⅠB期には那珂八幡のみが非常に大規模であり、墳長比が八：五となり、前方部は典型的な「纒向型」よりも若干長く、ゆるいバチ形を呈する。[註52] 同時期前後の墳墓では、纒向勝山古墳（約一一五メートル）[註53]が庄内3式前後＝ⅠB期併行であるが、類似している。勝山の前方部長は「八：五」より少し長い可能性があるが、前方部段築無し、後円部は斜面中央に段築があると推定されることなど、那珂八幡と近い。[註54] ただし、那珂八幡のくびれ部は曖昧な屈曲であり（いわゆる「連結部」あり）、那珂八幡が勝山の墳丘規格を模倣して、その約四分の三で築造された可能性が考えられる。

ひとたび「八：五」の墳丘が那珂八幡で確立されると、その後の北部九州の多くの前期前方後円墳の設計規格の基本となった。[註52] この墳丘比率を「那珂八幡型」とすれば（ほかの特徴として墳丘主軸上に中央主体の軸線が来る）、その系譜下の古墳としては以下のように、北部九州の多くの前期古墳がある。

「不彌国」域では、戸原王塚（四八メートル、ⅡＡ期）、光正寺古墳（五二メートル前後、ⅡＢ期）がある。「奴国」域では、須玖御陵古墳（春日市）（三〇メートル前後）は那珂八幡型の可能性もあり、隣接する御陵遺跡で周溝墓群が造営され始めるⅡＡ期の築造だろう。原口古墳（筑紫野市）（八五メートル）は、土器がわずかにあり、三角縁神獣鏡の型式群からⅡＣ期と目されるが、那珂八幡古墳と同墳長であることが重要である。墳丘比率は、地形の制約のためか後円部を大きく、前方部が比率的にやや短い型式となるが（八：四・五前後）、後円部段築のあり方は明らかに「定型化」前方後円墳の影響を受けたものである。しかし、くびれ部は曖昧に後円部から前方部に移行する。早良には、羽根戸南Ｇ二号墳（福岡市西区）（約二八メートル、ⅢＡ期古相）が存在する。那珂遺跡群南に接する今宮神社古墳は、前方後円墳とすれば五〇メートル以上、旧地形図から「那珂八幡型」の可能性もあるが、今後の調査を待ちたい。

「伊都国」域（「斯馬国（？）」を含む糸島）では[註55]、津和崎権現古墳（旧・志摩町）（四二メートル、ⅡＢ期以前？）、御道具山古墳（旧・前原市）（六二メートル、在来系高坏などからⅡＢ期）がある。権現古墳の画像鏡は三国時代倣古鏡で、長方形鈕孔を有し船載三角縁神獣鏡関連鏡群であるが、那珂八幡の二分の一規格の可能性があることは興味深い。稲葉一号墳（旧・志摩町）（四二メートル）は、隣接する前方後方墳の稲葉二号墳にⅡＣ期の土器があり、この後の築造ならⅢＡ期古相の可能性が推定できる。時期が離れるが、規模的には那珂八幡の二分の一規格である。そのほか、詳細な測量図がないが、倣製三角縁神獣鏡多数と鍍金方格規矩鏡が出土した一貴山銚子塚古墳（二丈町）（約一〇五メートル、ⅢＡ期古相）も、墳丘比率はこの系統の可能性が考慮される。ただし、「伊都国」域のほかの前期前方後円墳は、三雲端山古墳（七八メートル、ⅡＣ期）など、柄鏡形タイプ系列（桜井茶臼山―メスリ山）墳形が多いことが注意される。

「末盧国」域の久里双水古墳（唐津市）（約九八メートル、ⅡＣ期）も「那珂八幡型」の可能性がある。そのほか、「筑紫（・御原）」の、津古一号墳（小郡市）（約四二メートル）が津古生掛（ⅡＡ期）の後続首長墓（ⅡＢ期頃？）と目されるが、那珂八幡の二分の一規格の可能性がある。さらに後続する三国の鼻一号墳（六四〜六六メートル）は、前方部が少し長いが（八：五・五）、その築造規格を踏襲した可能性がある。「夜須」の焼ノ峠古墳（筑前町）（四〇メートル、ⅡＣ期）もこの規格でよいだろう。船載三角縁神獣鏡を五面出土した豊前赤塚古墳（宇佐市）（五八メートル、ⅡＢ期）も那珂八幡型に復元できる[註52]。同様に船載三角縁神獣鏡七面以上を出土し、北部九州最古の「畿内型」古墳とされてきた豊前石塚山古墳（苅田町）（約一三五メートル）も、墳丘一段目は那珂八幡型であり[註31]、時期もⅡＣ期と下るから、福岡平野との〈関係性〉も考慮されよう。さらに肥前島原の守山大塚古墳（六六メートル、ⅡＣ期）も、同様の墳丘規格系譜であろう。

以上、可能性を指摘した諸古墳の多くが、「八：五」の「那珂八幡型」系譜の古墳という推定が妥当ならば、その墳丘系譜の初源である那珂八幡について、その時期（ⅠＢ期）をもって「墳丘墓」として「古墳」から分離するのが妥当かどうか疑問となる。これは、

「纒向型前方後円墳」をめぐる議論と同じ問題を内包している。なお「那珂八幡型」は、時期が下るほど前方部幅が広がる傾向を示し、また前方部が高くなり、ⅡB期以降に段築が三段築成に整備され、葺石もⅡB期に出現し（御道具山、光正寺）、ⅡC期に一般化する。これらは、箸墓以後の「定型化」前方後円墳の外形や築造技術の二次的影響であろう。またⅡB期までの古いものには、曖昧なくびれ部（寺沢薫が「連結部」としたもの）が多いが、しかし纒向古墳群では調査の結果、すべての古墳が明確に屈曲するくびれ部を有するので、これは本来の「纒向型」の特徴ではない[註54]。

このように、古墳の成立・波及期において、古墳の墳丘秩序について「畿内」からの秩序が北部九州を直接的に覆うのではなく、福岡平野の首長を媒介に二次的に「地方秩序」や〈関係性〉を形成していることが注意されるべきである[註56]。一方、那珂八幡の木棺推定長五・四メートル前後は、北部九州の前期古墳ではトップクラスであり[註48]、ⅠB期併行という時期ならば全国的にも破格の規模である。もちろん埋葬施設の形態と規模については推測の域を出ないが、北部九州の割竹形木棺は福岡平野に最も多くみられ、ほかの平野を含めた北部九州の割竹形木棺の一定の規格や木棺自体の「配布」の頂点として福岡平野の首長が想定されており[註48・56]、那珂八幡古墳の被葬者はその秩序を最初に作り上げた人物とみてよいだろう。「那珂八幡型」墳丘規格の波及と継承も、同様の背景を示すものと言える。墳丘規模についても、福岡平野勢力（「奴国」）の直接的影響がある隣接周辺部では、大首長墓の墳長「八五メートル」前後というのが、その後の上限として意識されている可能性があり、前期後半の特異な副葬品組成がある一貴山銚子塚のみがこれを凌駕している。唐津や豊前などでは、ⅡC期にはこれを超える規模のものが造営されるが、〈関係性〉はあるが、「地方秩序」の範囲外の首長墓であろう。

また那珂八幡の全長八五メートルという規模はⅠB期併行期にあっては全国的にも、纒向諸古墳（石塚・矢塚・勝山）に次ぐ破格の規模である。すでに述べたようにⅡA期以降の本格的な古墳時代に入っても、この規模を超えるものは北部九州では稀であった。糸島、福岡平野、筑紫平野北部での古墳時代中期前半までの盟主的首長墓の全長は、一貴山銚子塚を除き六〇〜八〇メートル代までがふつうである。この規模は、全国レベルでの比較では「小さい」印象を受ける。そのために、「奴国」や「伊都国」などの勢力が「衰退」したという論もある。しかし、弥生時代後期の墳墓の項で述べたように、実際の社会関係とは対照的に北部九州は前代から墳丘の大規模化には消極的な地域であった。むしろ、より遅れて社会が成層化した地方が弥生時代終末期以降古墳前期前半にかけて、急速に墳丘を大規模化したものと考える。那珂八幡古墳の成立は、そうした時期における畿内や瀬戸内地方などとの〈関係性〉あるいは「相互作用」によって、「古墳」という外装を表層的に受容することによって、成立したものであろう。一方、墳丘規模による序列関係は相対的なものであり、しかも北部九州独自の秩序が認められるとすれば、地域内での墳丘規模比較は意味があっても、これを全国比較するのは注意と慎重さが必要である。また北部九州の勢力が古墳時代前期になっても必ずしも衰えていない証拠として、「都市」的大集落である比恵・那珂は古墳時代前期中頃まで、三雲・井原遺跡群は古墳時代中期前半まで存続することを指摘しておく。

また、上記の北部九州の「纒向型」や、「那珂八幡型」前方後円

(方)墳の多くに「舶載」三角縁神獣鏡(妙法寺、神藏、名島一号、那珂八幡第二主体、原口、豊前赤塚、苅田石塚山など)、もしくはその「関連鏡群」(津古生掛の方格規矩鳥文鏡、権現古墳の画像鏡)が副葬されることが多いのが注意され、古墳時代前期前半において、北部九州勢力が重視されたことを示す。[註46] さらに小規模な方形墳にも、舶載三角縁神獣鏡が副葬されるのも同様の背景があるだろう(藤崎六号墓、藤崎三二次一号墓、平塚大願寺、祇園山)。

「奴国」における古墳の展開(四世紀前葉まで) 近年の調査成果から、弥生時代終末期以降に「奴国」の中心となった比恵・那珂遺跡群において、那珂八幡古墳からその南にかけての広い範囲に、弥生時代終末期から造営が開始された「道路」の両側に沿って、ⅡA期〜ⅢA期古相の周溝墓群(小古墳群)が展開することが判明しつつある[註40・57](図8)。いずれも主体部が検出されていないが、盛土が高かったものが削平されているとみられ、周溝墓というよりも「古墳」とすべきだろう。「方墳」には、二〇メートル前後のやや大型の周溝墓と一〇メートル前後の小型のものがある。さらに、那珂一一四次SX一一〇〇は全長二八メートル(ⅡA期古相)の、那珂八三・八四次(ⅡA期新相)は一七・五メートルの前方後方墳である。那珂一一四次は那珂八幡の三分の一、八三・八四次はさらにその三分の二という関係がある。那珂一一四次では、SX三〇五九・六〇(ⅡA〜ⅡB期)は全長三〇メートル前後の短小前方部がある前方後円墳の可能性があり(津古生掛に近い形態か)、さらにⅡB期とⅢA期古相の小型円墳があるなど、非常に多様な階層的群構成を見せる。これらは、那珂八幡の成立以後に、その南側に延びる「道路」に沿って次々に造営されている。「道路」も、那珂八幡より南側の並列溝(側溝)の造営は、道路推定線の微妙な屈曲もあり、那珂八幡造営(ⅠB期新相)以後と考えられる。時期不詳だが今宮神社古墳(五〇メートル+α)がこの「道路」の南端沿いにある。さらに、須玖御陵(三〇メートル、ⅡA期)と那珂八幡を地図上で線を引くと、今宮神社がその線上に載ることも興味深い。

「奴国」域では、鴻臚館の立地する福岡城内から南側の福崎・警固丘陵にも前期から首長墓系列が存在するが、これは後の「那珂郡」の西端に位置しつつ、樋井川河口の西新町砂丘も眺望できる。福岡城跡天守台には内面赤彩の箱式石棺があり、おそらく本古墳群で最も古いものであろう。警固茶臼山古墳(六〇メートル前後)は現存し、周囲(警固丸山古墳造出部遺存範囲)の出土土器からⅡC期の築造が考えられ、近世の文献記録から壺形埴輪があったらしい。

御笠川中流の赤坂山御陵古墳(大野城市)は周囲丘陵尾根上の方墳群(御陵古墳群)の造営開始時期からⅡB期頃と考えられるが、舶載三角縁神獣鏡を有し、鍍金方格規矩鏡が出土したとの伝承もある。墳丘は現存しないが、全長四〇メートルの前方後円墳だったらしい。[註58]「奴国」の東を画する存在であろう。さらに「奴国」の南東端を画する首長墓として、すでに述べたように原口古墳(筑紫野市)がある。原口は御笠川最上流の筑紫平野側との分水嶺という交通の要衝に位置し、規模や墳丘規格(八五メートル、「那珂八幡型」)でよいが前方部比率がやや短い)、舶載三角縁神獣鏡三面や多数の鉄器の出土から、「奴国」の広域大首長墓としてよいだろう。

そのほか、有力な方形周溝墓群が藤崎遺跡(早良区)、博多・堅粕遺跡群(博多区)に造営されている。[註59] 藤崎の方形周溝墓には、六号墓主体木棺(ⅡC期)に三角縁神人車馬鏡が、七号墓周溝(ⅡB

期）に珠文鏡が、二七次ＳＸ〇一（ⅡＣ期）の推定主体部から簡化方格規矩鏡（三国鏡？）が、三二次一号周溝墓（ⅡＡ期）であることが確定した箱式石棺から三角縁盤龍鏡が出土し、[註60]特異な状況を示す。若干の差異はあるが、銅鏡出土方形周溝墓の規模はやや大型としても突出した規模ではない。すでに述べた「那珂古墳群」は、那珂八幡の小規模な第二主体や藤崎の方形周溝墓群に三角縁神獣鏡を含む銅鏡が副葬されている例があることから、本来は各小墳に銅鏡が存在した可能性も十分考えられる。[註61]

なお藤崎七号墓の祭祀土器群の「精製器種Ｂ群」高坏群は、光正寺古墳のものとほぼ同じである。北部九州における水漉胎土を用いた赤褐色ないし橙色の精製器種で、精巧な優品の大部分は、集落でもよく出土する博多・堅粕、比恵・那珂、西新町などの福岡平野中枢遺跡群での生産とみられ、北部九州各地に搬出され、古墳祭祀にも多く用いられている。[註7・12]ここでも、北部九州各地と福岡平野中枢との〈関係性〉を認めることができる。

一方、下位の墳墓として早良平野では、弥生時代終末期以降の墓地の野方塚原三号石棺墓（ⅡＡ期）や四号石棺墓（ⅡＢ期）があるが、これらには一辺五メートル程度の貼石区画があり、名子道二号墳（ⅠＢ期）のような長方形墳丘があったと考えられる。また、重留遺跡の箱式石棺墓から魏代末〜西晋代初期の重圏鳥文鏡が出土しているが、同様の小規模墳丘があったものと推測する。野方中原の墳墓群は箱式石棺墓主体だが、六号石棺の周囲に在地系主体の土器供献（ⅡＡ期）が取り巻き、四メートル方形の小墳丘が想定できる。上方作系獣帯鏡が出土の一号石棺は六号石棺の傍らにあり、ほぼ同時期であろう。墳丘は不明であるが、盗掘された六号石棺は一号石棺（鏡・勾玉・管玉・素環頭刀子・直刀）と同等以上の副葬品を想定してもよい（三号石棺も古墳時代前期前半であろう）。このように弥生時代後期以来の小規模墳墓でも副葬品がそろうものがあることは注意してよい。福岡平野になるが、かつて鏡山猛が調査した臼佐原（弥永原）遺跡の墳墓群のうち内行花文鏡を出土した石蓋土壙墓なども、古墳時代初頭前後の小規模墳墓の可能性が考えられる。

那珂川町エゲ古墳は二二×一八メートルの長方形墳で、古墳時代前期後半から中期・後期まで続くカクチガ浦古墳群の造営端緒となる古墳であるが、西晋代の斜縁禽獣鏡を有する。鉄鏃群に新相要素があるが土器はⅡＣ期より下降しない。葺石はないが、筑後の祇園山古墳と同様の性格の方墳だろう。妙法寺二号墳（前掲）は同時期の前方後方墳で三角縁神獣鏡を有するが、全長一八メートルでエゲ古墳との階層関係は微妙である。太宰府市宮ノ本一二号墳は、径一七メートルの円墳（ⅡＣ期）で後漢前〜中期とされる獣文縁一仙五獣鏡を出土する（踏返し鏡の可能性がある）。周囲に同時期からⅢＡ期の小型の方・円墳群がある。後に中期初頭に老司古墳が築かれる那珂川中流域には、ⅢＡ期古相に卯内尺古墳が築かれるが（七五メートル前後、壺形埴輪、倣製三角縁神獣鏡など）、これに先行して（ⅡＣ期頃？）、近隣の老松神社古墳群に小型の前方後円墳が築かれた可能性がある（五号墳、三〇メートル前後）。ただし、老松神社古墳群は中小古墳による前期古墳群であり、卯内尺は平野全体を統括する大首長の古墳であって階層的地位が異なり連続しないと考える。

さて、福岡平野とその周辺には、舶載三角縁神獣鏡を副葬する古墳が多いことは述べたが、早良平野と福岡平野（筑紫野市域まで含む）では計九面（老司の破鏡含む）、粕屋平野では計三面、また糸島平野では計三面（泊大日古墳の神仙騎獣鏡二面含む）がある。合計一五面であるが、小規模古墳にも副葬されている。これらは豊前石塚山（苅田町）と同笵（同型）関係を有するものが多いことから、石塚山経由の配布を説く意見もあるが、地域での出土密度の高さや、ⅡC期の石塚山より古い古墳（ⅡA期〜ⅡB期）の出土があることから、この地域に別の配布者（未発見の集中出土古墳）が存在する可能性を考慮する必要があろう。

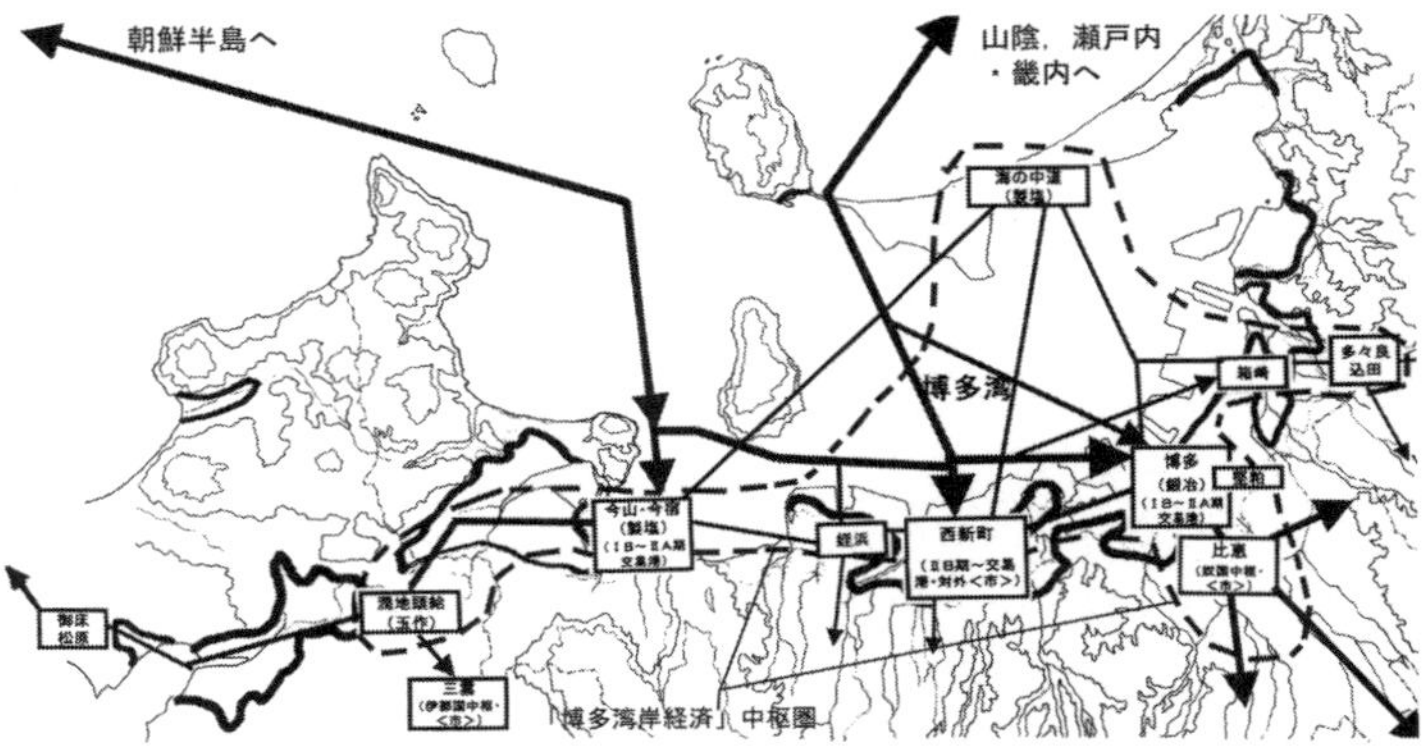

図９　「博多湾岸経済ネットワーク」（註２）

いずれにしても、三角縁神獣鏡が古墳時代初頭から前期中頃におけるヤマト政権中枢のある意図をもった配布用の特殊な鏡とすれば、福岡平野周辺におけるその出土傾向は本地域の重要性を物語る。この事実と「博多湾貿易」を「奴国」の大首長と北部九州の周辺首長とその諸地域が支えていること（「博多湾岸経済ネットワーク」の存在、図９）は無関係ではないだろう。[註2]

四　「原の辻＝三雲貿易」から「博多湾貿易」へ

「原の辻＝三雲貿易」について

白井克也が最初に提唱した、弥生時代中期後半から後期の「原の辻貿易」から、古墳時代前期前半の「博多湾貿易」への変遷は[註62]、筆者によって一部修正の上、さらに論を発展し、肉付けしたものとした[註2・29]。

日本列島側からみた、弥生時代後期前後の朝鮮半島との最大の「貿易」拠点としては、壱岐の原の辻とカラカミ遺跡があり、楽浪漢人のみは主に糸島に来訪するという状況が想定できる。しかし、三韓の人々が列島にまったく来ない、とは言っていない[註63]。

ところが、これを誤解する論者もいるようであり、最近、「原の辻＝三雲貿易」について、誤解に基づく反論[註64]がなされているので触れておきたい。それによると、「勒島貿易→原の辻（＝三雲）貿易→博多湾貿易」論について、①「対馬を無視し」、②「「海村」を認めず国の構造を平板に捉え」、③「原の辻＝三雲貿易論では、壱岐・糸島が交易を独占し、」「伊都国の国邑が全面掌握とする」、④「勒島遺跡は、対外交流での結節点に過ぎない」、⑤壱岐だけでなく「各地に無文土器人の集住集落がある」、⑥山陰（出雲）の山持遺跡で後期段階の三角形粘土帯土器や楽浪土器があるが、「原の辻＝三雲貿易論では北部九州以外では楽浪土器はほとんど無いとする」、⑦「原の辻＝三雲貿易論ではこの時期（弥生時代終末期まで）に朝鮮半島で近畿系土器は無いとする」、⑧宗像と沖ノ島で庄内式甕、沖ノ島で三韓系瓦質土器や三角形粘土帯土器が出土し、宗像―沖ノ島―半島南部の交易ルートを山陰・近江・瀬戸内など東方地域が利用しており[註65]、「原の辻＝三雲貿易」や「博多湾貿易」では説明できないものがある、などがその論点である。

まず全般的な誤解があるが、「勒島貿易」「原の辻貿易」「博多湾貿易」などの用語に関して、白井や筆者は、その場所のみで交易が行なわれたとか、そこだけが貿易を「掌握した」とは言っていない。あくまでも、「貿易」の中心地、または交易取引が最も集中して行なわれた場所をさすことによって、当時の対外交易システム全体の象徴として呼称しているのである。また、それら「貿易」システム（「交易機構」）は、諸国の参加によって成り立っているとも述べている。[註66]その上で、そのシステムへの参加諸国の最有力国の変遷や役割分担を述べている。「原の辻＝三雲貿易」は〝大株主〟としての伊都国が主宰しつつも、第二株主として奴国も参加し、ほかの北部九州の小国や出雲も参加していると捉えている。いずれにしても、③の批判はまったく的外れである。

①については、「原の辻＝三雲貿易」を示した図の中に、対馬を「海人の拠点」として評価している。[註67]ただし、列島を含む各地の人々が集散する「貿易」中心地としてはあまり評価できない、とは考えている。しかし、「無視」しているとする評価は不適切である。

②については、「海村」概念はある程度有効だろう。しかし、A：対外交易の拠点となっている「海村」、B：列島内交易の拠点となっている「海村」、C：対外交易と列島内交易の双方の中心である「海村」、D：交易活動はあるが顕著ではない半農半漁ないし漁村としての「海村」、などが区別されずに議論されることに危惧を覚える。また三雲遺跡群のような政治外交の中心たる大国の拠点や比恵・那珂のような列島内交易の大拠点は、この議論からは外されかねず、「海村」の並立を強調して当時の交易・外交を語ることは、「平板化した」議論を招くと考える。なお、筆者は弥生時代終末期から古墳時代前期前半の糸島から博多湾岸の集落動態を論ずるにあたり、「海村」諸遺跡も含めて詳しく各遺跡の様相を説明しており、[註29]②の批判は当たらないだろう。

④であるが、確かに須玖Ⅰ式期までは半島東南部に金海や昌原、釜山などにいくつかの交易拠点があるが、須玖Ⅱ式から後期初頭における弥生系土器の出土は勒島遺跡が圧倒的であり、[註68]特に須玖Ⅱ式期については「勒島貿易」概念は非常に有効である。なお勒島衰退後の後期前半以降は、昌原や固城に弥生系土器がやや多く出土する遺跡があり、半島側の長距離交易センターが壱岐とは別にあった可能性は認められる。[註69]関連して⑤であるが、円形粘土帯土器段階は別だが、少なくとも勒島式の三角形粘土帯土器段階から三韓（原三国）の薄型三角形粘土帯土器の段階では、渡来人の「集住」を示すほどの無文土器の集中出土は、壱岐・対馬以外には見られない。[註70]出雲の山持遺跡は弥生時代後期前半頃の五点程度の出土があるが、「集住」を示すとまでは言えないであろう。三角形粘土帯以後の無文土器・軟質土器の出方は、むしろ以前の円形粘土帯土器の時期よりも、「移住」を示すような出方が少なく、その時期には西日本「各地に集住」がある状況は認められない。

⑥については、山持遺跡や青谷上寺地遺跡における三角形粘土帯無文土器や、山持の楽浪土器が報告され明らかになったのは二〇〇七年以降であって、これにより論旨の一部変更を行なうことはやぶさかではない。すでにそれを前提とした研究メモも公表している。[註71]ただし、三角形粘土帯無文土器の一遺跡での集中はやはり壱岐・対馬にある（壱岐は在地変容品を含む）。また楽浪土器については、壱岐・対馬・糸島の出土量は圧倒的で、山持遺跡は短頸壺破片の実際の個体数は少数と思われ、完形品含めて数個体程度であろう。三韓の瓦質土器は今のところ出土した報告が無い。今後これらは増加す

る可能性もあるが、壱岐・対馬・北部九州に比して相対的に少数であることは変わらないだろう。したがって、「三韓の人々の多くは原の辻など壱岐で交易を行なって半島に帰る」とした、「原の辻＝三雲貿易」の基本的枠組みを変える必要はない。ただし、中期末以降の半島系土器の出土の部分集中が北部九州以外では山陰の特定遺跡にあることは特筆すべきである。「博多湾貿易」段階での山陰勢力には、半島との特殊な「通交権」（直接交易権）が存在することを指摘し、強調していたところであり、その様相の端緒が前代からあったと捉えることができるので、ことさらに批判されるにあたらない。また、荒神谷の中広形銅矛の存在など、奴国と出雲との濃密な関係性も考慮すべきであろう。

⑦についても、金海會峴里貝塚の近江系土器などの出土はあるが、北部九州の土器に比べてそれ以西の土器は比率的および数量的に圧倒的に少ないのは変わらない[註72]。山陰の土器が東莱貝塚などに存在することはすでに知られており、これは述べていたが、ほぼⅠB期併行以降である。また金海貝塚の伝統的Ⅴ様式系底部（鉢？）は、平底が突出しない広い底部となり、またタタキが逆向きに再タタキするなど明らかに変容している。庄内期新相以降かつ（ⅡA期か）、タタキの特徴から北部九州での変容品の可能性が高い[註73]。光州金谷遺跡の「畿内系」高坏も、伝統的Ⅴ様式（B系統）高坏が庄内式系精製品の影響で変容したもので、北部九州のⅡA期以降である[註74]。つまり「原の辻＝三雲貿易」衰退後である。

⑧は、宗像地域と沖ノ島で庄内甕が出土することと、勒島式三角形粘土帯土器（弥生時代中期後半〜後期初頭併行）が出土することから言われている[註65]。まず問題の弥生時代後期〜古墳時代前期には、沖ノ島の三韓系瓦質土器（弥生時代後期前半〜中頃併行）一点と、宗像の冨地原岩野B遺跡の軟質土器（後期後半）しかない。弥生時代中期段階では、勒島式は宗像本土地域側にはほとんど出土せず、恒常的な対外交易ルートがあったものか疑問である。宗像ろくどん遺跡の古式瓦質土器は須玖Ⅰ式併行の可能性が高く、沖ノ島の三角形粘土帯土器の時期幅とややずれている。宗像地域に「海村」はあったであろうが、列島内の中継交易地としては機能しても、対外交易の恒常的拠点となるのは、韓式系土器が多く出土する古墳時代中期前半以降である。庄内甕は、福岡平野の「筑前型庄内甕」（大和型系）と異なり、河内型系の在地産庄内甕が確かに宗像地域に存在する。しかし、その型式学的な編年上の位置が曖昧である。筑前型甕はⅠB期古相から存在するが[註6・12]、宗像での庄内甕の出現はⅡA期併行であり、明らかにⅡB期〜ⅡC期まで存在し、後者がむしろ盛行期である[註75]。同じ河内型系庄内甕でも津古遺跡群など筑後北部（かつて「筑後型庄内甕」と仮称）ではⅠB期新相に出現し、ⅡA期に盛行し、ⅡB期に消長するが[註12]、宗像ではこれよりも遅い展開である。実は西新町遺跡で、河内産ではない河内型系庄内甕の少なくない数量の出土をみるが[註6]、西新町が「博多湾貿易」の大拠点となる時期の搬入であり、多くは宗像地域の庄内甕であろう。すなわち宗像地域の海人が西新町に出向いて東方世界との中継交易をしていることを示す。古墳時代前期の宗像に半島系土器が今のところ無いところからすると（今後多少出土しても）、そのように考えるのが合理的である。

以上の反論のように、「原の辻＝三雲貿易」論への批判は、細かい論証を経たものではないことが理解されると考えられる。

「博多湾貿易」の成立　さて、壱岐および糸島の状況から、楽浪土器は弥生時代後期後半から増加し、とくに終末期前半のⅠA期頃にピークとなる可能性が高い。[註76] 糸島と福岡平野では、ⅠB期までは比較的多くの楽浪土器が出土する。しかしⅡA期になると、存在はするが激減し、ⅡB期は確実な例は存在しない。[註77] 楽浪土器と通交ルートが重なる馬韓土器は、ⅠA期に列島に出現し、ⅠB期からⅡA期に漸増し、さらにⅡB期に急増する。ⅡB期～ⅢA期古相にそれが集中するのは西新町である。しかし西新町には楽浪土器は認められない。ⅠB期～ⅡA期の馬韓土器漸増期の出土は対馬・壱岐のほかは博多湾岸から福岡平野に多い。これらは、楽浪土器の減少・消滅と交替的である。この交替状況を示したのが図10（「原の辻＝三雲貿易」から「博多湾貿易」へ）であり、「前期博多湾貿易」の開始を示す。

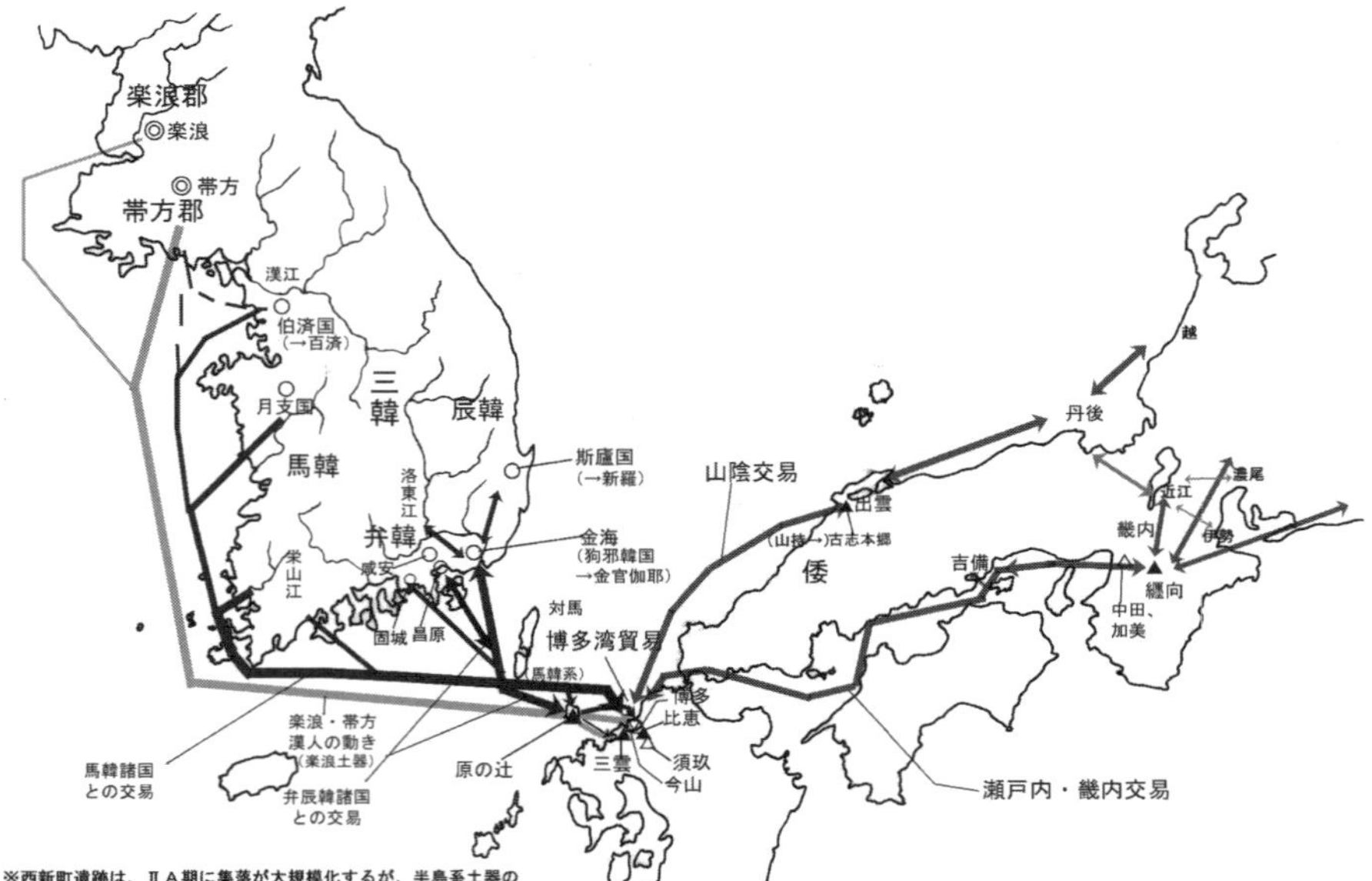

※西新町遺跡は、ⅡA期に集落が大規模化するが、半島系土器の大量搬入はⅡB期からである（ⅡA期はごく少量の搬入）。そのため本図では省略している。

※※「博多湾貿易」への動きはⅠA期からあった可能性があるが、本格的にはⅠB期からである。一方、「三雲＝原の辻貿易」を示すなる楽浪土器の糸島への搬入はⅠB期までは一定量続いている。

図10「原の辻＝三雲貿易」から「博多湾貿易」へ

楽浪土器の時期別出土傾向から、[註2] ⅠA期前後が「公孫氏」時代の倭と楽浪・帯方郡の密接な通交時期であり、楽浪土器が一定量出土する最終時期のⅠB期が二三九年～二四八年の魏の帯方郡との相互通交がある外交期間を含むと考える。楽浪土器が激減するⅡA期＝布留0式は、二四八年より後の、中国との外交記事が中断、少なくとも魏・西晋ないし帯方郡側の使節が倭に来ることがほとんどなくなる時期であろう。布留0式の開始を3世紀第2四半期に遡行させる年代観は、楽浪土器がほとんどない時期になってしまい、魏志倭人伝の記事と矛盾する。ⅠB期の「奴国」において、「伊都国」と楽浪土器の出土数量が拮抗してくる事実は、当時の外交ルートや『倭国』の外交主体（「伊都国」の倭国王から、「奴国」が連携した新しい畿内倭王権へ）の変化を示すものであろう。「原の辻＝三雲貿易」では、「伊都国」が最有力参加者であり事実上の主宰者であったが、奴国はその副次的地位にあった。「博多湾貿易」の開始にあたっては、奴国が新しい畿内倭王権と結んでこれを成立させ、主宰者とまでは言えないが、その交易を名目的ではなく実質的に差配するような歴史的役割を演じたものと考えられ、これは後の商業都市「博多」

の淵源とも言えよう。

(註1) 久住猛雄・久住愛子「九州I―福岡県下における弥生時代から古墳時代前期の井戸について―」(『井戸再考』第五七回埋蔵文化研究集会発表要旨集、二〇〇八)における編年基準参照。

(註2) 久住猛雄「博多湾貿易の成立と解体」『考古学研究』五三―四、二〇〇七、表2・3参照。

(註3) 春日市教育委員会編『奴国の首都 須玖岡本遺跡―奴国から邪馬台国へ』吉川弘文館、一九九四

(註4) 久住「福岡平野 比恵・那珂遺跡群―列島における最古の「都市」―」『弥生時代の考古学』8「集落からよむ弥生社会」同成社、二〇〇八

(註5) 久住「須玖岡本遺跡坂本地区の土器について」井上義也・吉田佳広編『須玖岡本遺跡5』春日市文化財報告書第六六集、二〇一二

(註6) 久住「3世紀の筑紫の土器」『邪馬台国時代の筑紫と大和』シンポジウム資料集、香芝市二上山博物館・香芝市教育委員会、二〇〇五

(註7) 久住「土師器から見た前期古墳の編年」『前期古墳の再検討』第9回九州前方後円墳研究会大分大会資料集、二〇〇六

(註8) 註2文献「図13」参照。なお図4の立石出土鉄鏃は報告書(註37)のものではなく、春日市教育委員会井上義也氏のご厚意により、筆者が実測して掲載した。

(註9) 岡部裕俊「王墓の出現と甕棺」『考古学ジャーナル』四五一、一九九九

(註10) 大神邦博「福岡県糸島郡地方の弥生後期甕棺」『古代学研究』五三、一九六八。IIC期まで多条突帯の「福井式」大甕や通有の在地系大甕が残る。

(註11) 常松幹雄「伊都国の土器、奴国の土器」『古代探叢III』、一九九一、柳田康雄「三・四世紀の土器と鏡」『森貞次郎博士古稀記念 古文化論集』一九八二

(註12) 久住「北部九州における庄内式併行期の土器様相」『庄内式土器研究』XIX、庄内式土器研究会、一九九九

(註13) 久住「今山8次調査出土古式土師器について」米倉秀紀編『今山遺跡 第8次調査』福岡市埋蔵文化財調査報告書第八三五集、二〇〇五

(註14) 森本幹彦「集落空間の変化、集落フォーメーションの展開」『弥生時代の考古学』4「古墳時代への胎動」同成社、二〇一一、糸島市立伊都国歴史博物館『邪馬台国を支えた国々』特別展展示図録、二〇一一。奴国から伊都国への巴形銅器などの製作贈与や、「原の辻=三雲貿易」への共同参加、原の辻・カラカミの経営は主に伊都国が主宰するが、対馬海人への支援は主に奴国が行なう(個性的銅剣の製作贈与、中広形・広形銅矛の製作と対馬での埋納祭祀の集中と海人首長への贈与)、中国王朝外交は伊都国が主宰するが国産青銅器配布や鉄素材流通は奴国が主体となるなど、「倭国」の中で二大国が役割分担を行なうような同盟関係にあったと考えるが、同時に微妙な拮抗関係があり潜在的緊張関係も有し、「倭国乱」の一因となったとも想定する。事実、「博多湾貿易」は、奴国が東方諸国と結んで新しい交易機構を創設したものであろう。

(註15) 久住「弥生時代後期の福岡平野周辺における集落動態(一)―近年の研究動向の批判的検討から―」『市史研究 ふくおか』五、二〇一〇

(註16) 小沢佳憲「弥生時代における地域集団の形成」『究班II』埋蔵文化財研究会、二〇〇二

(註17) 田尻義了『弥生時代の青銅器生産体制』九州大学出版会、二〇一二

(註18) 『日本書紀』仲哀天皇紀八年条など。

(註19) 上田龍児「二日市地峡帯の遺跡群」『考古学ジャーナル』六一一、二〇一一

(註20) 貝元例は註6参照。立明寺B地点にもIIA期の筑前型庄内甕が複数点ある。筑紫平野では、大崎小園遺跡(小郡市)、夕ヶ里遺跡(佐賀県)でIIA期の、吉野ヶ里遺跡(佐賀県)でIB~IIA期のものが複数点出土している。

(註21) 以来尺遺跡・筑紫神社付近を中心とする「筑紫」地区と、津古遺跡群から大板井・大崎小園遺跡群の「御原」地区までが一つの「国」の可能性がある。あるいは、「御笠」地区は別の小国か。また、宝満川左岸は前期古墳の独自系譜があり、「夜須」とした別の「国」とみられる。

(註22) 久住「北部九州における弥生時代の特定環濠区画と大型建物の展開」『日本考古学協会二〇〇三年度滋賀大会資料集』二〇〇三

(註23) 森本幹彦「今宿五郎江遺跡の成立とその背景」『福岡考古』二二、福岡考古懇話会、二〇一〇

(註24) 片岡宏二「周溝状遺構の検討(その3)」(『福岡考古』一六、福岡考古懇話会、一九九四)など、片岡宏二による「周溝状遺構」の一連の研究参照。

(註25) 七田忠昭『吉野ヶ里遺跡』同成社、二〇〇五、七田忠昭「有明海沿岸地方の

弥生時代環濠集落にみる大陸的要素（予察）」『佐賀考古』4、佐賀考古談話会、一九九七、および註22参照。

（註26）筑紫野市史編纂委員会『筑紫野市史　資料編（上）　考古資料』筑紫野市、二〇〇一を参照（「立明寺遺跡」）。ただし詳細は未報告である。

（註27）武末純一「市域の弥生時代遺跡」『筑紫野市史　上巻　自然環境　原始・古代・中世』筑紫野市、一九九九

（註28）宇美町歴史資料館『光正寺古墳展　不彌国と倭人伝の国々』二〇〇〇。なお、宇美八幡宮付近が古代以来「ウミ」であるが、神社裏手の丘陵に前方後円墳を含む中期初頭以来の浦尻古墳群があり、近くには中期前葉の七夕池古墳もある。「神功皇后」伝承の背景となる時代に「ウミ」が現在の宇美町に固定化したと考えられる。本来は福岡市東区蒲田・多々良から粕屋町戸原付近に「ウミ」の中心があったものが移動したものだろう。これは、当初「奴国（ナ）」の中心があった須玖ではなく、中心が遷移した後の現在の博多区に「那珂」という地名が残ったことと同じであろう。

（註29）「後期博多湾貿易」の一大貿易港である西新町遺跡でも、畿内系土器主体様式への変容はⅡB期である。註2・12論文および、久住「古墳時代初頭前後の博多湾岸遺跡群の歴史的意義」大阪府立弥生文化博物館『大和王権と渡来人　三・四世紀の倭人社会』二〇〇四、を参照。

（註30）「立岩式」甕棺の時期に、前代の「須玖式」甕棺に比べて造営数が減少傾向にあるという指摘もあり、後期初頭の様相はその延長の可能性がある。

（註31）周溝最下層から出土の多孔式無茎平根鉄鏃はⅠA期～ⅠB期前後、周溝埋没過程の六号土壙墓供献土器はⅠB期であり、周溝墓造営はⅠA期であろう。周溝出土土器のうち大甕破片もⅠA期である。註2論文および、久住「九州における前期古墳の成立」『日本考古学協会二〇〇二年度橿原大会研究発表資料集』二〇〇二、を参照。

（註32）蒲原宏行「桜馬場「宝器内蔵甕棺」の相対年代」『地域の考古学　佐田茂先生佐賀大学退任記念論文集』二〇〇九。この中で蒲原は「KⅣb式」期とするが、「KⅣc式」期に下る可能性も残る（註34参照）。

（註33）井原鑓溝六号木棺墓など。江崎靖隆・楢崎直子編『三雲・井原遺跡』前原市文化財報告書第九二集、二〇〇六

（註34）江崎靖隆「九州地方の弥生時代後期墓制」『弥生時代後期の社会変化』第五八回埋蔵文化財研究集会資料集、二〇〇九

（註35）久住猛雄編『那珂六〇』福岡市埋蔵文化財調査報告書第一一五五集、二〇一二。なお井原鑓溝の巴形銅器とは「同一」のものではない（脚部間が異なる）。

（註36）高倉洋彰『金印国家群の時代』青木書店、一九九五。「金印」は、最近贋作説も再燃している。その有力な根拠として、印面の篆刻が薬研彫り状であるが、古代中国で一般的ではなく、近世に多いとする見解がある（鈴木　勉『「漢委奴国王」金印・誕生時空論』雄山閣、二〇一〇）。その緻密な観察比較は今後の検証対象であるが、一方で、「蛇鈕」が本来「駝鈕」（ラクダ鈕）で作られ、後に改作されたとする観察があり、それが正しければ贋作説は困難となる。大塚紀宜「中国古代印章に見られる駝鈕・馬鈕の形態について」『福岡市博物館研究紀要』一八、二〇〇八、を参照。

（註37）境　靖紀編『立石遺跡』春日市文化財調査報告書第三四集、二〇〇二

（註38）平田定幸氏のご教示によると、現在知られている「王墓」の周囲には、遺構希薄地区があり、逆に限られた墓域の存在が示唆されるという。さらに須玖岡本地区ではほかの墓地に比較して後期墳墓が継続している事実も重要である。井上義也「須玖遺跡群の集落構造」『弥生時代後期の社会変化』第五八回埋蔵文化財研究集会発表要旨集、二〇〇九、を参照

（註39）西嶋定生『倭国の出現』東京大学出版会、一九九九

（註40）久住猛雄「奴国の遺蹟—須玖・岡本遺跡群と比恵・那珂遺跡群—」『考古學から見た弁・辰韓と倭』九州考古学会・嶺南考古学会第四回合同考古学大会、二〇〇〇、および註41・42文献を参照

（註41）井上義也二〇〇九（註38）、および、井上義也・吉田佳広編二〇一二（註5）

（註42）久住二〇〇八（註4）、久住「比恵・那珂遺跡群～弥生時代後期の集落動態を中心として～」『弥生時代後期の社会変化』二〇〇九

（註43）高橋　徹「桜馬場遺跡と井原鑓溝遺跡の研究」『古文化談叢』三二、九州古文化研究会、一九九四

（註44）須玖永田A遺跡や唐原遺跡で北近畿系土器、比恵五〇次SE二七一で推定播磨系広口壺と推定大阪湾岸系細頸壺が出土している。今川遺跡（福津市津屋崎）の受口系甕は後期後半新相～ⅠA期併行の近江～濃尾・伊勢の受口口縁甕の模倣品である（川崎志乃氏教示）。那珂92次井戸でも近江系ないし山城系受口壺が出土している。韓国の金海貝塚で近江系土器二点が出土しているが北部九州の

後期後半に併行し、近江―北近畿―山陰―北部九州の日本海ルートの交易路の充実に伴うものであろう（註72）。弥生時代後期には「日本海ルート」交易が瀬戸内側より盛行していたことに異論はない。

（註45　吉留秀敏「筑前地域の古墳の出現」『古墳発生期前後の社会像』九州古文化研究会、二〇〇〇

（註46）柳田康雄「北部九州の古墳時代」『日本の古代』5「前方後円墳の世紀」中央公論社、一九八六

（註47）比恵一二〇次の推定方形周溝墓は、報告書では検出されたL字状の溝と石棺跡などとの有機的関係に言及されていない（小林義彦編『比恵六二』福岡市埋蔵文化財調査報告書第一一三二集、二〇一一）。また報告中の隣接三六次地点の位置関係に誤りがある。調査区周辺に推定されている「道路」遺構についても触れられていない。しかし図7に示したように、「道路」に沿って造られたのはまず間違いない。久住「弥生時代終末期「道路」の検出」『九州考古学』七四、一九九九および、註40を参照。

（註48）吉留秀敏「九州の割竹形木棺」『古文化談叢』二〇（中）、九州古文化研究会、一九八九

（註49）那珂遺跡群の南側は五十川遺跡が続いているが、この北端に「今宮神社古墳」が現存する。同古墳の現状は円墳状で、社殿で墳頂が大きく削平されているが、大正末年～昭和初期測量の三千分の一図によると、旧地形は前方部が未発達の前方後円墳状を呈し（全長五〇メートル以上）、平面形は現在の地割りに残る。本古墳の位置は「道路」の推定延長線の東に接しており、那珂八幡の次代の、さらにもう一基の首長墓であろう。

（註50）井上義也編『平若A遺跡』春日市文化財調査報告書第六二集、二〇一一。推定円丘（径一〇・五メートル）には、時期的傾向から（この時期は単純な円墳は少ない）突出部ないし前方部があってもよいが、現状では不明である。玉類は広義の「滑石」の範疇の蛇紋岩製で、古墳時代初頭以降は一時期少なくなるもので、勾玉の形状などからも「弥生時代終末」の可能性が高い。石棺型式も古墳時代初頭までのものである。図4の在地系壺の底部は報告書にないが、春日市教育委員会の井上義也氏のご厚意により実測・掲載した。

（註51）柳田康雄一九八二（註11）で、すでにその傾向が指摘されている。

（註52）吉留秀敏「九州の前期前方後円墳」『前期前方後円墳の再検討』第三八回埋蔵文化財研究集会資料集、一九九五、吉留二〇〇〇（註45）、久住二〇〇二（註31）

（註53）豊岡卓之編「勝山古墳　第5・6次調査報告」（『東アジアにおける初期都宮および王墓の考古学的研究』平成一九～二二年度科学研究費補助金　基盤研究（A）研究成果報告書、二〇一一）。なお、上記報告書では那珂八幡にはとくに触れておらず、勝山→那珂八幡という墳丘系譜の想定は筆者の解釈である。また同報告書では、ホケノ山は勝山とほぼ同時期とするが、筆者は中山大塚から箸墓と同時期とする（註7参照）。

（註54）久住二〇〇二（註31）で、那珂八幡の後円部は、斜面中央に平坦面がある変則的段築という可能性を述べている。なお、那珂八幡の後円部周溝下端に中世層があることを根拠に、本来後円部が一回り大きく、やはり「二：一」としてあくまで「纒向型」とする論があるが（寺沢薫『王権と都市の形成史論』吉川弘文館、二〇一一）、北側の試掘調査では後円部下端に近い部分で最下層に中世層が無い箇所も確認されており、最初に吉留が想定した復元案でよい（註52）。そもそも後円部径を恣意的に相当大きくしないと「二：一」にはならない。なお当初の「纒向型」の定義は、寺沢薫「纒向型前方後円墳の築造」（『考古学と技術』同志社大学考古学シリーズⅣ、一九八八）による。

（柱55）これまで山ノ鼻二号墳（福岡市西区徳永）について、全長八四メートル、那珂八幡の同形同大墳の可能性を述べて来たが（註31）、近年の調査により、周溝の検出により円丘部が想定より小さく（二〇メートル前後）、前方部は不明確であったので撤回する。ただし時期は不詳なものの、周囲の状況から前期古墳である可能性は高い。

（註56）吉留秀敏「北部九州の前期古墳と埋葬主体」（『考古学研究』二六―四、一九九〇）において、同様の見解が示されている。

（註57）吉武　学編『那珂五六』福岡市埋蔵文化財調査報告書第一〇八二集、二〇一〇、宮元香織・久住猛雄「筑前地方における首長墓系列の再検討」『九州における首長墓系譜の再検討』第一三回九州前方後円墳研究会鹿児島大会発表要旨集、二〇一〇

（註58）丘陵が完全に造成される前に踏査した経験がある山崎純男氏のご教示による。

（註59）藤崎や博多などの「方形周溝墓」は、古墳時代であるので「方墳」とすることも可能だが、主体部が地山砂丘に掘り込まれるように盛土が低い墳丘と考えられ、「周溝墓」とする。

（註60）久住「周溝墓出土土器とその意義」『藤崎遺跡一五—藤崎遺跡第三二次調査報告—』福岡市埋蔵文化財調査報告書第八二四集、二〇〇四。藤崎三二次一号墓は、ⅡA期の築造であり、真正の「布留0式」併行期（箸墓古墳築造期、纒向辻土壙4下層併行期）に三角縁神獣鏡が存在した事例として非常に重要である。久住二〇〇四（註29）論文も参照。

（註61）那珂二三次において、中世遺構から斜縁の鏡片が出土している（未報告）。本来は那珂古墳群に伴う可能性が考えられる。

（註62）白井克也「勒島貿易と原の辻貿易」『弥生時代の交易』第四九回埋蔵文化財研究集会発表要旨集、埋蔵文化財研究会、二〇〇一

（註63）註29論文60頁上段、註2論文26頁一～一〇行を精読、参照されたい。

（註64）武末純一「三世紀の列島内外の交流とツクシ」『結集　邪馬台国時代のクニグニ』「ふたがみ邪馬台国シンポジウム一二」資料集、香芝市二上山博物館友の会「ふたかみ史遊会」二〇一二

（註65）武末純一「沖ノ島祭祀の成立前史」『宗像・沖ノ島と関連遺産群調査研究報告Ⅰ』「宗像・沖ノ島と関連遺産群」世界遺産推進会議、二〇一一

（註66）註2論文の註6、および、同論文一九行目以下を精読、参照されたい。

（註67）註2論文の図1。壱岐・北部九州と朝鮮半島南部の交易を仲介する海運業者の拠点としての評価である。このことは論文の元となった考古学研究会総会の発表では口頭で発言している。また、対馬の海人首長は倭国を代表するような特別な（個性的な）剣を佩用した（吉田　広「対馬海人の剣」『九州考古学』七五、二〇〇〇および、吉田　広「青銅器・青銅にみる弥生時代の交易」『弥生時代の交易』第四九回埋蔵文化財研究集会発表要旨集、二〇〇一）。ただし、「博多湾貿易」段階では、初期に半島系土器が一時減少するのと、馬韓系土器が少ないことから（註2論文「表2」参照）、その地位が低下した可能性はある。

（註68）石丸あゆみ「朝鮮半島出土土器から復元する日韓交渉」『東京大学考古学研究室紀要』二五、二〇一一。なお須玖Ⅰ式段階でもすでに勒島での弥生系土器の量は金海地域などを凌駕している可能性が高い。註70論文参照。

（註69）寺井　誠「中継地の形成—固城郡東外洞遺跡の検討を基に—」『九州とアジアの考古学—九州大学考古学研究室五〇周年記念論文集』上巻、二〇〇八

（註70）李昌熙「在来人と渡来人」『弥生時代の考古学』3「多様化する弥生文化」同成社、二〇〇八

（註71）久住「日本出土の朝鮮半島系土器の再検討—弥生時代を中心に—討論に向けてのメモおよび参考資料」『日本出土の朝鮮半島系土器の再検討』第五九回埋蔵文化財研究集会発表要旨集、二〇一〇

（註72）武末純一・伊庭　功・辻川哲朗・杉山拓己「金海會峴里貝塚出土の近江系土器」『古代文化』六三—二、二〇一一。なお、この土器の報告は韓国で二〇一〇年に行なわれているが、註2論文以降である。

（註73）那珂川町今光遺跡大溝（ⅡA期～ⅡB期）、同一八号住居（ⅡA期）に、通有のⅤ様式系と逆向きの左上タタキで仕上げる鉢・有孔鉢がある。左上タタキは北部九州の在地系土器の身体技法の影響である。金海貝塚のものは甕の可能性もあるが、その場合も球胴化傾向からやはり新しい。今後、「布留0式」（ⅡA期）より前の「畿内系」土器が半島南部で出土する可能性をまったく否定できないが、北部九州での変容品の可能性も含めて、系統の吟味を含む型式学的検討を厳密にすべきである。

（註74）福岡市東区多々良込田遺跡1次A区（ⅡA期）、西区今宿遺跡五次SX〇一七（ⅡC期）、大刀洗町温水遺跡SD一五（ⅡB期）、など。

（註75）田上浩司「筑前・宗像地域の古式土師器」『山口大学考古学論集』「中村友博、二〇一二。同論文の編年の、「2a期」（ⅠB期～ⅡB期併行）の中で河内型系庄内甕が宗像で在地産化され、「2b期」（ⅡB期～ⅡC期併行）に盛行するとする。「2a期」のうち、宗像市久原瀧ヶ下三号住は伝統的Ⅴ様式の在地変容であるB系統甕の型式（B5～B6式の過渡型式）がありⅡA期であり、搬入と思われる河内型甕伴出の古賀市極田・杉ノ木遺跡SC3は、その搬入庄内甕は河内の庄内Ⅲ式、B系統甕は平底もあるが内面ケズリ個体が多く、ⅡA期として良い。また田上の「2b期」の宗像市冨地原川原田遺跡SB24や福津市に手光於緑遺跡三号土坑も河内型系庄内甕があるが、いずれも布留系甕の型式から明らかにⅡC期に下る。

（註76）久住二〇〇七（註2）、久住二〇一〇（註71）ほか、下記参照。森本幹彦「玄界灘沿岸における朝鮮半島系土器の様相2—弥生時代後期前後の楽浪系土器と三韓系土器の様相」『日本出土の朝鮮半島系土器の再検討』第五九回埋蔵文化財研究集会発表要旨集、二〇一〇、古澤義久「壱岐における朝鮮半島系土器の様相」（同資料集）、二〇一〇

（註77）久住二〇〇二（註2）、および、森本二〇一〇（註76）論文を参照。

第三章　論点となる国々

不弥国―宇美説

平ノ内幸治

一　はじめに

今回与えられたテーマが、「不弥国」ということである。「不弥国」とは、中国の歴史書である魏志倭人伝に記されている倭国内にあったとされる国の一つである。

現在、倭人伝に記されている倭国内の国で対海国（長崎県対馬市）や一大国（長崎県壱岐市）などは、地名や文章に示される位置からほぼ確定されている。次に末盧国（佐賀県唐津市周辺）や伊都国（福岡県糸島市の内旧怡土郡地域）や奴国（福岡市博多区比恵から春日市）は、古地名の類似や豊富な出土遺物からほぼ間違いないといわれている。しかし、奴国の東百里にあると記されている不弥国は、倭人伝の文章をストレートに読むと、投馬国や邪馬台国への入口に位置している重要な場所であるが、所在地は確定していない。

不弥国については、江戸時代の新井白石らが「不弥」は「宇美」と唱えて以来、宇美説が一般的であった。しかし、一九六三（昭和三八）年から三次の発掘調査が行なわれた飯塚市立岩遺跡の発見以後、遠賀川中流域の飯塚周辺（穂波）が名乗りを上げ、出土遺物などで優位に進展してきた。

倭人伝の中で不弥国は、方位と距離・官と副官の人名（役職名）と戸数が記されるだけで上述の各国の特定に使われた方位や地名の類似は、不弥国に関しては、解釈の相違でどちらにも軍配をあげることができないのが現状である。

近年では、発掘調査資料の蓄積を基に、両地域で不弥国の位置が論じられるようになった。飯塚説の根拠とされるのは、上述の立岩遺跡の出土遺物の豪華さである。調査では、弥生時代中期後半（一世紀前半ごろ）の甕棺墓五基から前漢鏡一〇面をはじめ多数の遺物が出土した。豊富な出土遺物は、遺跡周辺で生産された石庖丁の流通によって、富が蓄積され国が成立したとする見解が地元研究者や立岩遺跡調査関係者によって提唱された。この説は、多くの賛同を得て邪馬台国関連の書物に不弥国は、遠賀川中流域の位置が示されるようになった。しかし、倭人伝に紹介されている時代は、三世紀中ごろから後半であり、近年の考古学の年代観によると弥生時代終末から古墳時代初頭に位置付けられている。立岩遺跡の年代は、甕棺編年で弥生時代中期後半に位置付けられ約二〇〇年古く、時代背景に齟齬が生じる。さらに、同地域の文化財関係者は、「……弥生時代後期になると、中期に繁栄した立岩丘陵の有力集団は急速に衰退していく」として、鉄器の普及が、石庖丁などの石器に代わったことにより同地域の経済的基盤を失ったと指摘している[註1]。

これに対し、宇美説は江戸時代以来、地名の発音が類似することをよりどころとしてきた。宇美町をはじめとする糟屋地域[註2]では、近年まで特筆される遺跡が発見されていなかった。このため一部の研究者からは、注目すべき遺跡・遺物が認められないことから不弥国は宇美ではないと言われていた。

そのような中宇美町に最初に注目されたのは、一九五〇年代初めごろ福岡県立福岡高校教諭の森貞次郎であった。森は学生の協力を得て光正寺古墳の地形測量を行ない、古墳の重要性を指摘されていた。次に、弥生時代から古墳時代の遺物・遺跡に注目されたのが、愛媛大学名誉教授の下條信行で、一九七七年の「考古学・粕屋平野」[註3]において、福岡市東区（旧糟屋郡）出土の青銅器鋳型や鏡などの資料を紹介し、多々良川流域の江辻遺跡などの重要性や宇美川流域の光正寺古墳をはじめとする流域の特殊性を指摘されていた。

一九八〇年代半ば以降、発掘調査が進められた結果、本地域には注目すべき遺跡・遺物がないのではなく、調査されていなかっただけであると、反論できる資料が蓄積されてきている。以下、本稿では糟屋地域が、不弥国の所在地であるとの考えで論を進める。

二　弥生時代終末から古墳時代

倭人伝に紹介される国の内、九州島内で所在地がほぼ確定している末盧国・伊都国・奴国などの国の特徴を示すと

①　縄文時代晩期（弥生時代早期）の初期水田遺跡が確認されている。

②　青銅器などの生産が行なわれている。

③　弥生時代の首長墓的墳墓から連続して古墳時代初頭の前方後円墳が築造されている。

④　海に面し比較的広い平野を有している。

これらの要素をほぼすべて備え、出土する遺物においても他地域より優位な地域である。

本地域は、近年の調査資料からこれらの要素を十分に満たしていると言える。以下では、要素ごとに検討していくことにする。

（一）初期水田遺跡と集落

江辻遺跡は福岡県糟屋郡粕屋町江辻にある。一九九一〜一九九三年に粕屋町教育委員会が、発掘調査を実施した江辻第一〜三地点では、縄文時代晩期（夜臼式段階）の集落と、集落の周囲を廻る溝状遺構が確認された。調査範囲の関係で水田遺構は確認されていないが、集落を囲む溝状遺構の堆積土で花粉分析が行なわれ、稲の花粉などが確認されている。また、集落を構成する住居跡は、朝鮮半島の忠清南道扶餘郡松菊里遺跡で出土した、いわゆる「松菊里型住居」一三軒と大型の特殊建物と掘立柱建物など一一棟が確認されている[註4]。さらに二〇〇一年に実施された第五地点の調査では、集落周辺の墓壙群（A群が一六基・B群が二四基）が確認された。A群では刳り貫き式木棺墓を主体とし土壙一基・甕棺墓三基がある。B群では土壙墓を主体に、七基の刳り貫き式木棺墓と二基の舟形木棺墓が確認されている。B群では二基の木棺墓から有茎式柳葉形磨製石鏃などが副葬されていた[註5]。

江辻遺跡周辺では、糟屋郡久山町片見鳥遺跡でも松菊里型住居跡が確認され、多々良川流域の平野部で弥生時代早期段階の集落の様相が明らかにされつつある。

(二) 青銅器生産

青銅器の生産は現在、福岡市東区（旧糟屋郡）の、多々良川流域と志賀島で青銅器の鋳型が発見されている。鋳型は、八田地区で中細形銅戈・中広形銅剣、多々良地区では広形銅戈・銅釧、志賀島では細形銅剣の鋳型が採集されている。いずれも採集資料であり詳細は不明である。しかし、鋳型の型式から一定の期間継続的に青銅器の生産が行なわれ、三種類の青銅器が生産されていたことが理解できる。三種類の青銅器が生産されていたことは、青銅器生産の中心地とされる春日市周辺に次ぐ種類の豊富さである。

(三) 弥生時代終末の首長墓

本地域は弥生時代前期・中期段階で、福岡平野などで多くみられる甕棺墓は主体的に用いられず、土壙墓や木棺墓などと共に客体的に用いられている。弥生時代前期の段階では、江辻遺跡第五地点の木棺墓や蒲田遺跡A地区第二地点の土壙墓に、朝鮮半島からの伝来した柳葉形磨製石鏃などの副葬される例が認められる。中期の段階では、現時点で特筆されるような遺跡は報告されていないが、後期終末になると亀山墳丘墓、大隈墳丘墓、名子道《なごどう》二号墳丘墓、酒殿《さかど》遺跡の石棺墓など特筆される遺構が確認されている。

亀山墳丘墓（図1）　墳丘墓は、福岡県糟屋郡志免町別府の亀山神社境内にある。主体部は大正時代にはすでに露出しており、墳丘の形状について当時の報告書には、丸塚と記されていた。一九九一（平成三）年に志免町教育委員会によって発掘調査が行なわれ、墳丘の中心に大型の箱式石棺と南西側に四基の箱式石棺が埋置されていた。調査報告書によると直径約一二・八メートルの円墳に復元されている。主体部の箱式石棺の規模は内側で長さ二一〇センチ×幅五〇センチで蓋石は長さ二七〇センチ×幅一七五センチの巨大な一枚石であった。石棺の内面は水銀朱が塗られていた。また、石棺の東側小口外側の墓壙内では、大量の水銀朱と大型の管玉四点が出土している。（註6）

同報告書では、発掘調査で主体部の東側約一〇メートルの位置で検出された溝が考慮されていない。溝を墳丘施設と考えると一辺約二〇メートルの方形の墳丘が復元でき、亀山墳丘墓の主体部東側で確認されている四基の箱式石棺も墳丘裾部に配置されていたものであると考えられる。このような例は、福岡市西区拾六町で発見された宮の前C地点の墳丘墓や後述する大隈墳丘墓でも類例をみることができる。

大隈墳丘墓（平塚古墳、図2）　墳丘墓は、福岡県糟屋郡粕屋町大隈にある。墳丘墓は一九五一年に故森貞次郎によって調査された。（註7）墳丘はほぼ楕円形で、長径約一七メートル前後の墳丘を有し、大型の箱式石棺と墳丘裾部に小型の箱式石棺が埋置されていた。森が調査に入った段階では、すでに墳丘の大半が壊され、大型箱式石棺の蓋石二枚のうち東側の石は、著しく移動されて、石棺内の堆積土は撹乱されていたと報告されている。石棺の床面から管玉が一七点出土している。また、石棺の西側約五〇センチ位置から内行花文鏡片（図3）が数点工事関係者によって採集されていた。さらに、一九三一年にも墳丘の一部と箱式石棺が破壊されており、この時地元の人によって剣と刀（素環頭大刀）が回収されていた。

主体部の箱式石棺の規模は内側で長さ一八八センチ×幅六五・五センチで、蓋石は二石用いられており、大きいものは幅二六〇センチ×一四〇センチの巨大なもので、石棺の東側小口外側に高さ約一メートルの標石状立石が設けられている。

両墳丘墓の築造時期については、共伴遺物が少ないため特定できないが、大隈墳丘墓の内行花文鏡は蝙蝠座の形態から後漢末の製品で弥生時代終末期と考えられる。また、亀山墳丘墓出土の大型の管玉は、両面穿孔されており形態的・技術的には、弥生時代の製品と考えられる。

大隈墳丘墓と亀山墳丘墓の箱式石棺の規模並びに使用されている石材は、北部九州の弥生時代終末期の箱式石棺で最大級のものであり地域の首長クラスの墓とすることができる。

名子道二号墳丘墓　墳丘墓は、福岡県福岡市東区土井字名子道の城ノ越山から南側に延びる丘陵に位置している。墳丘は県道猪野土井線によって切断され、箱式石棺が露出していた。

墳丘は、径約一〇メートルの楕円形で裾部には、約八〇センチの幅で貼り石が施されていた。主体部の箱式石棺は、棺底には三石の板石が敷かれていた。規模は内側で長さ一八三センチ×幅五五センチであった。石棺は古くから露出していたためか、盗掘を受け副葬品は出土していない。本墳が特筆されるのは、ほかと区画する墓域を有し、墳丘に貼り石を施すなど、それまでの墳丘墓にみられない施設を有する点にある。墳丘からは、貼り石周辺で高杯、平底壺などが出土している。土器などの分析から同墳丘墓は弥生時代終末期に位置付けられる。[註8]

酒殿遺跡の石棺墓　遺跡は福岡県糟屋郡粕屋町酒殿にある。調査報告書が刊行されていないが、調査担当者からの聞き取りによると「……付近水田より比高三〜四メートルほどの低丘陵が西から東に

図1　亀山墳丘墓

図2　大隈墳丘墓（平塚古墳）

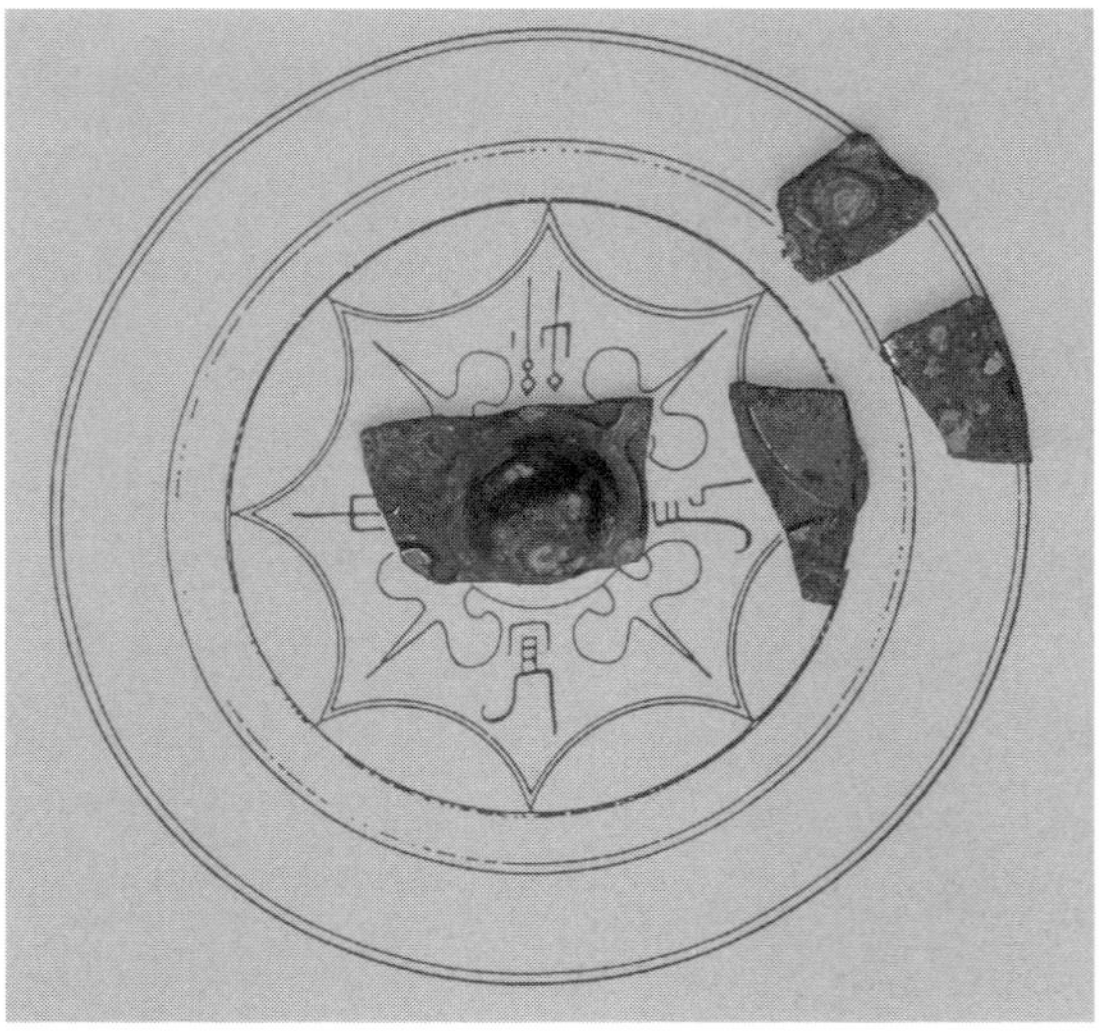

図3　大隈墳丘墓（平塚古墳）出土内行花文鏡片
（九州大学人文科学研究院考古学研究室提供）

のびていた。この丘陵南側縁辺部に四基の箱式石棺だけの群と七基の甕棺群（中期）が数一〇メートル離れて位置していた」と状況が説明されている。出土状態については、四基の石棺一・二号が同一方向を向き、三・四号は前者に対し斜め方向に配列されていた。いずれも墳丘は確認されていない。一号棺からは、舶載の変形獣首鏡・小玉・管玉などが出土している。二号棺からは、小型の仿製内行花文鏡が出土している。一号棺については、大型箱式石棺と紹介され規模などは示されていない。出土した変形獣首鏡などの遺物は、九州大学考古学研究室に保管されている。

以上、本地域の特筆される墳墓を紹介したが、弥生時代後期から古墳時代初頭の墳墓の発展段階を分類された下條信行は、酒殿遺跡の石棺墓が墳丘をもたないことから「特定近親者集団墓」に位置付け、亀山・大隈・名子道墳丘墓は、「突出個人を有する特定近親者集団墓」に位置付けられている[註9]。

（四）古墳時代初頭の首長墓

古墳時代になると、多々良川とその支流が造り出す平野部と平野を見下ろす丘陵上に初期の古墳は築造されている。多々良川北岸の丘陵部には、三角縁神獣鏡を副葬する福岡市東区名島古墳・香住ヶ丘古墳・蒲田天神森古墳などが築造されている。

平野部では、粕屋町戸原《とばら》に地域最古の前方後円墳、戸原王塚古墳が築かれ、宇美川流域北岸の丘陵上に堺田古墳や光正寺古墳（前方後円墳）が築かれている。多々良川北岸地域の古墳は、三角縁神獣鏡を副葬することから近畿地域との関係が指摘されているが、宇美川流域の前期古墳は、先行する弥生時代終末からの伝統的な埋葬施設である箱式石棺墓を用いるなど初期の段階から地域色豊かな古墳が認められる。ここでは発掘調査された、戸原王塚古墳と光正寺古墳を紹介する。

①戸原王塚古墳（図4）

古墳は平野中央（福岡県糟屋郡粕屋町戸原字塚原）の標高約一〇メートルの平地に築造された前方後円墳である。墳頂部並びに前方部は削平され、近世の墓が建てられているため墳丘の状態並びに主体部などの詳細は確認することができない。

調査は二〇〇三年度と二〇〇四年度に粕屋町教育委員会が、墳丘規模を確認するため墳丘周囲の水田部にトレンチを設定し発掘調査を行なっている（図5）。その結果、墳丘規模は主軸線上（長軸）四八メートル、後円部径二八メートル、クビレ部幅一五メートル、前方部長二〇メートルで、幅約七メートルの周溝が巡っていることが確認された。

出土遺物と築造年代　墳丘裾部から出土した土器は、図6に示す庄内式の甕や小型丸底壺・長頸壺・広口壺・二重口縁壺・山陰系の二重口縁甕などが出土し、築造時期は三世紀半ばから後半が想定され、福岡県下でも最古級の古墳であることが認められた[註10]。

②光正寺古墳（図7）

古墳は、宇美町の北西端部（福岡県糟屋郡宇美町光正寺三丁目）に位置し、志免町との町界を接する標高四〇～四五メートルの丘陵上に築造されている。

調査は一九九六年度から一九九八年度まで墳丘規模確認と復元整備を目的に発掘調査が行なわれた。調査の結果、規模は主軸線上（長軸）で五四メートル、後円部裾部径三三・八メートル、後円部墳頂部径一三メートル、後円部高七・九メートル、クビレ部裾部幅

図４　戸原王塚古墳（粕屋町教育委員会提供）

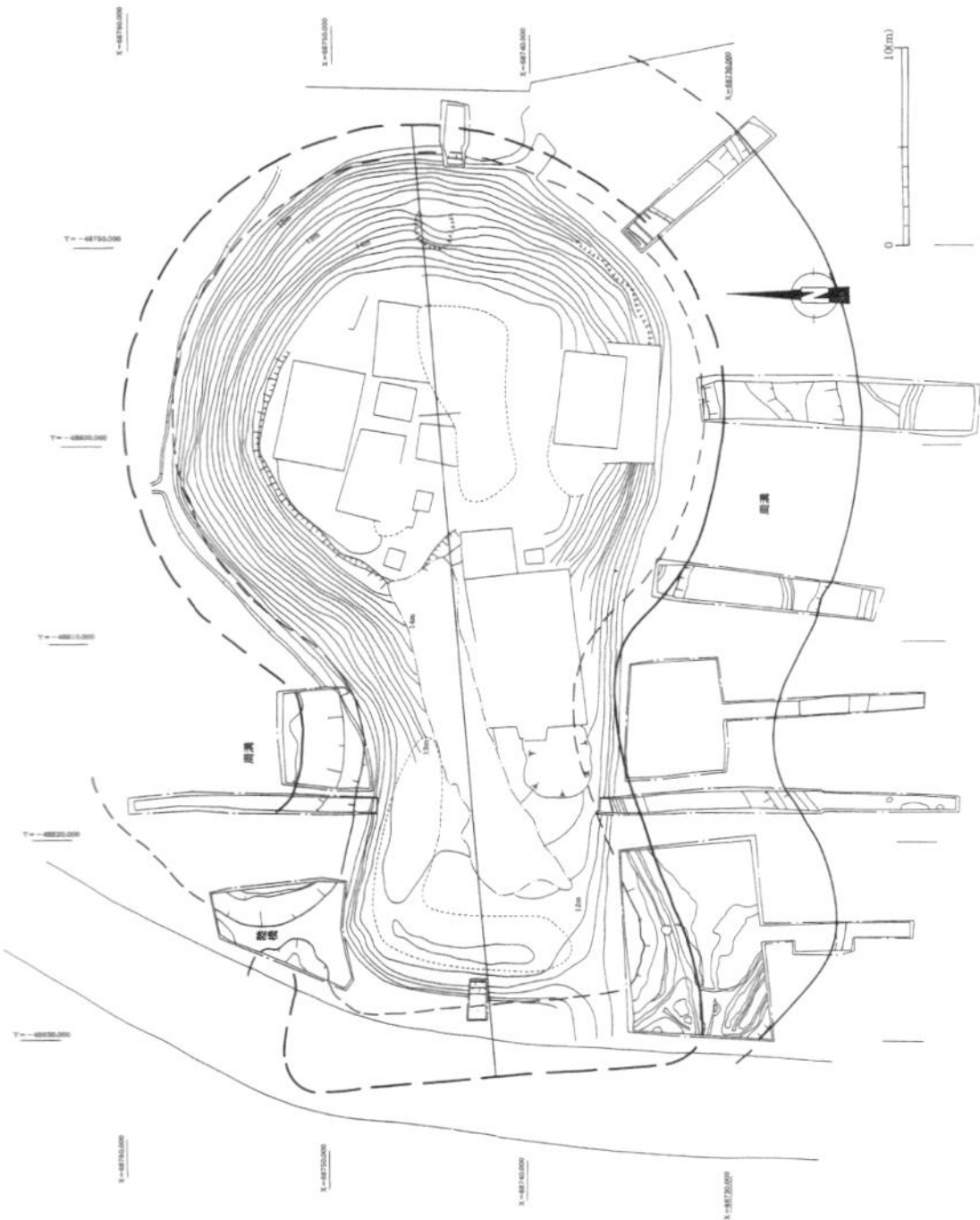

図５　戸原王塚古墳墳丘図（粕屋町教育委員会提供）

図６　戸原王塚古墳出土土器（粕屋町教育委員会提供）

図７　光正寺古墳（宇美町教育委員会提供）

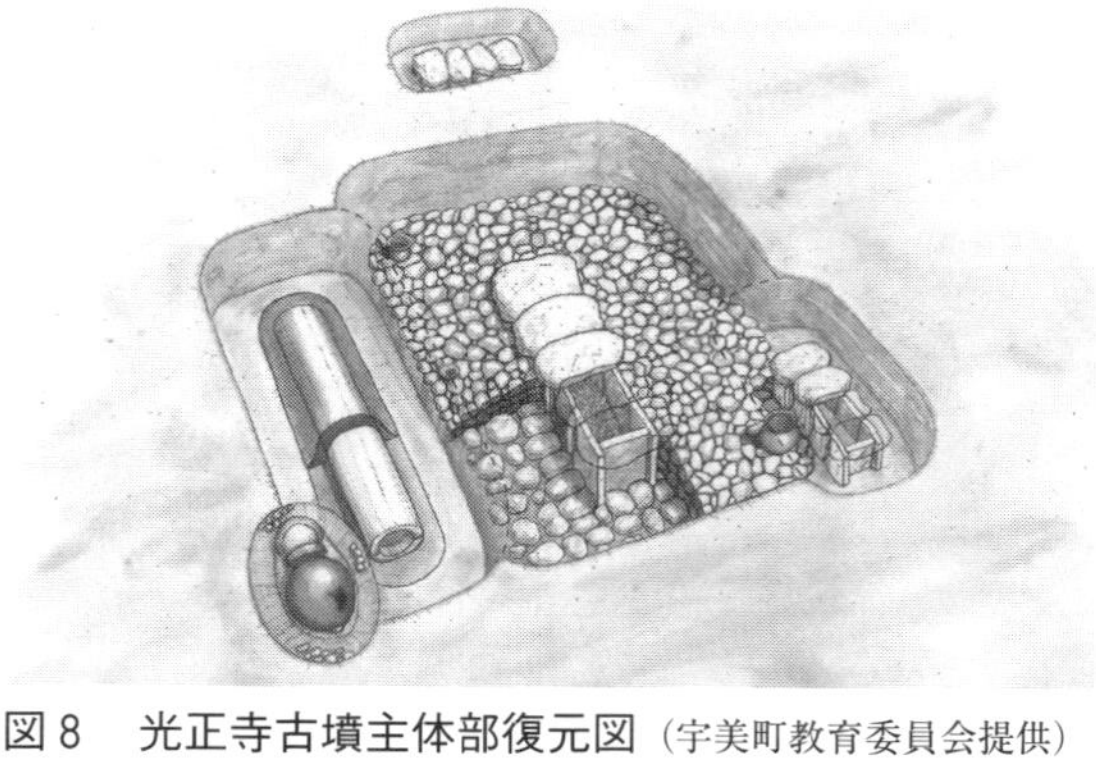

図８　光正寺古墳主体部復元図（宇美町教育委員会提供）

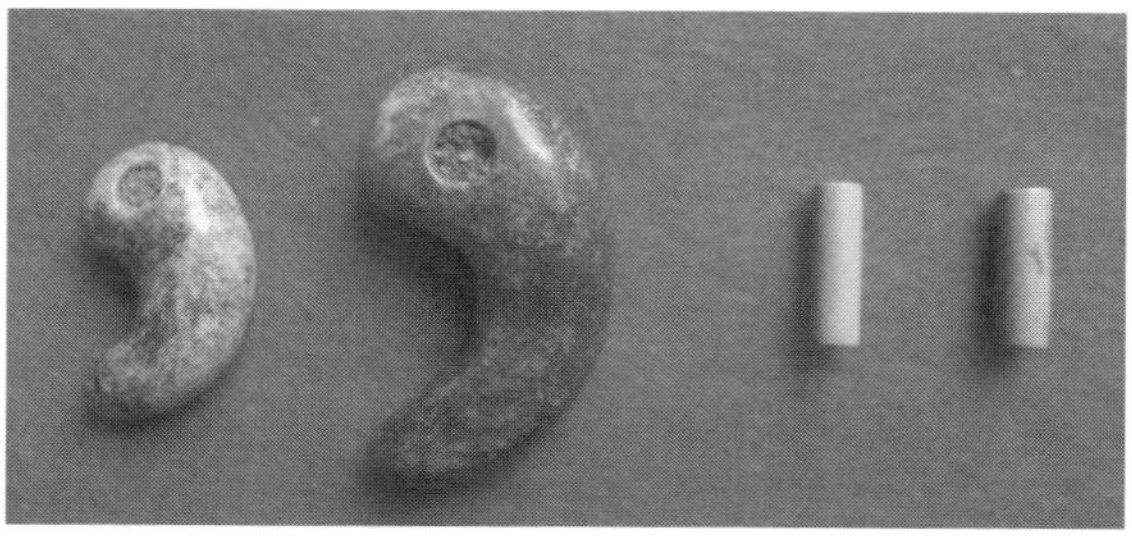

図９　光正寺古墳出土玉類（宇美町教育委員会提供）

図11　光正寺古墳
第１主体部出土土器

図10　光正寺古墳
第４主体部出土土器
（２点とも宇美町教育委員会提供）

一六メートル、前方部裾幅二〇・九メートルの糟屋地域最大の前方後円墳であることがわかった。

主体部　後円部墳頂部のトレンチ調査を行なった結果、図８に示すとおり五基の埋葬施設が埋置されているのを確認した。各主体部の頭位は、第四主体部と第二主体部の小口を復元すると西側がやや広く頭位と考えられることから第五主体部を除く、他の主体部も頭位を西方向に向けていたと推定される。

第一主体部は主体部の痕跡の一部を確認しただけで、正確に主軸線を求めることはできないが、北側の掘り方線から復元すると、主軸線をW―七度―Nに向けて築かれていたと考えられる。主体部の構造は、玄武岩・滑石・緑色片岩の板材などを用いた大型の箱式石棺で、棺の周囲には河原石が敷き詰められている。主体部の規模は、箱式石棺を取り囲む河原石の範囲から推定し東西約五メートル、南北約三・五メートルの墓壙が考えられる。

第二主体部は第一主体部北側に築かれた箱式石棺である。第三主体部は第一主体部の南側に築かれた割竹形木棺と推定している。第四主体部は第三主体部の東端部の南側に築かれた布留式二重口縁壺と山陰系の大型二重口縁壺（図10）を用いた土器棺である。第五主体部は第一主体部西側で、墳丘主軸線に直行する形で築かれている箱式石棺であった。光正寺古墳の特徴は、一つの墳丘内に多数の埋葬施設を有するという、弥生時代以来の伝統を有していることである。

出土遺物　調査した第一・二・四主体部は盗掘を受けていたが、第一主体部では、盗掘の際に掻きだされた赤色顔料に染まった赤色土から鉄剣・鉄刀・刀子多数・勾玉・管玉（図９）が採集されている。棺外では、箱式石棺を取り囲む石組上に置かれていた甕がある。甕は分析の結果、表面には赤色顔料のベンガラが塗られ、内面甕底部には、水銀朱の塊が残っていた。中でも注目される遺物は、刀子やほかの鉄器などに巻かれていた絹織物の多さである。

築造年代　古墳は図11に示す第一主体部出土の甕と墳丘出土の二重口縁土器や高杯などが布留式土器古段階に比定でき、光正寺古墳の築造時期は戸原王塚古墳に少し遅れる三世紀後半頃と考えている。[註11]

三　おわりに

以上みてきたように、本地域は弥生時代早期段階から農耕生産が開始され、以後、各時期をとおして安定的な生産基盤を確保していたと考えられる。今回は紹介しなかったが、弥生時代中期の首長墓などは、末盧国・伊都国・奴国などの地域と比較すると若干見劣りするが、古賀市馬渡・東ヶ浦遺跡（三基の甕棺から銅剣・銅戈・銅矛・銅釧・玉類などが出土）や同市皇石神社の甕棺（銅剣・銅戈）などがある。

邪馬台国時代に相当する弥生時代後期終末から古墳時代初頭には、先に紹介した弥生時代終末期の亀山・大隈・名子道二号墳丘墓のように、「突出個人を有する特定近親者集団墓」が築かれるように他地域と比較しても突出した有力者の存在が認められる。この系譜は古墳時代初頭に多々良川流域では、戸原王塚古墳へ、宇美川流域では光正寺古墳へと繋がっている。宇美川流域では、光正寺古墳以後も前方後円墳が継続して造られている。このように本地域は、不弥国の所在地として十分な要素を有していると考えている。

最後に、倭人伝によると、不弥国は「……東行して不弥国に至るには百里、官を多模と曰い、副を卑奴母離と曰う。千余家あり」と記されているが、これ以上の記載はない。本地域の戸原王塚古墳と光正寺古墳は、前者がやや先行するが出土した土器の年代から三世紀半ばから後半の時期が求められ、ほぼ同時期の築造であり光正寺古墳が、地域最大の前方後円墳で戸原王塚古墳は同二番目に大きな古墳である。

想像を逞しくすれば、戸原王塚古墳から西に約二キロの地点に粕屋町日守《ひまもり》がある、日守地区は、律令時代に夷守《いなもり》（日守）の駅が設置されたと想定される地で、ヒナモリとヒマモリ（イナモリ）の共通性から戸原王塚古墳を不弥国の副官卑奴母離の墓と考えるのは考えすぎかもしれないが、夢のある楽しい話である。

（註1）樋口嘉彦「検証・不弥国　不弥国の候補地二・嘉穂盆地」『アクロス福岡文化誌三　古代の福岡』アクロス文化誌編纂委員会、二〇〇九

（註2）本稿での糟屋地域とは、現糟屋郡と古賀市、福岡市東区を含む旧糟屋郡の範囲である。

（註3）下條信行「考古学・粕屋平野　新発見の鋳型と鏡の紹介をかねて」『福岡市歴史資料館研究報告』第一集、福岡市教育委員会、一九七七

（註4）新宅信久「パズルの一片　弥生時代早期の集落の様相」『福岡考古』一七、福岡考古懇話会、一九九六。近年、近接する久山町片見鳥遺跡で松菊里型住居跡が、確認されている。

（註5）新宅信久「江辻遺跡第五地点」『粕屋町文化財調査報告書』第一九集、粕屋町教育委員会、二〇〇二

（註6）徳永博文「亀山古墳」『志免町文化財調査報告書』第五集、志免町教育委員会、一九九三。報告書では、古墳時代初頭の古墳と記されているが、筆者は、墳丘構造や出土した管玉などから弥生時代の終末期の墳丘墓として理解している。

（註7）森貞次郎「福岡県粕屋町上大隈平塚古墳」『九州考古学』一一・一二合併号、九州考古学会、一九六一。報告では、平塚古墳として紹介されているが、県指定文化財名は、墳丘が残っていないため大隈石棺で登録されている。また、森は平塚古墳の名称を使いつつ、文中では弥生時代に遡ることを指摘している。筆者も、弥生時代終末期の墳丘墓として理解することから大隈墳丘墓の名称を用いる。

（註8）三島　格・田坂美代子・弓場紀知・藤田和裕「名子道遺跡」『岡崎工業株式会社』福岡市教育委員会、一九七二

（註9）下條信行「特に墳墓について」『宮の前遺跡A～D地点』福岡県労働者住宅協同組合　宮の前遺跡発掘調査団、一九七一

（註10）西垣彰博「戸原王塚古墳」『粕屋町文化財調査報告書』第二三集、粕屋町教育委員会、二〇〇六

（註11）平ノ内幸治「国指定史跡光正寺古墳」『宇美町文化財調査報告書』第一四集、宇美町教育委員会、二〇〇一

不弥国—嘉穂説

嶋田光一

一　嘉穂地方における首長墓の出現

福岡県のほぼ中央部に位置する嘉穂地方は遠賀川上流域にあたり、東・南・西の三方を山地に囲まれた盆地である。旧筑前国の東部に位置し、旧嘉麻・穂波郡域に相当する。内陸交通の要地で峠を越えると、東は旧豊前国の田川盆地・行橋平野を経て周防灘へ、西は福岡平野を経て玄界灘へ、南は筑紫平野を経て有明海へ、北は遠賀川沿いに下り響灘に至る。

不弥国—嘉穂説の根拠は、立岩遺跡の存在である。[註1] 王墓や王妃墓とする甕棺墓から前漢鏡・銅矛・鉄器・ガラス製品が出土し「クニ」としての規模を整えているからである。

しかし、立岩遺跡の最盛期は前一世紀であり、三世紀の邪馬台国時代まで、その勢力が継続していたのか。最近の発掘調査の成果から「クニ」としての様相を明らかにしたい。

立岩遺跡から南一五キロ、嘉麻川上流に位置する嘉麻市原田遺跡では、弥生時代中期前半の木棺墓から銅鐸の起源とされる小銅鐸が出土した。[註2] また、丘陵上にある鎌田原遺跡では中期前半の木棺木槨墓を中心に、木棺墓、甕棺墓などからなる弥生墳丘墓が発見された。立岩の王墓をさかのぼって、有力集団とその首長層の存在が明らかとなった。[註3]

弥生時代中期中頃になると、平地の飯塚市スダレ遺跡からはゴホウラ貝製腕輪四個や石剣が刺さった人骨が出土した甕棺墓、同下伊川遺跡からは鉄矛一本を副葬した甕棺墓、同東佐与の小久保勧貫遺跡からはゴホウラ貝製腕輪一個と絹布を副葬した甕棺墓が出土した。立岩周辺の小地域に有力者の成長が見られる。中期後半段階になると、嘉麻川と穂波川が合流する地点の右岸にある立岩遺跡に、嘉穂地方一帯を統括する有力集団の王墓が出現する。

二　立岩遺跡の王墓

立岩遺跡は弥生時代前期後半から遺跡が形成されるが、遺跡から北西約六キロに位置する笠置山から輝緑凝灰岩がとれ、これは石庖丁を作るのに最適な石材であった。前期末から、石庖丁製作が始まり、中期前半になると遠賀川流域、さらに周防灘沿岸にまで流通し、中期後半には福岡、朝倉など北部九州の平野部へ、また筑後・佐賀平野から日田盆地（大分県）にまで製品が流通した。中期後半期には石庖丁の交易活動によって蓄積された富を背景に、福岡平野の

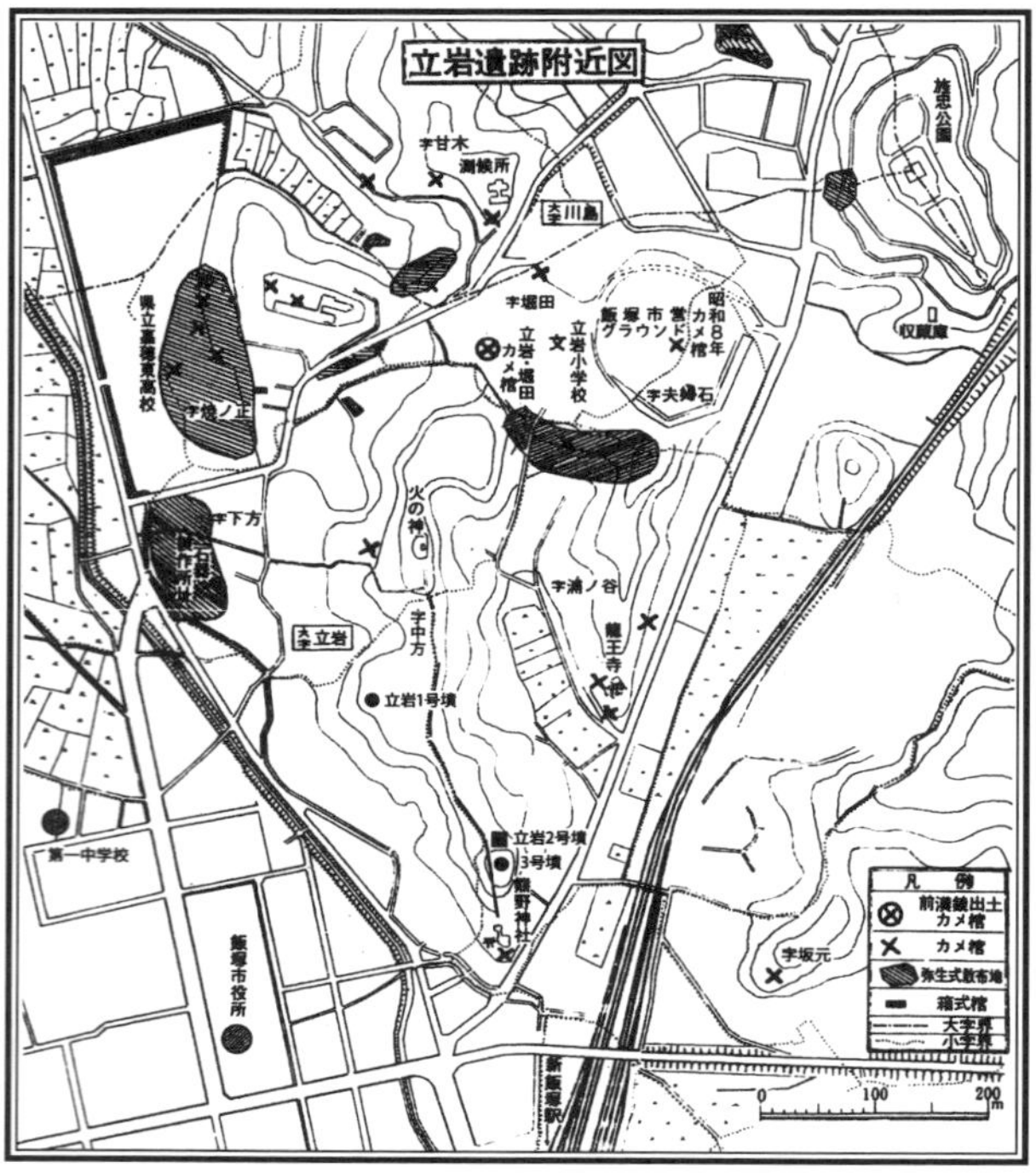

図１　立岩遺跡付近図（註７より）

「奴国」との政治的関係が一層深まる。そして、福岡平野から前漢鏡・絹製品など前漢文物や青銅器・鉄器などがもたらされた。また、筑紫平野から大型甕棺製作技術、南海産のゴホウラ・イモガイ貝製腕輪などが流入した。その豊富な副葬品を保有し、嘉穂地方一帯を統括する王墓が出現したと考えられる。

立岩遺跡では副葬品を持つ甕棺墓は堀田と市営グラウンドの二ヵ所に見られ、中期後半に限定すれば、前漢鏡・銅矛・ガラス製品・貝製腕輪・鉄器を副葬する堀田集団、貝製腕輪と鉄器を副葬する市営グラウンド集団と副葬品を持たない龍王寺、焼ノ正、甘木山、測候所、厚生病院、坂元集団の三階層の集団が見られる。さらに堀田集団では、前漢鏡の保有量において被葬者に格差がある。一〇号甕棺は石蓋単棺で前漢鏡六面・銅矛一本・鉄剣一本・鉄鉇一本・砥石二個を副葬する。鏡は鏡面を上にして左右に三面ずつ置かれていた。二八号甕棺は石蓋単棺で前漢鏡一面・鉄素環頭刀子一本・管玉五五三個・丸玉一個・棗玉一個・塞杆状製品五個を副葬する。玉類はガラス製品で、髪飾りに復元できる装身具である。三四号甕棺は石蓋単棺で、三〇歳くらいの男性人骨が良好な状態で残っており、右腕にゴホウラ貝製腕輪一四個をはめていた。前漢鏡一面が胸元にあり、鉄戈一本を下腹部に横たえていた。三五号甕棺は石蓋単棺で、前漢鏡一面・鉄戈一本・鉄剣一本・ガラス製管玉を、三六号甕棺は石蓋単棺で、鉄矛一本・鉄刀子一本・鉄鉇一本を、三九号甕棺は石蓋単棺で、前漢鏡一面・鉄剣一本を副葬していた。前漢鏡は合計一〇面が発見された。その数は三雲南小路遺跡（福岡県糸島市）、須玖岡本遺跡（福岡県春日市）に次ぐものである。副葬品は青銅器に比べて鉄器が圧倒的に多い。

三雲南小路遺跡や須玖岡本遺跡の王墓に比べて、一〇号甕棺は鏡と矛はあるが玉類がなく、二八号甕棺では髪飾りはあるが勾玉を持たない。前漢鏡は大型から小型まですべてがそろっているが、草葉文鏡や星雲文鏡などが見られない。また、副葬品を持つ甕棺も集団墓の中にあり、独立して墓域を形成していない。このことから、立岩の有力者は三雲南小路遺跡や須玖岡本遺跡の甕棺に埋葬された人物と同様な王とは考えられないが、副葬品の質と量からは、それに近いクラスの人物と考えられる。一〇号甕棺の被葬者は男性で、二八号甕棺の被葬者は女性であることから、両者の関係は王と王妃の夫婦と推定される。前漢鏡六面を副葬する人物は立岩遺跡の頂点に立ち、嘉穂盆地一帯を領域とし、石庖丁の交易権や峠の交通権を掌握していた王と推定される。

なお、立岩が石器交易を通じて拓いた周防灘沿岸地域との内陸交易路に、東方進出を目指す「奴国」が着目し、立岩を東方への前線基地と位置づけたとする重要な見解がある。(註4)

近年、前漢鏡は倭と楽浪郡との単なる交易品ではなく、前漢王朝が楽浪太守を通じて倭国の族長を臣下に置き、その承認の証として下賜したという見解がある。これは志賀島発見の「漢委奴国王」の金印の下賜よりも半世紀もさかのぼり、前漢鏡の質の良さと量の多さから、鏡や絹製品は、「奴国」を介してもたらされたとも考えられるが、立岩の王へ直接に近い形で下賜された可能性もある。

また、二八号甕棺から出土した鉄素環刀子の柄に巻かれていた布、一〇号甕棺から出土した鉄剣の柄に巻かれていた撚り糸、三六号甕棺の鉄矛と鉇に付着していた布は絹製品である。柄に巻いてあるものは、朝鮮半島の楽浪郡あるいは中国本土産と推定され、鉄素環刀子と鉄剣は中国製品の可能性がある。それ以外は日本列島製の平絹である。北部九州で絹の使用と生産は魏志倭人伝の記載よりも二五〇年も前にさかのぼることになる。立岩遺跡は、漢書地理志に記された楽浪郡に朝貢していた「百余国」の一つであろう。

さらに、三四号甕棺の人物が身につけていた一四個の立岩型貝製腕輪は、沖縄本島など南西諸島にしかとれないゴホウラ貝であり、北部九州と南西諸島との間の遠距離交易の実態が明らかにされた。これは須玖岡本遺跡にはないので、「奴国」の南方にある筑紫平野の「クニ」を介してもたらされたと考えられる。

三　立岩遺跡における弥生時代終末から古墳時代初期の様相

この時期の立岩遺跡は、低地の状況を除くと丘陵上では明確ではない。しかし、南に延びた丘陵先端にある熊野神社裏手に、遠賀川に面して立岩一～三号墳が確認されている。一号墳は径一五～三〇メートル、高さ三～五メートルの楕円形をした墳丘である。二号墳は一辺一四メートル、高さ三～四メートルの方墳である。三号墳は径七～九メートル、高さ二メートルの低墳丘墓である。三基とも葺石と埴輪は発見されていない。これらの古墳は内部主体が不明であるが、立地と墳丘の規模から、組み合せ式の箱形木棺を内部主体とする日上古墳（円墳）や赤坂二号墳（方墳）と同様な弥生墳墓であり、弥生時代終末から古墳時代初期の立岩の首長墓と推定される。(註5)

古墳の西側で遠賀川との間にある低地に位置する市役所遺跡は、弥生時代終末期から古墳時代初期の土器が採集されており、この弥生墳墓に対応する時期の集落と推定される。遺跡は市役所建設工事中に発見されたが、地表から二・五～四メートルの深さで弥生時代後期の土器や古墳時代初期の土師器が出土した。(註6)また、近くの第一中学校遺跡からは弥生時代後期の土器が出土した。試掘調査の結果、地表面から三～四メートルの深さで古墳時代後期の須恵器甕の破片を検出しており、立岩丘陵と西側に流れる遠賀川との間には、弥生時代後期から古墳時代初期の集落遺跡が微高地上にあり、遠賀川の度重なる洪水によって水没したと推定される。このことは、近年に発掘調査により川島古墳西側の水田下で発見された、古墳時代後期の遠賀川右岸入り江での祭祀的遺構の埋没状況からも推定できる。

また、福岡県立嘉穂東高等学校裏の丘陵にある焼ノ正遺跡からは四世紀の布留式期の大型二重口縁壺（古墳時代前期二式）を割って石蓋の上を覆った土壙墓、立岩丘陵北部にある寺山古墳の墳丘下からは、四世紀の布留式期の壺（古墳時代前期三式）、福岡県立嘉穂東高等学校や川島八幡宮の背後の丘陵からは、弥生時代終末から古墳時代初期の箱式石棺墓群が確認されている。このように古墳時代初期の遺跡・遺物は丘陵上で少量であるが検出されている。こうした埋没した弥生時代後期の低地遺跡と丘陵上の弥生時代終末から古墳時代初期の墳墓の調査が進行すれば、邪馬台国時代の立岩遺跡の様相も明確になるだろう。立岩遺跡では丘陵上の遺跡の調査は進展し、弥生時代前期後半から中期後半期の様相は比較的明らかであるが、中期後半の甕棺墓を形成した集落遺跡や弥生時代後期から終末期の様相が明確ではない。

四　立岩遺跡以後の嘉穂地方

次に弥生時代後期から古墳時代初期の嘉穂地方の様相を見てみよう（註7）。立岩遺跡から南に約一一キロにある嘉麻市飯田の五穀神遺跡では高さ五メートルほどの小丘上にある箱式石棺墓から後漢初期の唐草文縁方格鏡一面が出土しており、弥生時代後期前半（一世紀後半頃）に立岩周辺に有力集団が出現した。

その後、弥生時代後期後半（二世紀前半から三世紀前葉頃）になると、立岩遺跡から四キロから一五キロの圏内に、飯塚市西佐与の谷頭箱式石棺墓、同市高田の向田箱式石棺墓、嘉麻市笹原箱式石棺墓からは、後漢時代の「長宜子孫」銘内行花文鏡各一面が、嘉麻市馬見の原田石蓋土壙墓からは「君宜高官」銘内行花文鏡一面と同箱式石棺墓（弥生時代後期後葉一式期）からは「長生宜子」銘単夔文鏡一面が、嘉麻市漆生箱式石棺墓からは「長宜子孫」銘夔鳳鏡一面、飯塚市勢田島奥の箱

図2　嘉徳地方の弥生時代〜古墳時代遺跡分布図（註1第2図を一部改変）

時期	遠賀川上流（嘉穂・鞍手・田川地方）出土の銅鏡
弥生時代中期後半	1〜6．飯塚市立岩堀田10号甕棺 7．同市立岩堀田35号甕棺 8．同市立岩堀田28号甕棺 9．同市立岩堀田39号甕棺 10．同市立岩堀田34号甕棺
後期前半	11．嘉麻市五穀神箱式石棺墓
後期中頃	
後期後半	
古墳時代前期	12．嘉麻市笹原箱式石棺墓　13．宮若市磯光箱式石棺墓 14．田川市伊加利箱式石棺墓　15．田川郡福智町宝珠箱式石棺墓 16・17．同郡香春町宮原箱式石棺墓　18．嘉麻市原田石蓋土壙墓 19．飯塚市向田箱式石棺墓　20．同市谷頭箱式石棺墓 21．嘉麻市原田箱式石棺墓　22．同市漆生箱式石棺墓 23．田川郡福智町三本松箱式石棺墓　24．飯塚市忠隈古墳 25．同市辻古墳　26．同市忠隈古墳

図３　遠賀川上流（嘉穂・鞍手・田川地方）出土銅鏡の時期的傾向

式石棺墓から仿製内行花文鏡一面が出土している。

すべて、有力者の墓制は箱式石棺墓であり、急速に甕棺墓が衰退している。鏡は仿製もあるが、ほとんどが完形の後漢鏡で破鏡が見られない。弥生時代後期前半から弥生時代終末期にかけて嘉穂地方の各所に有力集団が成長している。立岩丘陵や遠賀川対岸の片島丘陵にも同時期の箱式石棺墓があり、後漢鏡が出土する可能性も残されている。石器から鉄器への変化により立岩遺跡の石庖丁生産が急激に衰退したために、立岩遺跡の勢力が衰退し、それに代わって、立岩遺跡の周辺各所に有力集団が出現したものと理解される。しかし、後漢鏡は分散しているが嘉穂地方全体としては七面があり、遠賀川流域では最も集中している。鉄器の普及に伴い中期後半から社会構造は変動しているが、多くの有力集団が出現し、後期に至っても、「クニ」としての体制が保たれていたと見ることができる。

次に東の田川盆地を見ると、田川市糒上の原箱式石棺墓から弥生時代中期中頃の中細形銅剣一本が出土している。後期前半（一世紀後半頃）以降になると、旧筑前国と旧豊前国の国境にある関の山山塊の西側山麓にあたる飯塚市綱分八幡宮境内遺跡で中広形銅戈三本が出土し、東側山麓にあたる田川郡糸田町の古賀ノ峯遺跡で中細形銅戈四本、同町宮山で中広形銅戈九本、さらに同町田淵では広形銅矛一二本が出土している。これらの埋納青銅器は奴国・不弥国（立岩）と周防灘沿岸を結ぶ東西の峠道に係わる祭祀遺跡と考えられる。西暦五七年に後漢の光武帝から奴国王に金印が下賜された頃以降、奴国と不弥国（立岩）との対等な連合関係が崩れ、奴国の勢力が嘉穂地方に拡大したものと推定される。筑紫国と豊国の国境にあたる関の山山塊の東西山麓では、東からの外敵防備のために祭祀が執り行なわれたのではないだろうか。

また、田川市伊加利からは「長宜子孫」銘内行花文鏡一面、同市怡土古墳からは仿製内行花文鏡一面、同郡福智町宝珠箱式石棺墓と同三本松遺跡から内行花文鏡各一面、同郡香春町宮原箱式石棺墓の三基から、各々「長生宜子」銘内行花文鏡一面、内行花文鏡一面、仿製内行花文鏡一面が出土している。弥生時代後期後半（二世紀前半から三世紀前葉頃）になると、田川盆地の糸田、方城、香春を結ぶ東西の線上に後漢鏡五面が出土している。これは奴国の勢力が、不弥国（立岩）を中継基地として、東へ進出した状況と見られる。

嘉穂地方では、四世紀初頭の古墳時代になると、立岩丘陵から南に一・五キロ、嘉麻川と穂波川に挟まれた三角地帯の菰田丘陵北端に古墳時代初期の辻古墳が出現する。径三〇メートル、高さ五・二メートルの円墳であるが、西側へ前方部のような高まりが延びており、全長約五〇メートルの前方後円墳の可能性がある。内部主体は長さ五・三メートルの県下最大級の割竹形木棺（粘土槨）であり、内部より長さ一二〇センチの長い鉄刀二本、鉄剣二本、鉄鉇三本と共に、中国三国時代の盤龍鏡が出土している。

この鏡は、福岡市蒲田の天神森古墳出土の盤龍鏡と同様な鏡である。天神森古墳からは、三角縁神獣鏡が出土しており、京都府木津川市椿井大塚山古墳、大分県宇佐市赤塚古墳、福岡県苅田町石塚山古墳、同筑紫野市原口古墳出土の古式の三角縁神獣鏡と同笵関係にあるので、辻古墳の年代は四世紀初期頃と推定される。[註8]

また、立岩遺跡から南に二・三キロの位置にある飯塚市忠隈古墳は、径四二メートル、高さ七・五メートルの円墳で墳丘に葺石があり、土師器壺破片（古墳時代前期三式）が出土する。内部主体は長さ四メートルの竪穴式石室で、石室内から副葬品として三角縁波文帯三神三獣鏡一面・獣形鏡一面・渡金四葉座金具一個などが出土している。三角縁神獣鏡の同笵鏡は兵庫県小見塚古墳、同御旅山古墳、愛知県白山藪古墳の三面があり、築造年代は四世紀中頃と推定される。[註9]

忠隈古墳の北西約〇・六キロに位置する穂波川と碇川に挟まれた沖積地に、堀池口ケ坪遺跡がある。古墳時代初期の庄内新式～布留古式の土器がまとまって出土し、掘立柱建物跡が検出されている。忠隈古墳と対応する時期の拠点的な大集落と位置づけられる。[註10]

また、弥生時代後期後葉頃になると、竪穴住居で主柱穴が四本の方形プランの大型住居（Ⅱ型住居）が出現する。これは豊前地域で成立した可能性が高い住居様式である。このⅡ型住居の筑前地域への波及には三段階があり、第一段階は豊前地域との交流が盛んであった嘉穂地方への弥生時代後期後葉一式段階（畿内伝統的第Ⅴ様式）の波及（嘉麻市タタラ遺跡）、第二段階は畿内伝統的第Ⅴ様式系土器群でのみ構成された、畿内系移住集団の集落と思われる弥生時代後期後葉二・三式段階（庄内古・新式）の波及（嘉麻市巻原遺跡）、さらに、第三段階はⅡ型住居が最も広範な地域に波及した古墳時代前期一式段階（布留古式）の波及（嘉麻市穴江塚田・森分・アミダ遺跡）である。第二・第三の波及の背景には、少なからず畿内系移住者集団の関与が考えられ、とくに、第三の古墳時代前期一式段階（布留古式）は、定型化した前方後円墳の成立と展開といった初期ヤマト政権との政治的関係が、この北部九州で起こる重要な時期とされる。初期ヤマト政権の北部九州への進攻は「豊前ルート」で、嘉穂地方から始まったとされる。なお、旧嘉穂町域では、この時期の集落遺跡が出現し、弥生時代後期後葉一式土器は嘉麻市上椎五号住居（古）、同原田一号石棺、同二号石棺、榎町五〇号住居で、弥生時代後期後葉二式土器は嘉麻市上椎五号住居（新）で、弥生時代後期後葉三式土器は嘉麻市上椎一二号住居、同イカマクチ六・八号住居、飯塚市堀池口ケ坪遺跡で、古墳時代前期一式土器は嘉麻市穴江塚田環濠で出土している。[註11]

さらに、立岩遺跡から嘉麻川の上流約八キロに位置する沖出古墳は全長七〇メートルであり、四世紀後半の前方後円墳で、竪穴式石室の中に割竹形石棺を納め、副葬品として鍬形石、石釧、車輪石の石製腕飾りが三点セットで出土している。これは九州で唯一の出土例である。[註12]また、穂波川の上流約七キロに位置する桂川町金比羅山古墳は、全長八〇メートルの古式の前方後円墳であり、前方部が細長く延びる古い形態で築造年代は四世紀にさかのぼると推定される。

不弥国の首長墓は、立岩堀田遺跡から立岩丘陵南端部に築かれた三世紀末の立岩一～三号墳へ移り、四世紀初頭には遠賀川を南に渡って辻古墳が築かれた。四世紀中頃には忠隈古墳が出現する。さらに南の嘉麻川上流の碓井平野を見下ろす漆生の丘陵先端部に四世紀後半の沖出古墳が築造され、また、穂波川上流の桂川平野と穂波平野が一望できる小高い丘の頂に金比羅山古墳が築造される。四世紀後半になると、嘉穂地方の首長墓は嘉麻川と穂波川の二つの地域に分かれるが、この二つの地域が、六世紀前半に起こった筑紫君磐井の乱後に置かれた鎌屯倉と穂波屯倉の領域の原型と考えられる。四世紀初期から四世紀後半へ、これらの古墳には畿内系の割竹形木棺（粘土槨）、竪穴式石室、三角縁神獣鏡、石製腕飾りが見られ初期ヤマト政権と強い政治的な結びつきが認められる。

初期ヤマト政権の嘉穂地方への進出は洞海湾を経て遠賀川下流域

からの遡行であり、あるいは、Ⅱ型住居の波及のように周防灘沿岸部の豊前地方からの峠越えの道であったと思われる。ヤマト政権の進攻は嘉穂地方に入り、ここを中継拠点として、さらに、峠を越えて西の福岡平野と南の筑紫平野へ向かう峠道の内陸ルートをたどったと推定できる。このルートは、弥生時代中期に前漢鏡や貝輪がもたらされたルートとは逆方向である。このルートは弥生時代中期の立岩製石庖丁の交易活動によって立岩人が開拓した峠道であった。

このように立岩遺跡のある嘉穂地方一帯には、立岩に王が出現した弥生時代中期後半以後、弥生時代後期から古墳時代初期まで、すなわち、邪馬台国時代から初期ヤマト政権進出の頃まで、重要な内陸交通の要衝であり継続して有力集団が存在したことがわかる。

以上のことから、不弥国の領域を立岩丘陵に限定せず、旧嘉麻・穂波郡域の嘉穂地方一帯に拡大すれば、不弥国を嘉穂盆地に比定することは可能であろう。

遠賀川下流の河口付近では、岡垣町の元松原遺跡周辺からは、銅戈鋳型、中広形銅剣、銅矛、中細形銅戈などの青銅器や鉄矛、鉄鉇などの鉄器、大型甕棺が出土している。ここは響灘や洞海湾を通じて、山陰・瀬戸内地方へ青銅器文化が拡大する窓口の役割を果たしていた。大型甕棺は上流の立岩遺跡からもたらされたと推定される。立岩とは遠賀川の舟運で結ばれており、不弥国の港の機能も果たしていたと考えられる。

不弥国から「南、投馬国に至る水行二十日」への船出は、立岩で丸木船に乗り遠賀川をいったん北へ下るが、河口の「崗の水門」(遠賀地方)で大型船に乗り換え、「洞海湾」を東に水行し、さらに、南に水行すれば、周防灘または瀬戸内海に至る。

(註1) 立岩遺跡調査委員会『立岩遺蹟』河出書房新社、一九七七

(註2) 福島日出海「嘉穂地区遺跡群Ⅳ」『嘉穂町文化財調査報告書』第七集、嘉穂町教育委員会、一九八七

(註3) 福島日出海「原田・鎌田原遺跡」『嘉穂町文化財調査報告書』第一八集、嘉穂町教育委員会、一九九七

(註4) 下條信行「北部九州弥生中期の『国』家間構造と立岩遺跡」『児嶋隆人先生喜寿記念論集』一九九一

(註5) 嶋田光一編「立岩周辺遺跡発掘調査報告書」『飯塚市文化財調査報告書』第一二集、飯塚市教育委員会、一九九〇

(註6) 高島忠平・藤田 等「飯塚市役所遺跡」『嘉穂地方史』先史編、嘉穂地方史編纂委員会、一九七三

(註7) 嶋田光一『飯塚市歴史資料館開館三〇周年記念展―立岩遺跡を掘った人々―』飯塚市歴史資料館、二〇一一

(註8) 嶋田光一「辻古墳」『飯塚市文化財調査報告書』第一一集、飯塚市教育委員会、一九八九

(註9) 毛利哲久「忠隈古墳群」『穂波町文化財調査報告書』第一三集、穂波町教育委員会、二〇〇一

(註10) 櫛山範一・八木健一郎「飯塚市内埋蔵文化財試掘・確認調査報告書(1)」『飯塚市文化財調査報告書』第三八集、飯塚市教育委員会、二〇一〇

(註11) 井上裕弘『北部九州弥生・古墳社会の展開』梓書院、二〇〇八

(註12) 新原正典「沖出古墳」『稲築町文化財調査報告書』第二集、稲築町教育委員会、一九八九

投馬国—九州説の場合

真野和夫

一　投馬国

ここで述べる投馬国は、後述する邪馬壱国八女説を前提としたものである。

（一）魏志倭人伝から位置を推定する

投馬国について、倭人伝はあまり多くを語っていない。箇条書きにすると次のような内容である。

①伊都国の南に位置する。
②戸数は五万余戸、邪馬壱国に次ぐ大集落。
③官として「弥弥」と「弥弥那利」がいるが、卑狗・卑奴母離はいない。
④（伊都国から）水行二〇日で達する。
⑤投馬国の次に「南に邪馬壱国」とあることから、投馬国は邪馬壱国の北側（伊都国寄り）に位置しているとみられる。
⑥女王国より北方にあるとして列挙された「斯馬《シマ》国〜奴国」の二一ヵ国に投馬国は入っていない。

まず最初に、投馬国の位置が邪馬壱国の北部近隣とみられるにもかかわらず、二一ヵ国（後述する魏使のルート）に入っていないことの意味を考えてみよう。

魏使の行程は、魏の皇帝の絶大な力をみせつける一大デモンストレーションの旅であった。したがって、できるだけ多くの国々（部族国家）を経由していく必要があった。五万戸もある大集落ならなおのことデモ効果は大きく、通らないのは不可解である。そうであれば、投馬国は二一ヵ国を経由した後に、大々的に披露がある側に属している可能性が考えられ、ほかの国に比べ情報量が多いことや邪馬壱国の近隣らしいこと、里程の表記法、（近畿勢力の官とみられる）卑狗・卑奴母離がいないことなどを勘案すると、邪馬壱国連合内の主要国との見方に落ち着くのである。

このように推考してくると、投馬が「ズマ」ないしは「トゥマ」と発音されることから、筑後地方ではすぐに「三潴《みずま》」あるいは「妻」が思い浮かぶ。この場合、問題があるとすれば「水行二〇日」であろう。伊都国から水行のみで行けるかどうかである。海路西回りで有明海に入り、筑後川を遡るというコースも考えられないことはないが、外海はリスク要因も多く現実的ではない。そこで想定されるのが、御笠（比恵）川と宝満川の利用である（図1）。両河川の上流部（鷺田《さぎた》川と山口川）は図1のように距離は一キロを切るほどに接

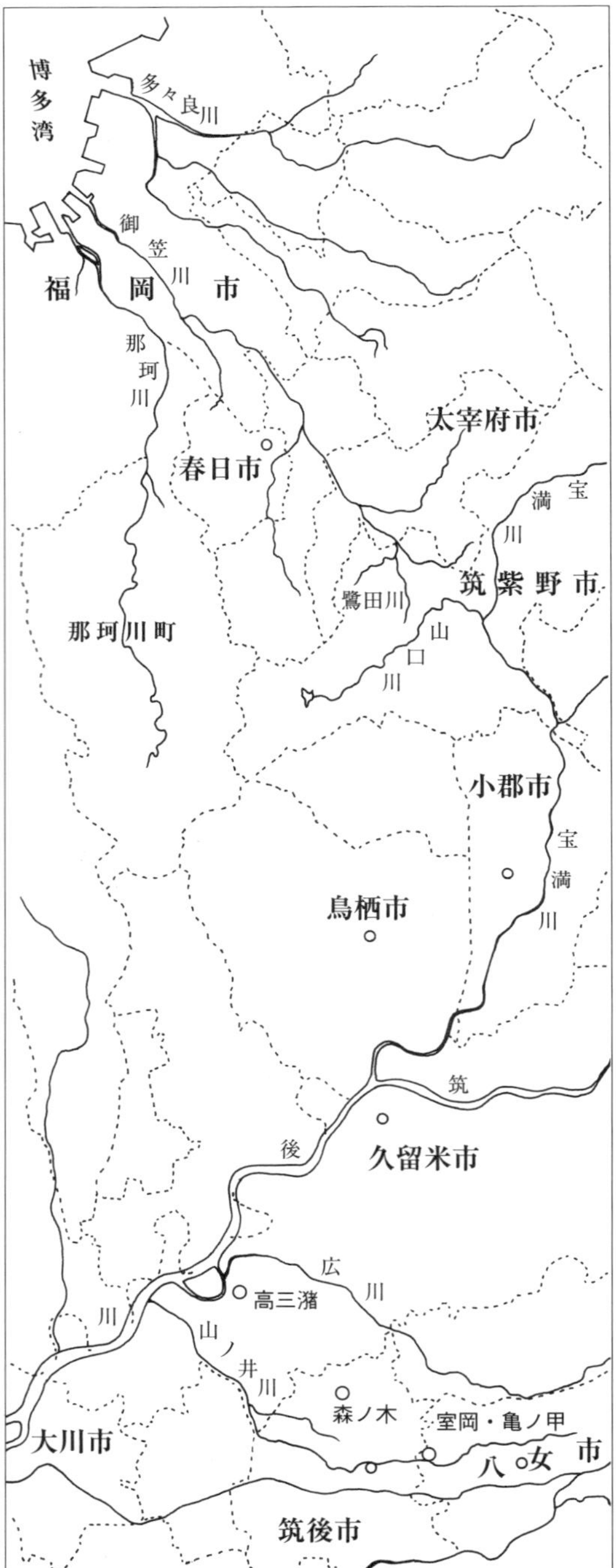

図1　水行二〇日のルート

図2　森ノ木遺跡（註2より）

近している。どちらか一方は川を遡行するにしても二〇日とはいささか日数がかかりすぎる感はあるが、このコースなら安定しており、顔馴染みの場所に立寄ることになるので安心である。川沿いにある大きな集落(註1)はそのような交通路の存在をよく物語っている。

（二） 投馬国の遺跡

「投馬」の遺称が「三潴」あるいは「妻」ということになれば、次の課題は対象となる地域に「五万余戸」の国を想定させるような遺跡が存在するかである。しかし、現在のところ旧三潴郡内に大規模集落の存在を窺わせる遺跡は確認されていない。当該地域は筑後川の氾濫や干満の差の大きい有明海の潮の影響といった自然条件、広大な低湿地帯という地勢が大規模な集落の形成を阻んできたからである。わずかに高三潴と呼ばれる標高の高い一角があって、そこで採集された土器をもとに「高三潴式」なる弥生時代後期の土器型式が誕生したことは有名であるが、発掘調査で確認されることはなかった。その後、発掘調査された塚崎東畑遺跡では、前期末から中期初頭までの竪穴住居跡・土壙・貯蔵穴などが発見されている。しかし、弥生時代後期の土器は少なく、調査関係者は「その頃には水田耕作の適地を求めて、高三潴の南側に集落が移動したのではないか」と推定している。また、字小犬塚《こいぬづか》で南北一〇〇メートルほどの環濠が発見されたといわれているが、残念なことに内容が明らかではない。以上が三潴地域の遺跡の現状である。

そこでもう少し範囲を広げてみると、筑後市の北部に位置する蔵《くら》数《かず》遺跡群(註2)に注目すべき森ノ木遺跡がある（図2）。この遺跡は「南筑後で最大」と評され、地理的には八女丘陵の西端にあって三潴の低湿地帯と接している。遺構は弥生時代中期から古墳時代後期までの竪穴住居跡三〇〇軒以上、掘立柱建物跡八棟以上、同溝状遺構一二、落とし穴状遺構三、土壙二六などが検出されている。また、東側にある東野屋敷遺跡は中期前半の墓地である。これらの遺跡は、この一帯が弥生時代以降、長期にわたる人々の生活の場であったことを示している。

森ノ木遺跡を含む蔵数遺跡群は、邪馬壱国と想定される八女市室《むろ》岡《おか》・亀ノ甲《かめのこう》遺跡群から丘陵続きで約三キロのところに位置し、邪馬壱国連合を構成する一国としても妥当性がある。ただその場合、蔵数遺跡群が「投馬」の遺称とした三潴郡に入らないことを理由に異論も出よう。このことについては次のように考えている。

すなわち、投馬国は八女丘陵の西端の地を基盤として三潴郡一帯をその領域としていたが、近畿勢力の筑後川以南への進出に伴って西部低湿地の大部分がその支配下に入り、「水沼君の祖先」が掌握するところとなった。しかし、投馬国の中核部分は邪馬壱国連合の一国として最後まで侵略されることはなかった。そのため遺称の地は二分されて中核部分は下妻《しもつま》郡に属し、その後筑後市域の一部として現在に至った。

二　邪馬壱国

（一） 邪馬壱国の位置の比定

邪馬壱国の位置の究明は、どこまでも倭人伝に基づいて行なわれなければならない。これが「大原則」である。そのうえでさらに隋書倭国伝と同じ誤り(註3)を繰り返してはならない。要は邪馬壱国が大国であるという幻想を捨て、虚心に倭人伝を読むことである。

倭人伝から邪馬壱国の位置を割り出す作業は、次のような記述が基になっている。

①（末盧国より）東南に陸行すること五百里にして伊都国に至る。

②南して邪馬壱国女王の都する所に至るには水行一〇日、陸行一月。

③（帯方）郡より女王国に至るには万二千余里なり。

④（邪馬壱国の）南には狗奴国《クノ》あり。（中略）其の官に狗古智卑狗有り。女王に属さず。

⑤女王国自り以北は、（中略A）次に斯馬国有り。次に已百支国有り。（中略）次に奴国有り。此れ女王の境界の尽くる所なり。

里程の冒頭部分を省略したのでわかりにくくなったが、帯方郡より伊都国までの距離（七千余里＋千余里＋千余里＋千余里＋五百里）は一万五百里である。したがって、③から差し引くと伊都国から邪馬壱国までの距離は千五百里となる。ここで実距離に換算するために、末盧国から伊都国までの距離を用いる。今仮に末盧国を現在の唐津市中心部、伊都国を糸島の前原《まえばる》市中心部とすると概略三〇キロとなる。仮にとした理由は、松浦半島のどこに入港して陸行に移ったか、あるいは伊都国とは具体的にどこをさすのかについて、まったく手懸りがないからである。伊都国といえば、かつての中心地三雲《みくも》地区でよいのでは、と考えるのは早計である。一大率が物品を「捜露」したのは、「津に臨みて」とあるように海岸近くである。古加布里《かふり》湾に近い浦志《うらし》遺跡や潤地頭給《うるうじとうきゅう》遺跡などが候補地となろう。その集落が千余戸というのである。

五百里がほぼ三〇キロ[註4]ということになれば、「千五百里」は九〇キロに相当し、地図上で求めると筑後川以南（筑後・八女地域）に達する。この比定地は④の狗奴国を熊本地方（菊池・山鹿）とすることとも矛盾せず、投馬国との位置関係についても前述したとおり齟齬はない。さらに、この八女説を強力に補完するのが⑤である。

（二）邪馬壱国以北の国々―魏使の辿ったルート

多くの倭人伝の読者は、⑤の部分を読んで二つの落し穴にはまってしまう。一つは二一ヵ国を「その余の旁国」と早合点してしまうことである。もう一つは、奴国が最後に出てくるので「伊都国の東南にある奴国」と合わせて「奴国が二ヵ所ある」と思い込んでしまうことである。

この部分は「女王国自り以北は、次に斯馬国有り（中略）次に奴国有り」と、中略Aの部分を挿入句とみてはじめて文意が鮮明となる。そうすると、北に向かうのであるから女王の境界は伊都国の東南にある奴国でよいのである。このように読めばこの二一ヵ国が邪馬壱国から伊都国までの国々を列挙したもの、すなわち魏使の辿ったルートではないかと気がつくのにそれほど時間は要しない。あとは比定の作業である。

個々の国を特定する最も肝心な要件は、遺称地と遺跡（卑弥呼の時代の集落）である。さらに言えば、土地勘も欠かせない。集落は言うまでもなく拠点集落（環濠集落）が望ましい。倭人伝に記された大部分の「国」は、いわゆる部族国家である。これまでいわれているような、地域を包括する大規模な連合的国家ではない。

前原から八女に至るルートは比較的単純である。福岡平野（？）を横切った後は、筑紫に通じる二日市《ふつかいち》地狭帯を必ず経由し、筑紫（佐賀）平野は山裾を行くしかないからである。

以上の要件を満たす遺跡を発掘調査報告書から抽出し地名と重ね合わせることによって、奴国（福岡市吉武遺跡）[註5]から烏奴国《アノ》（同市有田遺跡)、支惟国《シイ》(同市樋井川遺跡)、華奴蘇奴国《ワノ(オ)サノ》(春日市日佐《おさ》遺跡)、蘇奴国《サノ》(太宰府市佐野遺跡群)、不呼国《フコ》(小郡市津古《つこ》、隈・西小田遺跡)、伊邪国《イヤ》(佐賀県神崎町志波屋、吉野ヶ里遺跡)などを結ぶ魏使のルートが復元されたのである(図3)。

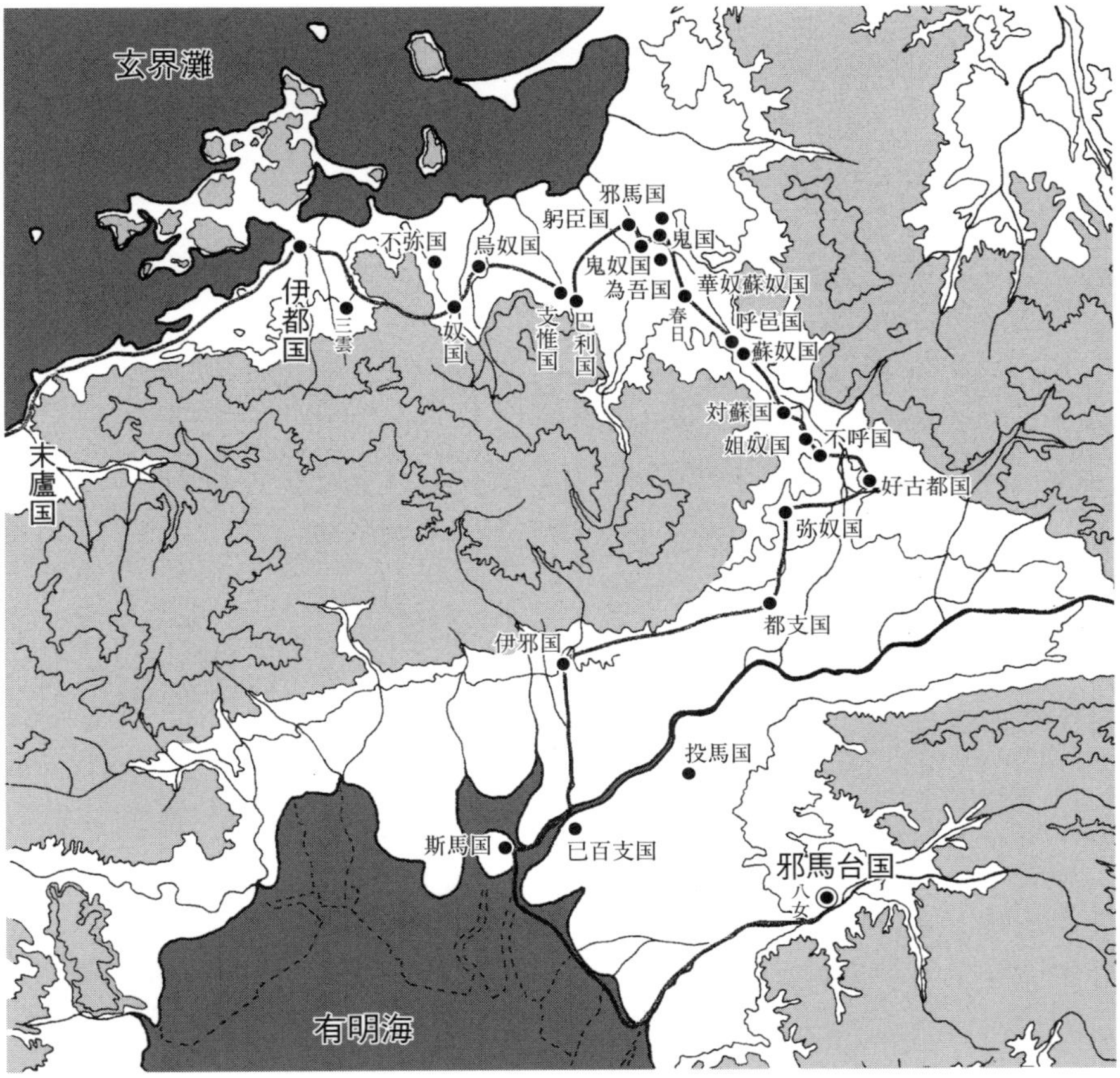

図3　魏使のルート上の二一ヵ国(註3より)

(三) 女王の都・邪馬壱国

ここで邪馬壱国の名称について明確にしておきたい。拙著『邪馬台国論争の終焉』(註6)では位置の確定が最重要課題であったことから、名称にはこだわらずに「邪馬台国」を用いた。しかし、位置が八女地方と確定して以後現地を詳細に検討した結果、重要な事実を見落していたことに気づき今回改めることとした。邪馬壱国の遺称の発見である。これまで「邪馬壱国」は「ヤマイチコク」ないしは「ヤマイッコク」と読むとされていたが、「壱」は中国語では「イー」と発音することから「ヤマイーコク」と読むことも想定しておかねばならない。これによってはじめて筑後市中心部に「山ノ井」という大字地名があり、また八女丘陵の裾を流れ筑後川に注ぐ、「山ノ井川」の存在に気がつくのである。

このうち、筑後市山ノ井地区は奈良時代以降の駅関係の遺構はあるものの、弥生時代終末~古墳時代はじめの遺構つまり卑弥呼時代の遺構はなんら存在しないことが筑後市の調査でわかっている。そうなれば、残る山ノ井川流域で大規模な集落遺跡を探すことができれば、その遺跡こそ邪馬壱国の最有力候補ということになる。

この一帯の丘陵上には遺跡が多く、なかでも亀ノ甲遺跡は古くからよく知られ、断片的にさまざまな遺構・遺物の発見が伝えられてきたが、本格的な調査が行なわれないまま宅地化が進んでしまった。近

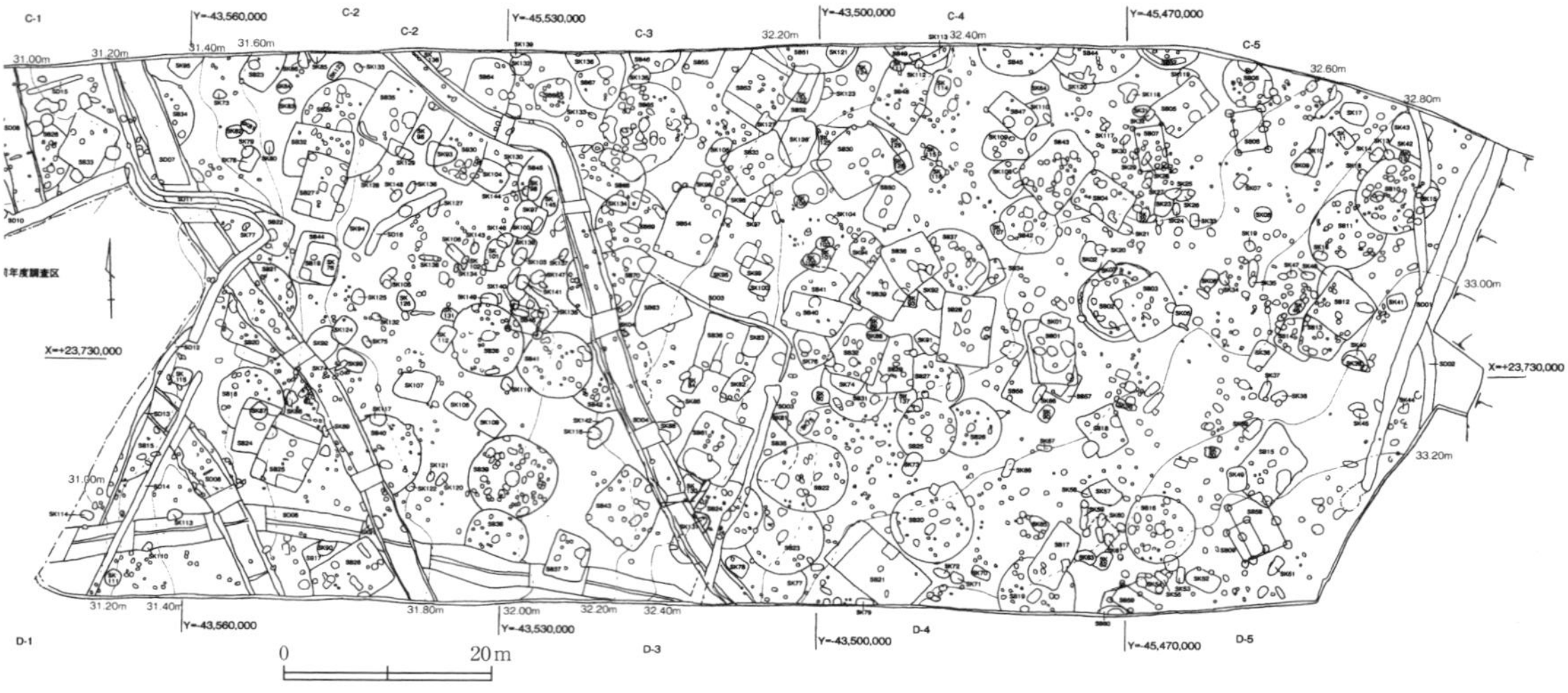

図4　室岡山ノ上・亀ノ甲山ノ上遺跡
（八女市教育委員会『一般国道442号八女筑後バイパス埋蔵文化財調査報告書Ⅲ』八女市文化財調査報告書第81集、2008より）

年、九州縦貫自動車道をはじめバイパス道路、工業団地が相ついで造られ、その際に行なわれた発掘調査の報告書は大規模な集落や環濠とみられる遺構の存在を記録している。室岡・亀ノ甲遺跡群（図4）である。なかでも山ノ井川の南側にある室岡工業団地内遺跡（註7）では、後期の竪穴式住居跡七軒、大形掘立柱建物跡九棟、それに総柱の倉庫とみられる掘立柱建物跡が多く発見され、大規模集落が丘陵下にも広がっていることが窺われ貴重である。

全容はよくわかっていないが、この室岡・亀ノ甲遺跡群こそ現在知られている遺跡の中で、邪馬壹国の最有力候補となる拠点集落である。

三　三世紀の北部九州

邪馬壹国八女説にとって卑弥呼時代の北部九州をどのように理解するかは、位置問題と不可分に重要である。このことは従来の邪馬台国論に欠けていた視点である。

(一)　近畿系の土器と墳墓

近年、邪馬台国の一方の有力候補纒向遺跡の状況がしだいに明らかとなってくるのと併行して、北部九州においても近畿（纒向、以下同じ）系土器ばかりの集落の存在が各地で知られるようになってきた。それに伴って土器の研究も進展し、三世紀の墳墓の実態が明らかになりつつある（註8）。

近畿系の土器ばかりの集落とはすなわち、近畿系集団の居住地に違いなく、その周辺にある（型式的に在地のものでない）墳墓はその集落構成員のものとみるのがごく自然な解釈である。墳墓のなかでもとくに福岡市那珂《なか》遺跡（図5）や藤崎遺跡（図6）、佐賀県吉野ヶ里遺跡（図7）にみられる東海系周溝墓[註9]はその系譜を追い易いので、ほかの型式の周溝墓や墳丘墓に比べより断定的に結論づけることができる。

ただ、この現象をただちに近畿勢力の「侵攻」と結びつけることに否定的な意見もあろう。しかし、集落や墳墓の出現が北部九州においてほぼ同時に、しかも多地域で起こっていることは事実であり、さらにそれによって旧来の拠点集落が壊滅しているということになれば見方を変えざるを得まい。単なる集団移動の産物でないことは明らかで、近畿勢力による計画的な進出、もっと的確な表現をするならば武力を背景とした制圧活動の結果とみるべきであろう。『日本書紀』景行紀や仲哀紀・神功紀に断片的に記されていることが実際に起こっているのである。[註10]

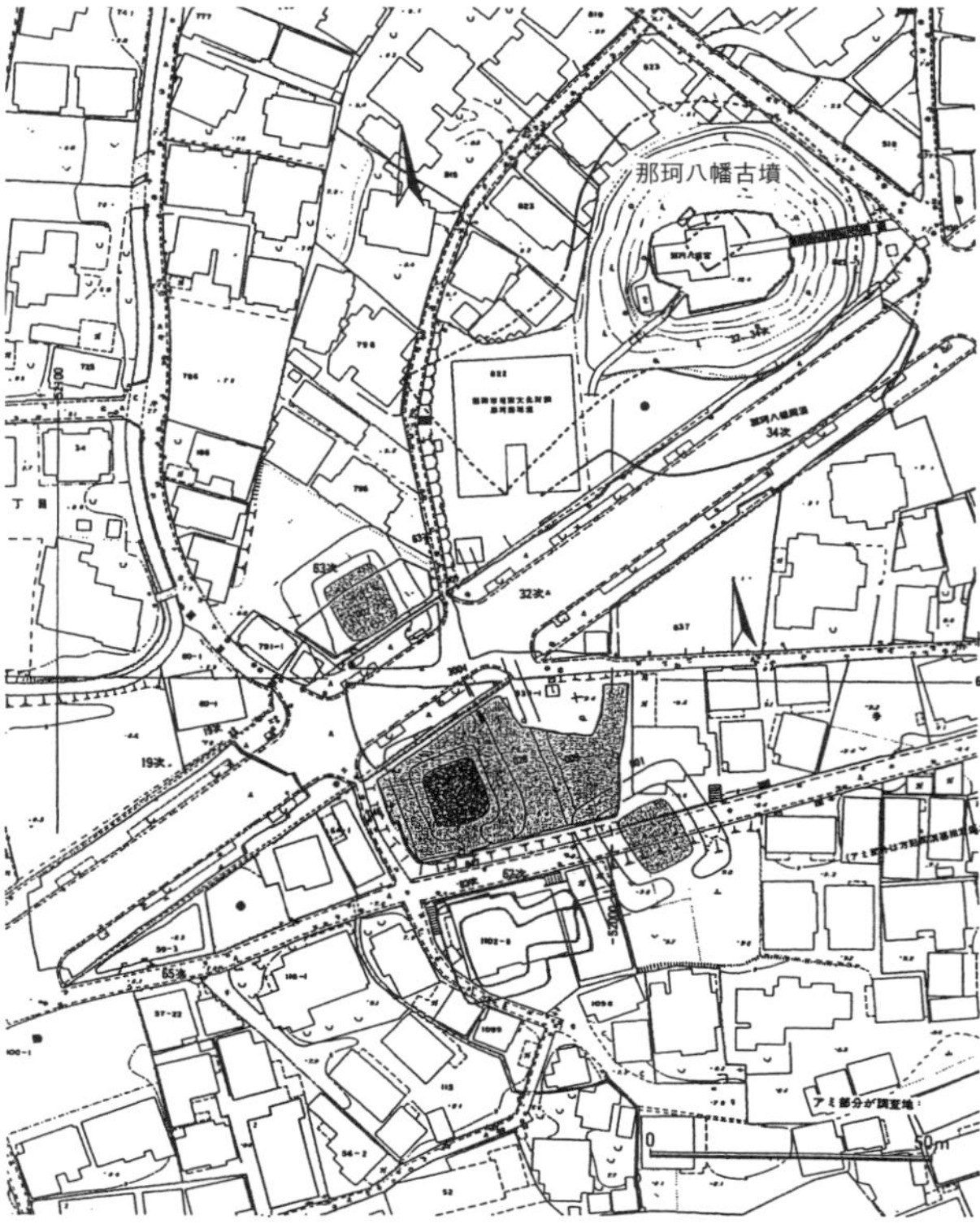

図5　那珂八幡古墳と東海系周溝墓
（福岡市教育委員会『那珂』22、福岡市埋蔵文化財調査報告書 第597集、1999、註8より作成）

藤崎遺跡の二基の周溝墓や那珂八幡古墳（前方後円墳）二号主体部から、それぞれ三角縁神獣鏡が出土している。その被葬者は決して在地の者などではなく、鏡は政権が制圧部隊の指揮者ないしは勲功者に与えたものである。このうち、とくに那珂八幡古墳の位置づけは重要である。出土土器の年代観からは豊前の石塚山古墳より古い三世紀中ごろに遡る築造と考えられ、被葬者（一号主体部は未掘）は、初期の北部九州制圧部隊の指揮官的な人物と想定される。

（二）平原一号墓と五十迹手

『日本書紀』仲哀紀は、伊覩県主の祖五十迹手《いとで》の恭順を伝えている。それによると、仲哀天皇の筑紫巡行中、崗県主の祖熊鰐《わに》が賢木《さかき》を船の舳《へ》に立てて鏡・玉・十握剣《とつかのつるぎ》を懸けて天皇を迎え、御料となる魚と塩をとる海域を献上したと詳細に記している。そのあとに五十迹手が穴門《あなと》の引島（彦島）において同じ作法で恭順の意を表わしたことが続くが、こちらは献上物などの記事はなく、名に因む地名説話をつけ加えているがいかにも素気ない書きようである。

この記事は何の不審も抱かずに読むと、伊都の首長の恭順というごく平凡な出来事となってしまう。しかし恐らく真相はそれとは異なり、天皇（近畿）勢力の伊都侵攻に際し、伊都国王が武力に屈し敗れた事実が隠されていると思われる。なぜなら、近畿勢力が北部九州を制圧した目的が版図の拡大にあったことは言うまでもないが、それだけではなくもう一つの大きなねらいを達成するためどうしても伊都国の抹殺が必要だったからである。そのねらいとは、鏡や鉄資源をはじめとする諸物資入手のための朝鮮半島・大陸ルートおよび主導権の確保である。近畿勢力にとって弥生時代

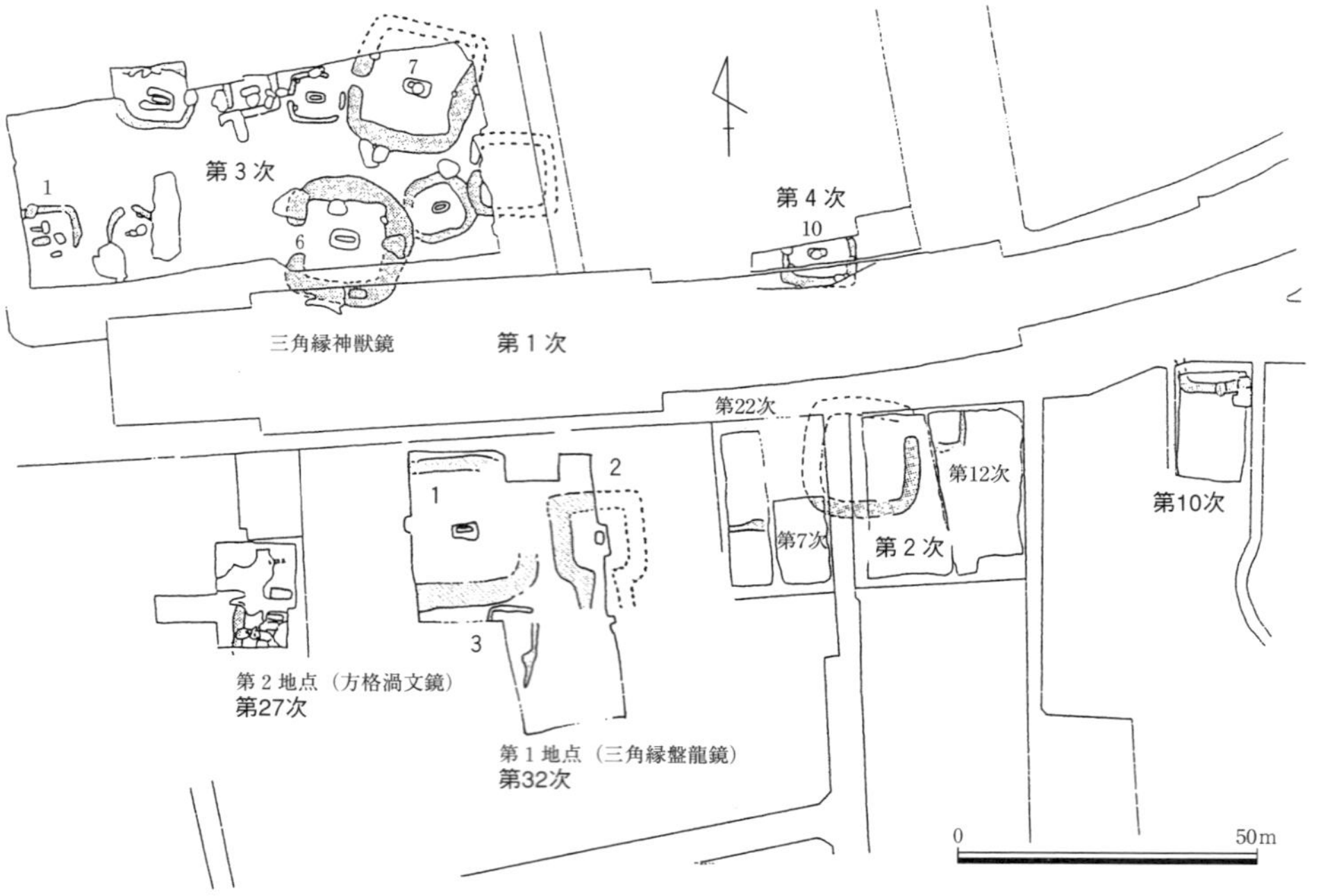

図６　藤崎遺跡の東海系周溝墓
（福岡市教育委員会『藤崎遺跡』15（32次）、福岡市埋蔵文化財調査報告書 第824集、2004に加筆）

以来の宿願でもあったこの目的を果たすには、伊都国の存続はあり得なかったのである。多分、王は殺害されたのであろう。

この時点で弥生時代の伊都国は亡び去った。王都三雲の壊滅である。つまり、弥生時代伊都国の最後の王は、『日本書紀』仲哀紀の伝える五十迹手ということになる。このように考えることによってはじめて五十迹手と平原一号墓が結びつく。

平原一号墓は、我が国最大の直径四六・五センチの内行花文鏡五面をはじめとする四〇面もの青銅鏡を副葬した周溝墓として著名である。まさに「これぞ王墓」という内容を備え、「伊都国最後の王墓」といわれている。これは文字通り「弥生時代伊都国の最後の王の墓」という意味である。三世紀の第1四半期とみる出土土器の年代観とも整合性がある。倭人伝に伊都国の王の名が記されていないのは当然なのである。

平原一号墓の型式が北部九州在来のものでなく近畿の墓制の方形周溝墓であることや、周囲に鳥居を思わせる構築物や大柱が立てられていたらしいことなどから、近畿勢力による埋葬と考えることもできよう。もしそうであれば、すべての鏡が破砕されて墓壙に遺棄されていた異常な状況、武器類の副葬がないことも理解される。そこには首長霊の継承儀礼を窺うことはまったくできない。棺上におかれた素環頭大刀一振は、王としての権威に対するせめてもの手向けではあるまいか。

（三）吉野ヶ里遺跡の実像

吉野ヶ里遺跡は、筑後川両岸の低湿地帯を挟んで邪馬壱国と対峙する位置にある一大拠点集落（推定伊邪《イヤ》国）である。当然、近畿勢力の早期の制圧対象となったと想像される。ところが、吉野ヶ里遺跡

の調査報告書からそのことを読み取ることは難しい。一方、目と鼻の先にある筑後川河口の佐賀市諸富町《もろどみ》（推定斯馬《シマ》国）では、村中角《むらなかすみ》遺跡や三重本村《みえほんむら》遺跡など多くの地点で古い近畿系土器が出土している(註11)。土器から、この地点に遅くとも三世紀の第2四半期には近畿勢力が到達し、南下（肥後地方へ）する足場となったことが窺われる。戦略的にみて、吉野ヶ里遺跡の地を制圧することなしにはまずあり得ないことであろう。

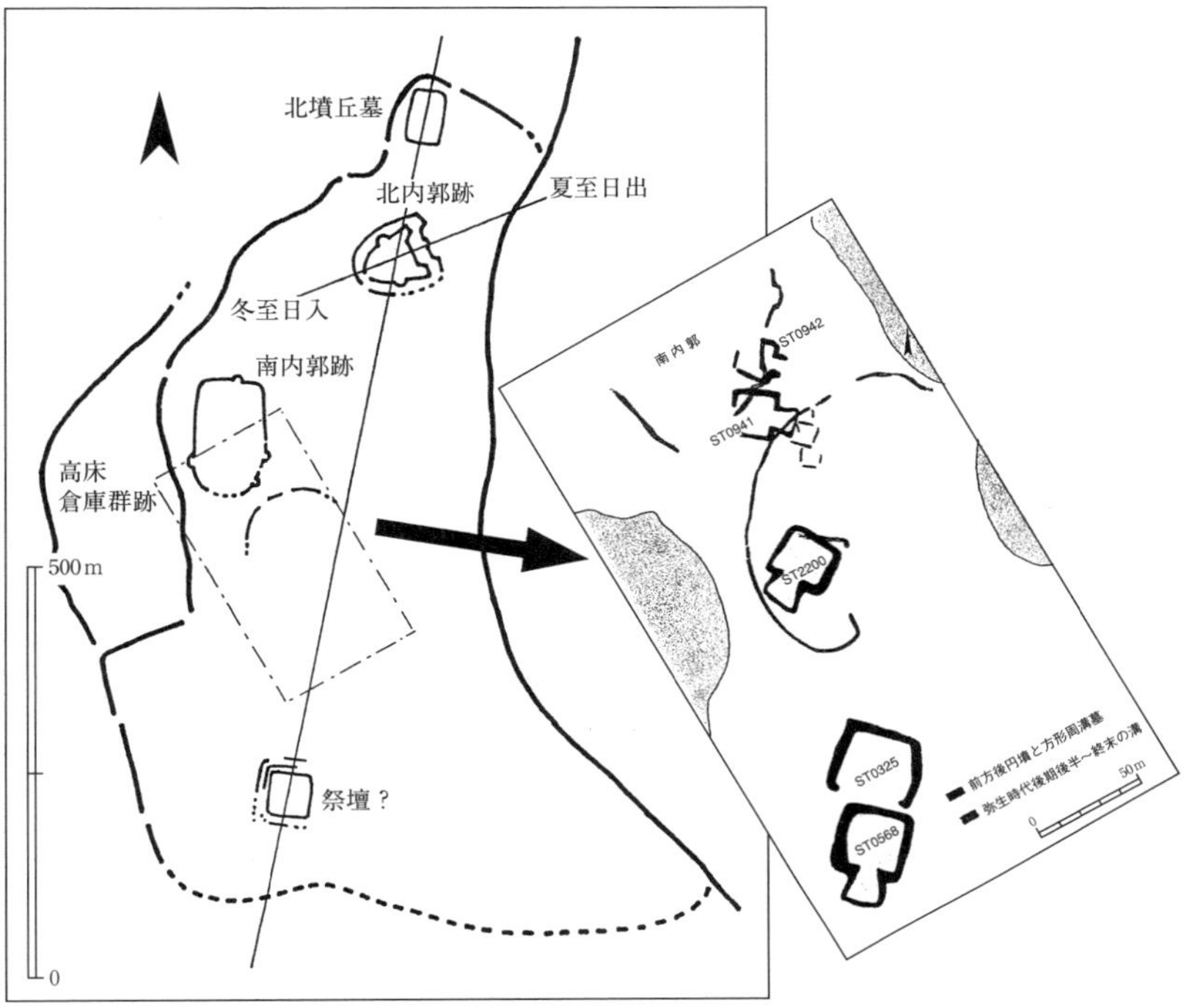

図7　吉野ヶ里遺跡の東海系周溝墓

（七田忠昭『吉野ヶ里遺跡』2005と『鳥栖市誌』2005より作成）

さらに、吉野ヶ里遺跡では、南内郭の環濠の一部にかかって東海系周溝墓が築かれていることがわかっている（図7）。このことは南内郭が同周溝墓の時期（三世紀の第2四半期）(註12)にはすでに埋められて機能していなかったことを明確に示している。このように、周囲の状況をにらみ合わせながら吉野ヶ里遺跡を改めて詳細に検討するとき、この地にあった「国」が近畿勢力の侵攻によって壊滅した事実を認めないわけにはいかないのである。

(四)　狗奴国との戦い

近畿勢力の侵攻が三世紀の第2四半期中に肥後地方にまで達したことを、出土土器から実証する大規模遺跡が、熊本県山鹿市にある国の史跡方保田東原《かとおだひがしばる》遺跡(註13)である。遺跡は、八女市から山越えする最短の国道三号線経由で、三〇キロほどのところにある。この遺跡が近畿の勢力下にあったことを理解してはじめて狗奴《クノ》国と邪馬壱国の交戦の本当の意味がわかってくる。

二四〇年代後半に起こったこの戦いは、「親魏倭王」の称号を得た卑弥呼の邪馬壱国に対して、近畿勢力が仕掛けたいわば代理戦争である。邪馬壱国の実力をはかるとともに、魏の出方を確かめたのである。ところが、邪馬壱国がすぐさま帯方郡に訴え、魏もこれに応えて黄幢を授け役人を派遣したために、あえて深入りせずに手を引いた、というのが真相とみられる。このため、近畿政権はそれ以後五世紀に至るまで邪馬壱国には「あたらず、さわらず」の態度で臨んだ。八女地域に前方後円墳はもちろん前期の古墳が一基も存在しないのは、この間、近畿政権と無縁の領域であったことを物語っている。

（五）近畿勢力の支配体制

三世紀の北部九州がほぼ近畿勢力の支配下にあったと認めることによって、さまざまな疑問点が氷解する。なかでも、倭人伝の次の語は支配の状況を具体的に表わすものとして重要である。

①「卑狗」は近畿政権が認めた在地（?）有力者に与えた一種の称号であり、「卑奴母離」は派遣した守備隊の役人である。

②「大倭」は北部九州をさす「倭」に対する語で、近畿政権そのもの、あるいはその支配領域をさし、いわゆる「ヤマト」と同義である。後漢書倭伝の記す「大倭王」はまさにこれである。

③「一大率」は近畿政権が伊都に置いた九州支配のための監察官である。『日本書紀』にも記載がある。(註14)

当然のことであるが、倭人伝は邪馬壱国の情報ばかりを記しているのではないのである。

最後に、しからばなぜ大国魏が九州の弱小国邪馬壱国の卑弥呼に「親魏倭王」を授け、冊封したのかという疑問に答える必要がある。この点に関しては、冊封はあくまで魏（実際には当時公孫氏討伐に携っていた司馬懿が関わっていた可能性が高い）の選択であることを念頭に置くと、近畿政権が三世紀前半魏と敵対する公孫氏（ないしは呉）と密接な交渉をもっていた故と考える以外にない。漢鏡7期第二段階の画文帯神獣鏡の出土分布が近畿地方に集中している事実(註15)はその根拠の一つとなろう。魏はそこに「クサビ」を打ったのである。

（註1）大板井・乙隈天道《おとくまてんどう》町・貝元《かいのもと》・立明寺などの大きな遺跡がある。

（註2）筑後市教育委員会『蔵数遺跡群』筑後市文化財調査報告書第六集、一九九〇

（註3）真野和夫「邪馬台国研究の指針を求めて」『真薦』四、薦文化研究所、一九九九

（註4）古田武彦が提唱した「短里」に近い。一里が六〇メートルに相当するので、卑弥呼の墓（径百余歩）は約二〇メートルほどの墳丘墓となる。

（註5）春日市を中心とする国を奴国に比定するのが定説となっているが、倭人伝の記述に従えば奴国は伊都国から六～七キロに位置する国となる。

（註6）真野和夫『邪馬台国論争の終焉』二〇〇九

（註7）八女市教育委員会『室岡工業団地内遺跡』Ⅲ、八女市文化財調査報告書第四四集、一九九六

（註8）久住猛雄「土師器からみた前期古墳の編年」『前期古墳の再検討』九州前方後円墳研究会、二〇〇六。以下本文の土器の編年観はこれによる。

（註9）赤塚次郎「東海地方の方形周溝墓」『方形周溝墓の今』二〇〇五

（註10）真野和夫「三世紀の北部九州」『大分考古』一五、二〇一〇

（註11）諸富町教育委員会『村中角遺跡』一九八五など

（註12）前掲註8に同じ

（註13）高木正文「熊本県うてな遺跡」『邪馬台国時代の国々』季刊考古学別冊九、一九九九。右論考で列記された菊池川下流域～上流域にある方保田東原遺跡・うてな遺跡を含む一三遺跡が狗奴国を構成する国々と考えている。

（註14）『日本書紀』応神紀九年条「遣武内宿禰於筑紫、以監察百姓」は一大率に関する記事である。

（註15）岡村秀典『三角縁神獣鏡の時代』一九九九

投　馬　国—近畿説の場合

米田克彦

一　投馬国をめぐって

魏志倭人伝の投馬国に関する記事は、「南して投馬国に至る。水行二十日。官を彌彌と曰い、副を彌彌那利と曰う。五万余戸可り。」と、ほかの国に比べて極めて短文であるにもかかわらず、投馬国の候補地は九州、瀬戸内海沿岸、日本海沿岸の山陰各地に比定されてきた。邪馬台国の所在を近畿に求めた場合、投馬国は地理的に見て中・四国地方のどこかに比定できる可能性が高く、考古学的な研究成果に基づいて「吉備地方」（キビ）に比定する研究者も少なくない。[註1]

二　瀬戸内海とキビ

（一）瀬戸内海の特徴

瀬戸内海は一見すると波が穏やかに見えるが、実は潮の干満差が約二～三メートルと著しく、海峡・島・岬の先端や内湾では潮流が複雑かつ速い。しかも潮流は瀬戸内海の中央部（備後灘付近）を境として、東西にそれぞれ逆向きに生じ、その方向は一日二回約六時間ごとに逆行する。図1左は海上保安庁潮流図をもとに、満潮に向かうときの最強時の潮流を模式的に示したものである。これによると、備讃瀬戸や来島海峡は狭い海域に多くの島々が群在することにより、瀬戸内海の中でもとくに潮流が複雑で流れも速いことがわかる。さらに備讃瀬戸は瀬戸内海の中でも海底が隆起していることから浅海で、干満差が著しいことや風が強いことも相俟って、座礁する危険性も高く、現代でも難所とされている。

弥生時代の水上交通手段には、丸木舟や準構造船がある。[註2]岡山県の足守川下流域でも津寺遺跡で二艘の船室を持つ双口の船を描いた壺、足守川加茂A遺跡では四隻の船団を描いた壺片（図1右）が出土しており、古墳時代初頭にはキビ近海を準構

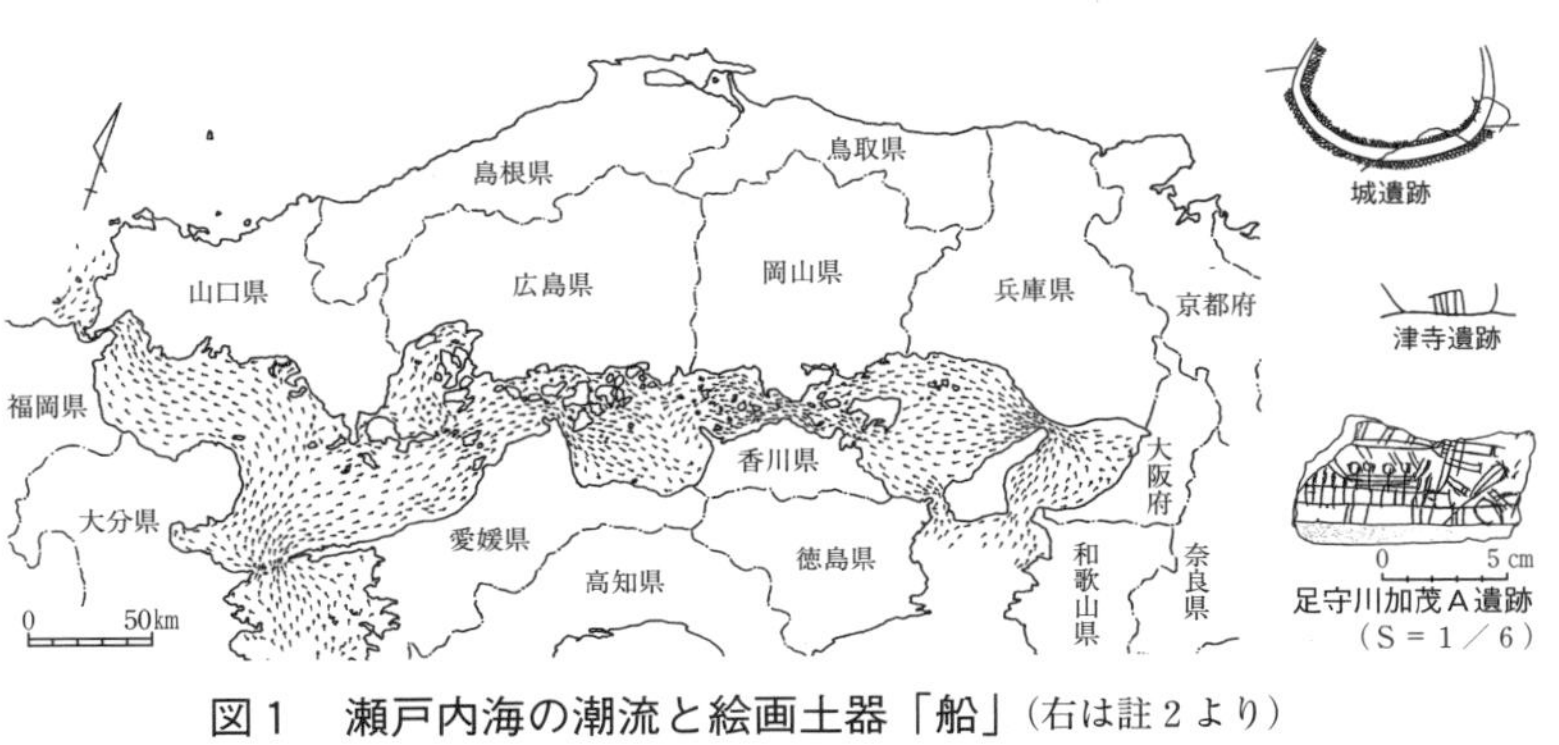

図1　瀬戸内海の潮流と絵画土器「船」（右は註2より）

造船の船団が行き交っていたことだろう。準構造船は丸木舟よりも安定性が確保されるようになったが、原動力を持たないため、瀬戸内海では潮流に逆らって航行することが難しく、潮流に順行するためには潮待ちをしなければならないことから一日の航行距離が限られる。

（二）瀬戸内海沿岸の地形と穴海

岡山県の三大河川である吉井川、旭川、高梁川は、中国山地に端を発し、県北部の盆地を経ながら南流して瀬戸内海に注ぐ。いずれの河口も児島湾の東西約三〇キロのごく狭い範囲に収斂する。このほか、とくに注目しておかなければならない水系は、高梁川と旭川の間を南流する足守川である。岡山平野はこれらの下流域に近接して形成された沖積地が複合したもので、狭い微高地や低丘陵上に数多くの遺跡が密集して分布している（図2右）。

現在、岡山県南部には約二万五千ヘクタールの耕地面積を持つ広大な岡山平野が広がっているが、このうち約八割は中世以降の干拓地である。干拓以前は標高一メートル前後の内陸部まで内海が広く湾入しており、現在の児島半島は「島」であった（図2左）。穴海は「嶋で囲まれた沿岸部が袋穴のように入りこんだ海峡」のことであるから、復元された当時の地形や古墳時代前半期の首長墓の分布から見て岡山平野と児島の間にも穴海があったのではないかと推測されている。（註3）

多島海地形で潮流が複雑な備讃瀬戸を安全に航行するためには、穴海を経由することは必須である。邪馬台国時代に魏や帯方郡と倭を往来した使者であれば安全に航行するのはなおさらであるから、彼らも穴海を経由した蓋然性が高いだろう。倭人伝には、伊都国ないし不弥国から水行二〇日で投馬国、さらに水行一〇日と陸行一月で邪馬台国に辿り着くことが記されている。邪馬台国の所在を近畿に求めるならば、水行の舞台は瀬戸内海となる。投馬国および邪馬台国に至る航路は具体的に記されていないが、時代は違えど、松原弘宣が『万葉集』（巻一五）をもとに復元した遣新羅使船の航路や行

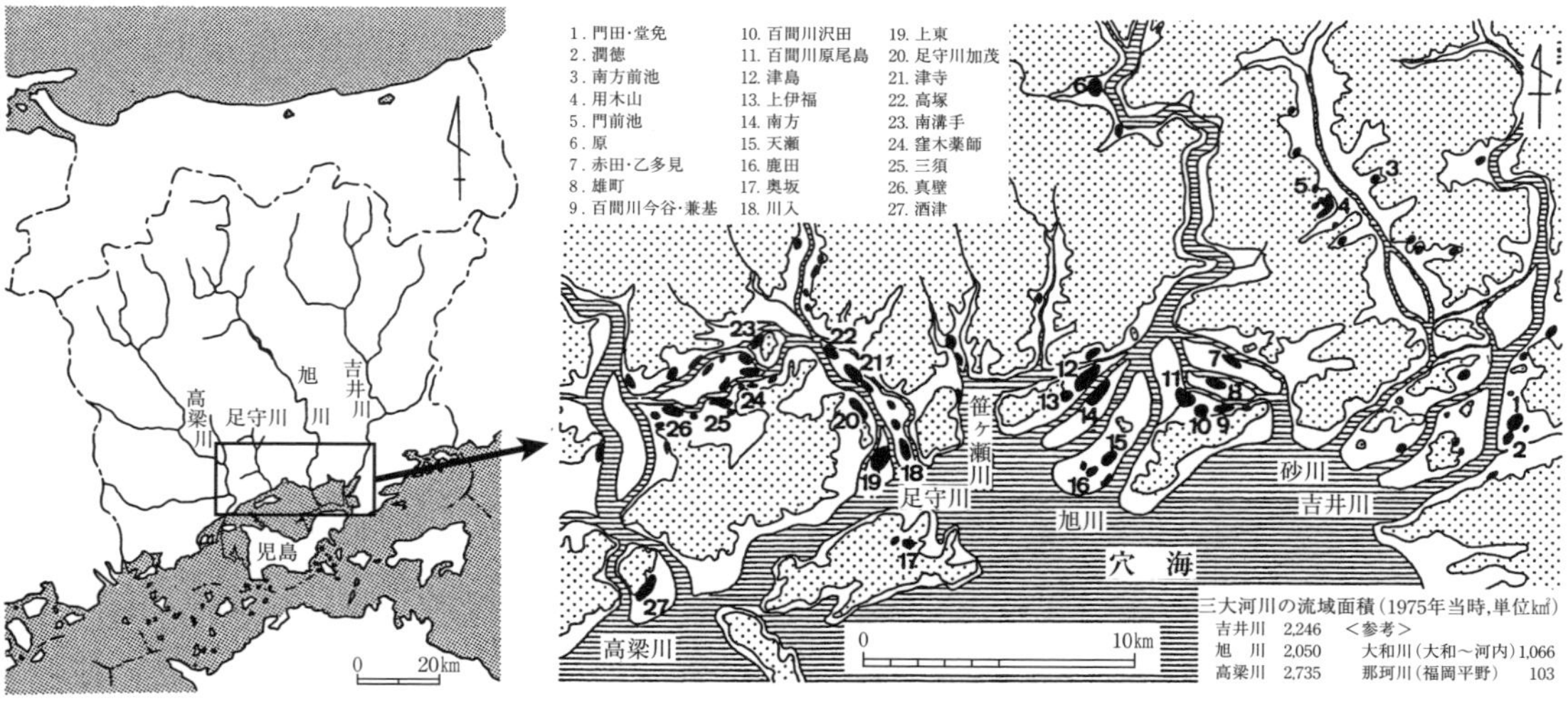

図2 岡山平野の地形とおもな弥生集落（右は註13に加筆）

程は大いに参考になろう。(註4)

三　キビ中枢の玄関口

穴海に面した港湾関連の遺跡として、邪馬台国時代の足守川河口部に位置する上東遺跡がある（図3）。同遺跡は五つの狭長な微高地からなり、集落は主に弥生時代中期末から古墳時代前期にかけて営まれている。遺構密度から集落の中心となるのは鬼川市微高地と考えられ、標準的な規模の竪穴住居が一八軒、その周辺には夥しい数の土坑が群をなし、複雑に重複する。また鬼川市微高地中央には製塩炉、微高地西側には居住域とは隔絶するように乳幼児を葬った土器棺墓群が配置されたほか、微高地最西端では幅広の溝に多量の土器などを廃棄して土器溜まりが形成されている。さらに弥生時代後期から古墳時代初頭の井戸が計二九基と数多く確認されており、微高地の縁辺部に偏在する。このように上東遺跡は、居住域、墓域、祭祀空間、生業域を計画的に配置した臨海性の集落と言える。(註5)

さらに鬼川市微高地の南端から南東へ約七〇〇メートル離れた地点には、土手状の高まりを呈する波止場状遺構がある。この地点より南約一キロは早島まで遺跡が分布しないこと、同遺構に使用された杭には船虫の虫害痕跡が多く認められるこ

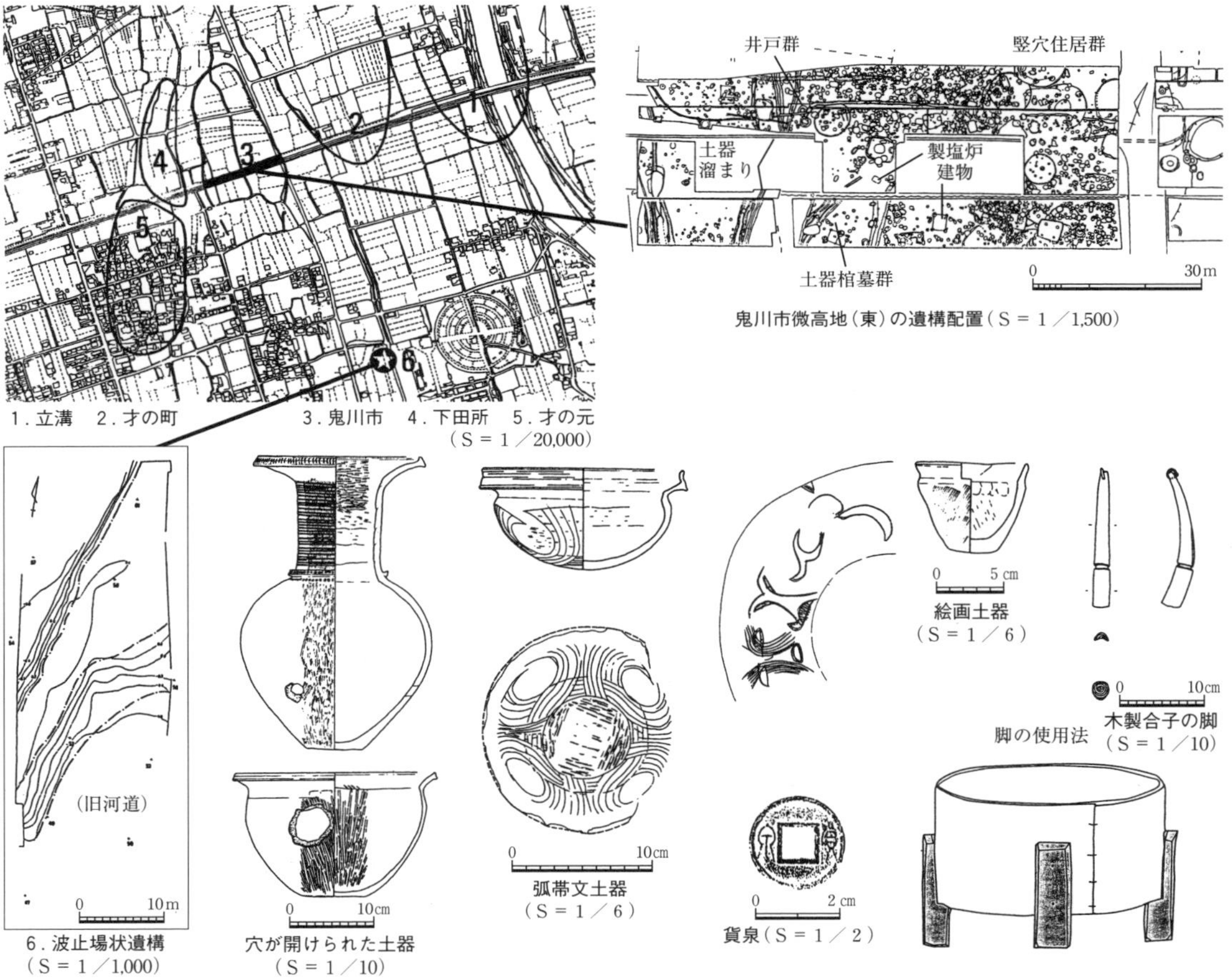

図3　上東遺跡の位置・主要遺構および遺物（註5・6・9より）

とから、穴海が目前に迫っていたことが想定される。波止場状遺構の全貌は定かではないが、検出長四五メートル、幅五～一四メートル、高さ一・二メートルを測り、弥生時代の土木構築物としては格段に大きな規模を誇る。同遺構については、発掘調査報告書(註6)に加えて下澤公明(註7)や渡邉恵里子(註8)によって再検討されているように、規模の大きさだけでなく、杭列と敷葉工法を併用した特殊な土木技術を用いることで、強固かつ安定的な盛土を主体とした遺構を構築しているところに特徴がある。構築は弥生時代後期中葉に短期間で行なわれ、弥生時代後期末まで使用されたが、古墳時代前半期には機能を失っていたと考えられている。

　この波止場状遺構の南斜面から旧河道への落ち込みでは、多種多様な遺物が大量に出土しており、内容のみならず出土状況も特筆される（図3下）。弥生土器は完形品が多い上、体部に穴を意図的に開けた非実用の土器が計八九点もあったり、ほかにも黥面など四つのモチーフを描いた鉢、竜を描いた壺、孤帯文を配した鉢などの絵画土器や卜骨が見つかるなど、祭祀的性格が強い遺物が目立つ。さらに同遺構から出土した瓦質土器や貨泉は対外交流を裏付けるほか、精製の木製組み合わせ式合子の脚のように首長個人に関わる遺物(註9)も出土していることから、波止場状遺構の構築や祭祀の主体者は瀬戸内海を介して対外交流を担っていた首長であったことが示唆される。同遺構の性格については、船着き場や祭場など評価が一様ではないが、瀬戸内海を拠点として対外的な交流を行なうために、高度な技術と相当の労働力を投下して構築された、重要な構造物であることは間違いなく、その構築には上東遺跡だけでなく足守川下流域の諸集落を統轄した首長が関与したことを想定したい。

四　キビにおける集落の動向

瀬戸内海沿岸の集落は、弥生時代中期末から後期前葉を画期として、大きな転換期を迎える。穴海周辺では、中期後半をもって児島周辺の島嶼部で集落が突如衰退する一方、足守川下流域や旭川下流域で集落数が大幅に増えるだけでなく集落規模が急速に拡大する。このことは、備讃瀬戸において塩生産の場が中期後葉は児島や小豆島周辺にまとまっていたのに対し、後期前半になって北四国や山陽の沿岸部に移っていく現象とよく符合する。(註10)このように集落が再編されるとともに遺跡および竪穴住居が急増する背景には、急激な人口増加が要因の一つにあげられる。それは単なる人口増加ではなく、隅丸方形の竪穴住居を指向するなど新たな生活様式を選択する移住者が多かったことを重根弘和は指摘する。(註11)このほか、児島周辺や足守川下流域の集落動向を参考にすると、中期末を画期として備讃瀬戸の主要航路が児島の南側から北側へ、つまり穴海を経由した航路に切りかわった蓋然性が高いこともその要因の一つと考えたい。

　後期を通じて足守川および旭川下流域の集落は、個々の遺跡で竪穴住居数が多少増減するものの、中核となる集落が近接する遺跡間で流動的に動くため、各流域全体で見ると大きな変動はなく、高い集住性を保ちながら安定的に集落群が継続して営まれる。例えば、足守川下流域を見ると、後期前葉は高塚遺跡と津寺遺跡、中葉は津寺遺跡と足守川矢部南向遺跡、後葉は加茂政所遺跡に加えて後葉～後期末は高塚遺跡や足守川加茂A遺跡、古墳時代初頭は津寺遺跡というように、中核的な集落が絶えず移動する。(註12)これと同様の傾向は、旭川下流域でも前期から後期にかけて恒常的に認められる。まず、旭川下流域右岸を見ると、前期は津島遺跡、中期は南方遺跡、後期から古墳時代前期は津島遺跡、伊福定国前遺跡、鹿田遺跡に集落の中心が移動する。対する同流域左岸の百間川遺跡群でも、前期は沢田遺跡、中期は兼基・今谷遺跡、後期は原尾島遺跡に集落の中心が移り変わる。こうした集落の流動性の高さは松木武彦も強調しており、キビの集落が不安定な平野部の微高地に立地するために、継続的な集落の営みが困難であったことが要因であったとする。(註13)

さらに積極的な水田経営もキビの特質と言える。草原孝典が明らかにしたように、キビでは集落の変遷と水田経営が密接に結びつく。(註14)百間川遺跡群に代表される旭川下流域のような沖積平野の集落では、耕地を限りなく拡大できる反面、洪水による被害を多分に受けやすい。一方、足守川下流域では、個々の集落規模に見合った水田を丘陵裾部の狭い扇状地に開発するとともに、近隣の集落が協同して氾濫原に大規模な水田を開発することで、洪水などの被害を受けにくい水田経営を行なうことができた。こうして足守川下流域では、個々の集落が一定の規模を保ちながら次第に拡大していくことができ、古墳時代初頭になって津寺遺跡のようなキビを代表する大規模集落に発展したと考えられる。

倭人伝によると、投馬国には「五万余戸可り」の人家があったことが記されている。「五万余戸可り」という表現は感覚的なものであろうが、「七万余戸可り」の邪馬台国に継ぐ規模で、「二万余戸」の奴国を遥かに凌ぐ。穴海から沿岸部を望んだとき、近接する微高地や低丘陵に竪穴住居が密集して軒を連ね、しかも高梁川下流域から吉井川下流域まで東西約三〇キロにわたって一定規模の集落が同じように連続する景観は、地域的に大きくまとまったクニと映ったに違いない。

五　青銅器の終焉

キビでは弥生時代の青銅器は決して多くないが、足守川流域には注目すべき青銅器がある。まず一つは、伝・岡山市上足守の福田型銅鐸である。この銅鐸は鐸身に怪眼表現を鋳出し、中期末〜後期初頭に北部九州で製作されたと理解されており、全国的に見ても佐賀県吉野ヶ里、島根県推定出雲、鳥取県伝伯耆、広島県福田、伝・岡山市上足守の五例しかない。これらを検討した北島大輔は、中国地方各地に点在する分布状況や当該期に各地域では集落規模が拡大することから、地域社会の結束を強化・維持していくために、青銅器の共同祭祀という新たな社会秩序の創出を求めて、北部九州と中国地方各地との相互交流が活発化したことが同銅鐸を受容した背景にあったと想定した。(註15)北部九州とキビの交流は、福田型銅鐸以外に土器からも窺える。平井典子によると、後期前葉になって、北部九州と備讃地域の間で相互に土器が遠隔地移動することから両地域間の交流が活発化し始め、さらに後期中葉に限って、北部九州では吉備系土器が積極的に模倣されていることから、備前・備中南部より多くの移住者がいたように考えられている。(註16)

もう一つ、高塚遺跡の青銅器群にも注目したい(図4左上)。高塚遺跡は、足守川下流域において津寺遺跡と並んでいち早く集落規模が大きくなる。後期前葉、集落規模がピークを迎えたとき、集落中心部に完形の突線鈕式流水文銅鐸が埋納されたほか、袋状土坑には貨泉二五枚が一括投棄された。また後期後葉の突線鈕式袈裟襷文銅鐸片、後期末の棒状青銅製品も出土している。後期前葉に本遺跡

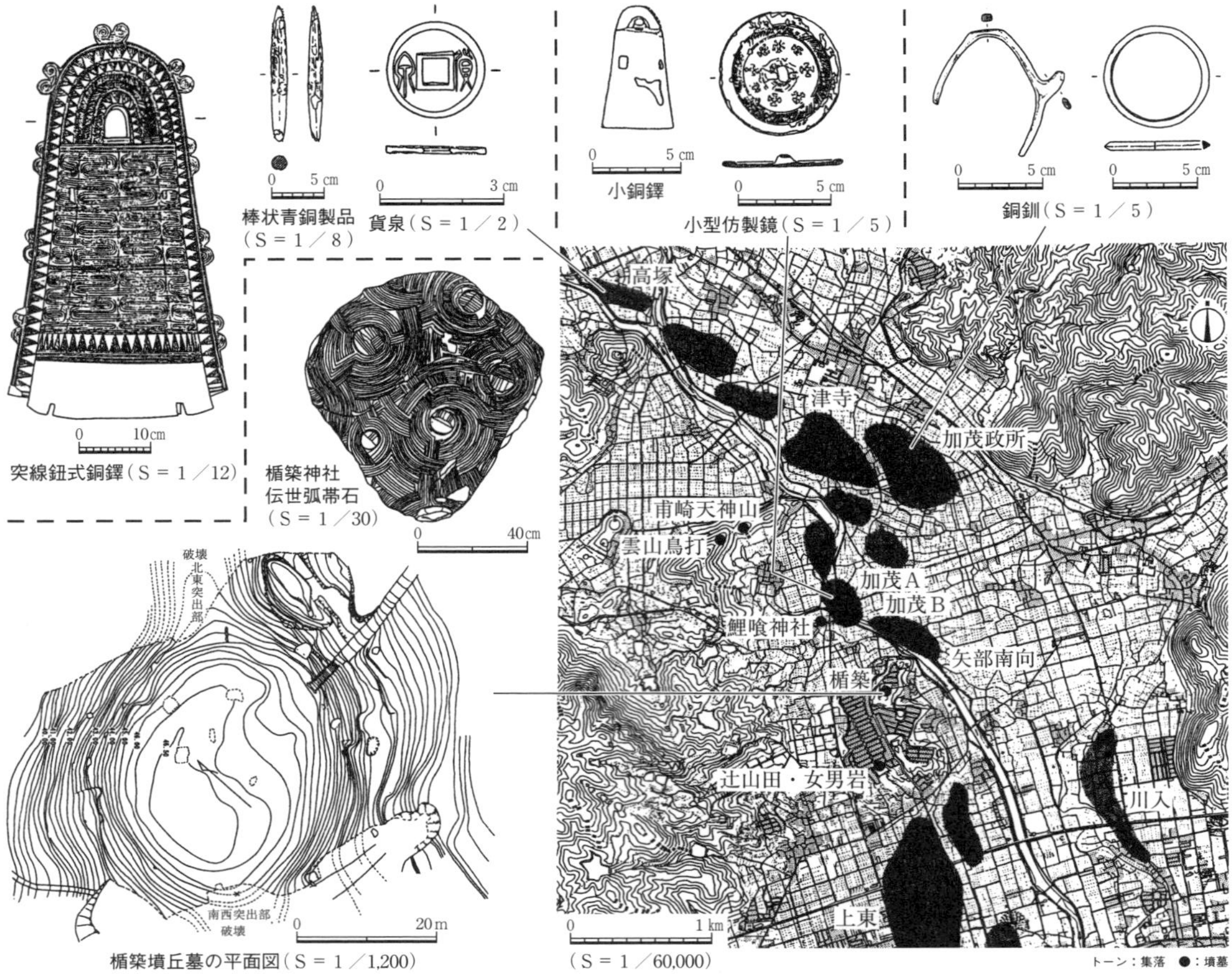

図4　弥生時代後期後半の足守川下流域における遺跡分布および青銅器と楯築墳丘墓（註12・18より）

で銅鐸埋納することでいち早く同流域の銅鐸祭祀が終焉を迎えたことは、後期後葉に墳墓が飛躍的に発展していくことと併せて大変興味深い。

　このほか、キビの集落出土の青銅器を見ると、後期後葉以降に足守川および旭川下流域の諸集落で銅鏃が急増するほか、後期後半から古墳時代前期にかけて小型仿製鏡や重圏文鏡、円環型および有鉤銅釧、小銅鐸などが足守川下流域に偏る傾向が強い（図4上）[註17]。

六　墳墓の発展

　キビでは弥生時代前期から中期にかけて木棺墓や土壙墓が造られ、集落内の一角に墓域を形成する。ところが後期前葉を迎えると、集落に近隣する別の丘陵上に墓群が独立して立地し、丘陵尾根全体に木棺墓および土壙墓が一定の範囲に群集または複数の群に分かれて配置される。前内池遺跡、みそのお遺跡、甫崎天神山遺跡、前山遺跡などがその典型で、後期後葉～末まで造墓が長期継続する。ほとんどの遺跡では墓壙の規模や構造、副葬品の内容が際立つような墓は認め難く、均質的な墓で構成されることが多いが、なかには墓群に区画を設けたり、特別な遺物を副葬して集団や個人の区別を明示するものが現われるようになる。

　なかでも、後期後葉になって区画を持つ墓が飛躍的に発達する。その筆頭が楯築墳丘墓である（図4左下）[註18]。同墓にはそれまでキビで見られなかった要素が凝縮されている。まず墳形が双方中円形である点が目をひく。径四〇メートルの円丘が中央にあり、その北東と南西の対面する二方向に長さ二〇メートル前後の方形を呈する突起部が付くもので、ほかに類を見ない。突起部を含めた墳長は約八〇メートル、墳高は約五メートルと復元され、弥生墳丘墓のなかで突出した規模を誇る。円丘頂部には中心の埋葬施設を取り囲むように、高さ二～三メートルの巨石が五個立てられ、墳丘斜面には墳形を縁取るように二重の列石が巡る。埋葬施設は複数あるが、中心埋葬施設は木棺を複雑な構造の木槨で囲うという丁寧なもので、棺槨には排水施設を設けている。棺内には三二キログラム以上の大量の朱が充填され、被葬者を手厚く納めた。副葬品には鉄剣一口と多数の玉類がある。なかでも歯片の付近で見つかった連珠状態の玉類は、単体のヒスイ製定形勾玉と瑪瑙製棗玉に二七個の碧玉製管玉が連なることから首飾りと考えられる。この勾玉と管玉の組み合わせはキビでは同墓で初めて採用された。そして埋葬施設を覆い尽くした円礫堆では、特殊器台、特殊壺、脚付小壺や高坏をはじめとした大量の土器群、複雑な帯状の文様を全面に施した孤帯文石、人形や勾玉、管玉を象った土製品、鉄片がことごとく破砕された状態で見つかっている。楯築墳丘墓は個性的な墳形と突出した規模、複雑な構造を持つ埋葬施設、孤帯文石をはじめとする特異な遺物などから前代未聞の墳丘墓と言える。しかも同墓は単なる墳墓ではなく、この場においてキビの首長同士の政治的な結束をさらに強め、社会の階層化を進めるために、特殊器台・特殊壺を用いるキビ共通の葬送儀礼・祭祀が挙行されたことが想定される。以後、キビでは楯築墳丘墓に比類するような規模や墳形の墳墓は確認されていないが、足守川下流域では弥生時代後期末にかけて、立坂墳丘墓、雲山鳥打一号墓、鯉喰神社墳丘墓、矢藤治山墳丘墓が引き続き造られ、特殊器台祭祀やヒスイ製勾玉の副葬も継承される。そして古墳時代になって特殊器台型埴輪が大和の初期前方後円墳に導入されていることから、大和王権の成立にキビが深く関わっていたと見て差し支えない。

七　クニの領域

分銅形土製品は、弥生時代中期中葉から後期にかけて中・四国地方を中心に分布するが、その多くはキビに集中する（図5―1）。光本順によると、分銅形土製品の四系列のうち、上縁部が重弧文によって構成されるA系列のほとんどが岡山県南部に集中することが指摘されている[註19]。同系列の分銅形土製品は中期中葉に出現することから、この頃にキビの地域的なまとまりの萌芽が見てとれる。

上東式土器は、後期前葉から後葉にあたる当地域の代表的な土器様式である。図5―2に示したように、上東式土器後半期の分布圏は大きく見ると岡山県南部中央に限定されるが、土器の製作技法や仕上げ精度の差異によって足守川および旭川下流域を中央圏、高梁川下流域および同水系小田川流域を西圏、吉井川下流域の邑久千町平野および同水系砂川流域を東圏とする三つの範囲に細分することができる[註20]。

キビでは弥生時代後期後葉に、大形墳丘墓が出現すると同時に特殊器台・特殊壺が成立する。それらは主に大形墳丘墓から出土することが多いことから、首長の葬送儀礼・祭祀に用いられたと考えられている。宇垣匡雅（註21）によると、キビ以外に、第一型式〈立坂型・楯築型〉および第二型式〈中山型〉の段階は島根県西谷墳墓群、矢野遺跡、後期末の第三型式〈向木見型〉は備後北部や河内、古墳時代初頭に相当する第四型式〈宮山型〉は奈良県箸墓古墳をはじめ、大和において出現期の古墳にも局地的に出土することが言及されている。特殊器台の成立から盛行、終焉に至るまで一貫して分布するのはキビ中枢の足守川下流域（図5—3）であり、その周辺を含めた濃密な分布は首長間が強く紐帯したことを示すものと考える。

中・四国地方の弥生時代ヒスイ製勾玉は、後期になるとキビの足守川下流域の墳丘墓に集中するほか、山陰地方、四国各地の一部に点在している（註22）。なかでも後期後葉～末葉になると、北部九州で盛行していた定形勾玉の同形品が楯築墳丘墓を初現として、短期間ながら足守川下流域に位置する雲山鳥打一号墓、楯築墳丘墓、鋳物師谷一号墓にも限定して副葬され、その周辺ではヒスイ製亜定形または半玦型勾玉も散見されるようになる（図5—4）。

以上の遺物は性格や用途が異なるものの、いずれもキビの足守川下流域を中心として濃密に分布し、西限は高梁川水系小田川流域、東限は吉井川下流域の範囲に収まることが共通する。その範囲は、穴海に面して沖積平野が東西に連続する地域でもある。この地理的文化的にまとまる地域こそがクニの領域に相当し、古墳時代になって「吉備」と呼ばれる地域の骨格をなしたことは想像に難くない。

八　投馬国を中継して

最後に瀬戸内海を舞台にキビを中継した交流について触れ、まとめとしたい。交流を知る手がかりの一つに土器の移動がある。弥生時代後期末から古墳時代前期にかけて、土器は通常の製作および使

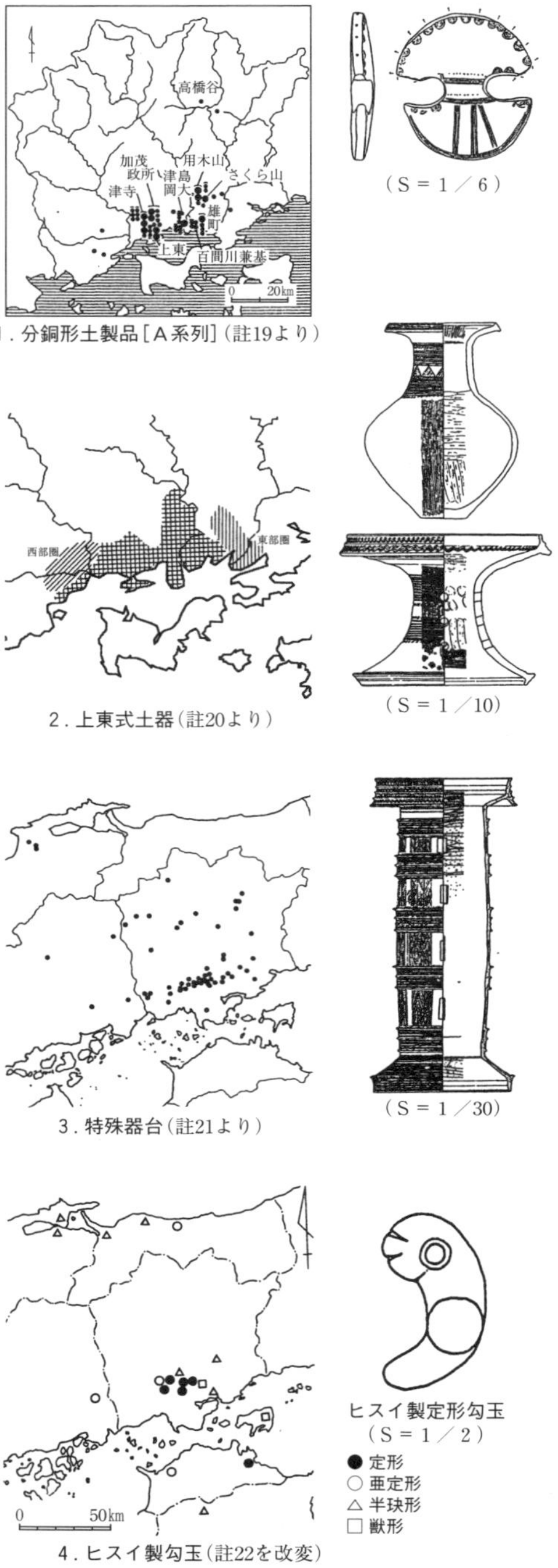

図5　キビに特徴的な遺物の分布

用範囲を越えて活発に移動するようになり、キビにも河内、山陰、播磨、摂津、大和、東海、讃岐、阿波、北陸など多方面から数多くの土器が搬入される(註23)。とくに足守川下流域の諸集落に集中する傾向が強く、なかでも古墳時代前期の津寺遺跡には近畿、山陰、四国系統の土器が数多く集まる(註24)。

逆に、弥生時代後期末から古墳時代前期にかけてキビから搬出された土器は、宇垣によって出土分布や個体数が網羅的に把握され、瀬戸内海沿岸部を中心に東は大和盆地、西は北部九州の博多湾や有明海沿岸にまで広範に分布していることが明らかにされている(註25)。なかでも大阪府中田遺跡、西岩田遺跡が位置する河内中部の大和川流域には、他地域に比べて吉備系土器が局地的かつ継続的に集中している。その量や多様な器種構成、特殊器形埴輪の分布から、キビより河内中・南部へ長期にわたって人々が移動し、そこを拠点として纒向遺跡を中心とした大和東部地域と交流していたことが想定されるに至った。

さらに次山淳は、吉備形甕が福岡市西新町遺跡をはじめとして北部九州の博多湾沿岸にも局地的に集中することを強調し、その分布状況から「博多湾沿岸から周防灘をとおり、高縄南東の松山平野、今治平野、芸予諸島から備後東南部、吉備、播磨、摂津沿岸をへて大阪湾から河内湖、大和川、大和」という道筋を想定し、瀬戸内海の基幹ルートを復元した(註26)(図6)。キビはその中間に位置し、基幹ルートが瀬戸内海南岸から北岸に切りかわる重要な結節点に位置づけられる。吉備形甕がキビを起点として、瀬戸内海沿岸の東西双方向に広域かつ遠距離に移動していることは、安定した航行を行なうために穴海を経由するとともに、潮待ちや食糧調達などの目的でもキビに中継することが多かったものと考える。さらに北部九州の博多湾沿岸、近畿の大阪湾沿岸および大和に吉備形甕が局地的に集中することは、両地域が瀬戸内海交通の発着地点であったことを意味する。

邪馬台国が近畿に所在したという説に立脚した場合、投馬国がキビに比定されることについては、平井勝が同地域における集落の構成や動向を丹念に分析することで、クニが「投馬国」から「吉備国」へ発展することを証明しようと試みた(註27)。このことについては未だ決着しないが、本稿において瀬戸内海における位置、地理的環境、集落や墳墓の実態や動向、青銅器や特殊な遺物の受容、土器の移動などを考古学的に検討した結果から見ても妥当性は高く、瀬戸内海交通のなかでキビが重要な中継地であったことは確かである。

(註1) 西谷　正『魏志倭人伝の考古学』学生社、二〇〇九

(註2) 佐原　真「弥生・古墳時代の

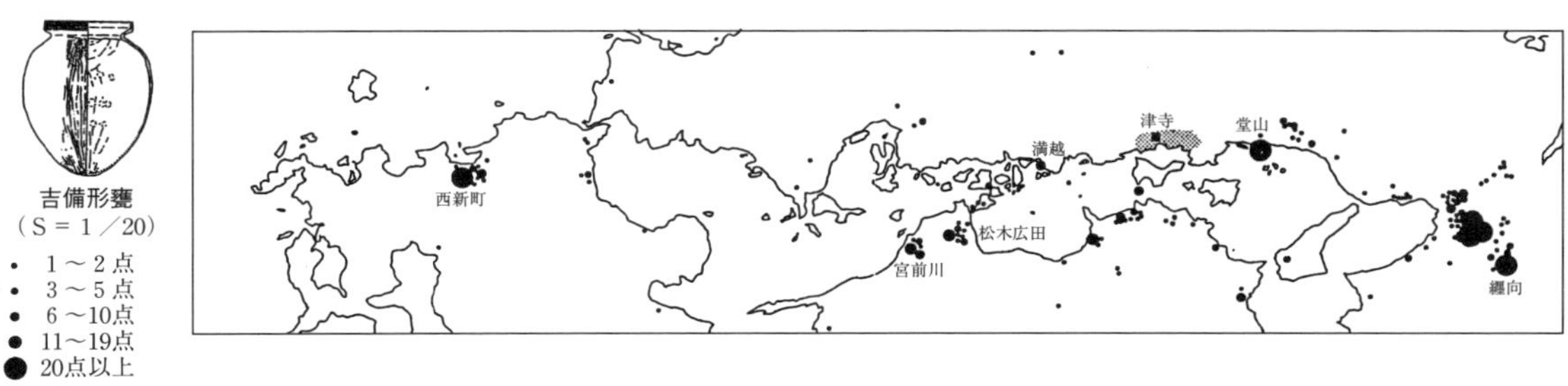

図6　瀬戸内海ルートと吉備形甕の分布（註26より）

船の絵」『考古学研究』四八―一、考古学研究会、二〇〇一

(註3) 門脇禎二『吉備の古代史』山陽放送、一九八八

(註4) 松原弘宣『古代国家と瀬戸内海交通』吉川弘文館、二〇〇四

(註5) 小林利晴「岡山県上東遺跡」西谷　正編『邪馬台国時代の国々』季刊考古学・別冊9、雄山閣、一九九九

(註6) 岡山県教育委員会『下庄遺跡　上東遺跡』岡山県埋蔵文化財発掘調査報告一五七、岡山県教育委員会、二〇〇一

(註7) 下澤公明「上東遺跡波止場状遺構の再検討」『古文化談叢』五二、九州古文化研究会、二〇〇五

(註8) 渡邉恵里子「上東遺跡の『波止場状遺構』」『季刊考古学』一〇二、雄山閣、二〇〇八

(註9) 樋上　昇「木製容器からみた弥生後期の首長と社会」『木・ひと・文化~出土木器研究会論集~』出土木器研究会、二〇〇九

(註10) 大久保徹也「備讃地域における弥生後期土器製塩の特質」『環瀬戸内海の考古学』平井　勝氏追悼論文集・上巻、古代吉備研究会、二〇〇二

(註11) 重根弘和「岡山県南部の弥生時代集落遺跡」『環瀬戸内海の考古学』平井　勝氏追悼論文集・上巻、古代吉備研究会、二〇〇二

(註12) 江見正己「弥生時代の集落変遷」『高塚遺跡　三手遺跡2』岡山県埋蔵文化財発掘調査報告一五〇、岡山県教育委員会、二〇〇〇

(註13) 松木武彦「吉備の弥生集落と社会」大阪府立弥生文化博物館編『弥生時代の集落』学生社、二〇〇一

(註14) 草原孝典「集落遺跡の変遷からみた水田経営の画期」『環瀬戸内海の考古学』平井　勝氏追悼論文集・上巻、古代吉備研究会、二〇〇二

(註15) 北島大輔「福田型銅鐸の型式学的研究」『考古学研究』五一―三、考古学研究会、二〇〇四

(註16) 平井典子「弥生時代の後期における中部瀬戸内と北部九州の交流」『古代吉備』古代吉備研究会、一九九七

(註17) 前掲註11に同じ

(註18) 近藤義郎編『楯築弥生墳丘墓の研究』楯築刊行会、一九九二

(註19) 光本　順『身体表現の考古学』青木書店、二〇〇六

(註20) 高橋　護「弥生後期の地域性」近藤義郎編『吉備の考古学的研究』(上)、山陽新聞社、一九九二

(註21) 宇垣匡雅「特殊器台・特殊壺」近藤義郎編『吉備の考古学的研究』(上)、山陽新聞社、一九九二

(註22) 米田克彦「勾玉祭祀の波及―中国地方を中心に―」『考古学と地域文化』一山典還暦記念論集、二〇〇九

(註23) 亀山行雄「吉備地域の古式土師器」『古式土師器の年代学』財団法人大阪府文化財センター、二〇〇六

(註24) 前掲註11に同じ

(註25) 宇垣匡雅「大和王権と吉備地域」松原弘宣編『瀬戸内海地域における交流の展開』名著出版、一九九五

(註26) 次山　淳「古墳時代初頭の瀬戸内海ルートをめぐる土器と交流」『考古学研究』五四―三、考古学研究会、二〇〇七

(註27) 平井　勝「岡山地域における弥生時代のムラとクニ(上)―投馬国から吉備国へ―」『古代吉備』二一、古代吉備研究会、一九九九、「同(下)」『古代吉備』二三、二〇〇一

邪馬台国—九州説の一例
佐賀県吉野ヶ里遺跡の発掘成果から

七田忠昭

一　はじめに

邪馬台国の所在地については、江戸時代の新井白石や本居宣長などにより、地名との関連や記紀の記述との関わりなどから論争が始まり、明治時代の白鳥庫吉と内藤湖南による論争以来、九州説と近畿大和説とに大きく分かれて論争が続いた。明治以来日本でも発展していた考古学からのアプローチも大正時代末から始まり、高橋健自(註1)や小林行雄(註2)による近畿説が考古学研究者に浸透していった。

このような状況の中、弥生時代の集落跡や墓地跡の発掘調査が進展し、一九八九（平成元）年に明らかになった佐賀県吉野ヶ里遺跡の発掘成果は、「物見櫓の上から邪馬台国が見える」などと、停滞していた論争を再び活気づけた感があった。その後の福岡県平塚川添遺跡や長崎県原の辻遺跡など弥生時代後期から終末期にかけての大規模集落跡の発掘により、九州北部の邪馬台国時代の発展性が改めて明らかになってきたといえる。さらに、その南、東海地方説が謳われる以前の狗奴国所在地の有力候補であった熊本地方での方保田東原遺跡、うてな遺跡、二子塚遺跡など有力集落跡の発掘は、邪馬台国に都を置いた倭女王卑弥呼が魏皇帝に救援を願うほど緊迫感をもって存在していたことを想起させた。

近畿大和説において邪馬台国中枢の最有力候補地であった奈良県纒向遺跡では、二〇〇九年秋に整然と東西一列に配置された大型建物を含む建物跡群などの発見で、再び大きく注目されることとなった。特定の遺物を論拠としない、遺跡や遺構を資料として九州、近畿両説の議論を本格的に始めることができる段階に至ったと考えられるし、また、他地方での弥生時代から古墳時代初頭の遺跡の目覚ましい発掘成果は、地域国家とも呼べる地域ごとのまとまりが各地方に存在していた邪馬台国時代の状況を示したということができる。これらの問題も含めて論を深めなければならない。

前漢代より朝貢外交を続けていた倭であったが、邪馬台国に都した倭国もまた積極的な朝貢外交により魏帝国の傘下に入ったことは魏志倭人伝が記すとおりである。一九二二（大正一一）年に東京帝室博物館の高橋健自が述べたように、邪馬台国は「当時の政治・文化の中心であり、中国文化の影響が大きかった場所」だったに違いない。そして、集落跡の発掘調査や研究が進みつつある今、その証拠は考古資料としてすでに何らかの形で我々の前に現われているはずである。

近年の九州説については、奥野正男や安本美典、高島忠平などによって唱えられているが、いずれも筑後川流域の筑紫平野一帯にその存在を比定している。最近は、真野和夫や片岡宏二など九州在住の考古学研究者も考古学の立場から九州北部の遺跡を詳細に分析し、九州説を説いている。真野は、邪馬台国は福岡県の筑後八女地域に存在したと推定し（註3）、片岡は、筑紫平野の広域的な範囲を推定（註4）した。

筆者は里程や距離に関する記事には疎いのでここでは触れないが、片岡の倭人伝が記す方向は「次のクニの集落へ向かう出立の方向」という考えは興味深い。本稿では、集落構造の変化や墓地から出土する中国の権威を帯びた威信財などから垣間見ることができる中国王朝との外交をキーワードに、九州説候補地の一つである吉野ヶ里遺跡を中心とした佐賀・神埼地方を参考にしながら、邪馬台国の中心集落の様相について考えてみたい。邪馬台国所在地が論議されるのは、言うまでもなく倭人伝の記事に倭国の都が置かれた国だと記されているからである。邪馬台国問題は、まず倭人伝の記事と考古学のこれまでの成果を比較検討することこそが重要であると思われる。

二　邪馬台国時代の吉野ヶ里遺跡

吉野ヶ里遺跡では、一九八六（昭和六一）年から現在も発掘調査は継続され、縄文時代晩期後半（弥生時代早期）から弥生時代全時期、さらには古墳時代初頭にかけての集落や墓地、生活や祭祀、階層や社会組織、国際交流のありさまを知る情報を発信し続けている。（註5）

九州北部の弥生文化をリードした中核的集落跡と考えられる遺跡は、福岡平野や糸島平野、唐津平野などを中心とする玄界灘沿岸地方と、佐賀平野・筑後平野、あるいは筑後川流域地域を含めた有明海沿岸地方に主に分布する。玄界灘沿岸地方は、倭人伝の記述や後の地名などから、末盧国・伊都国・奴国に比定されているが、考古学の成果もこれを裏付けている。邪馬台国を九州に求めるならば、おのずと有明海沿岸ということになる。

この有明海沿岸地域の弥生文化は、九州北部弥生文化の中心と言われる玄界灘沿岸のそれとは様相を異にする。有明海沿岸の弥生文化は、河川の豊富な水と肥沃な平野といった大人口の抱擁を可能にした自然環境のもと、朝鮮系無文土器や初期青銅器鋳型など朝鮮半島系文物の集中的出土などから理解できるように、稲作導入期から大陸文化の色濃い内容をもっていた。そして、邪馬台国時代には、中国城郭の城壁構造を取り入れた特異な集落構造をもつという独特な文化圏を形成していた。

吉野ヶ里遺跡の発掘調査は、その対象面積も四〇ヘクタールを超える広大なものとなった。縄文時代晩期後半から環壕を備えた地域の拠点として段丘上に存在し、活発な農業生産や前期後半から開始された青銅器生産などにより、中期前半には首長権の確立を示す大規模墳丘墓が築造され、拠点を北へと移動しながら規模を拡大した。後期終末期のいわゆる邪馬台国時代には様々な記念物的な施設を充実させ、ついには都市的な集落へと拡大発展した姿を読み取ることができるまでになってきた。

後期には、前期・中期の環壕集落域や北の墳丘墓を取り込むように広範囲な区域を取り囲む環壕（外環壕）が掘削され、南北約一キロ、東西約〇・六キロの四〇ヘクタールを超える規模の大規模環壕集落へと発展する。後期前半（後一世紀～二世紀）の間は、段丘の周囲を巡る大規模環壕によって囲まれた内側に竪穴住居を主体とする居住区を、また、この外環壕の西外側に高床倉庫と考えられる掘立柱建物群を設けていた。この倉庫群は後期後半から終末期（後二世紀～三世紀）まで営まれ続けるが、その西の段丘裾部にはこれらを取り囲むかのように掘削された壕が存在している。この大規模な高床倉庫跡群は、配置、重層建物の存在などの構造や規模からクニ全体の備蓄のみならず市の可能性も考える必要がある。

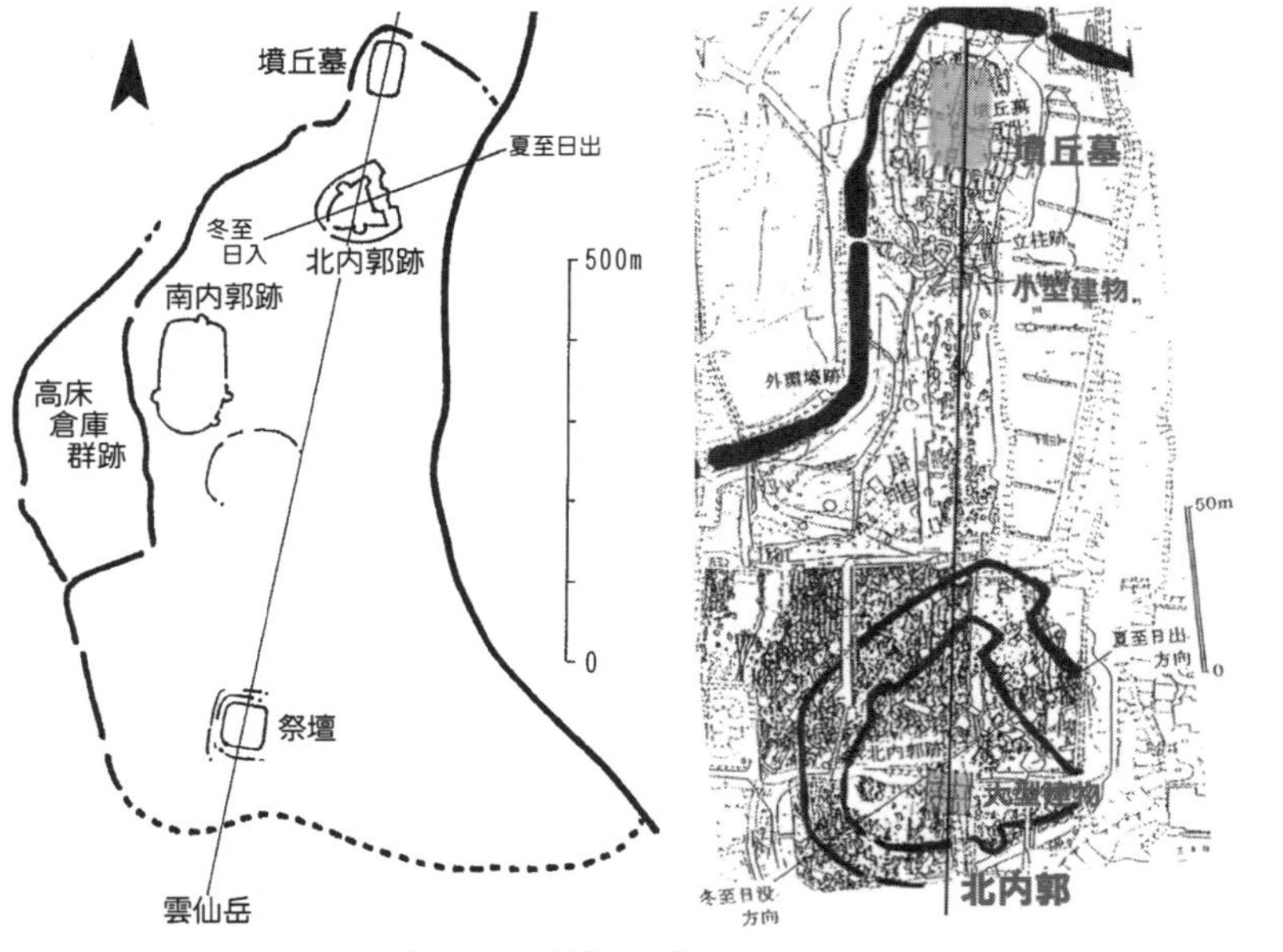

図１　吉野ヶ里集落の構造（邪馬台国時代）

後期中頃以降になると、環壕集落域の中部と北部に断面逆台形の環壕によって囲まれた南内郭と北内郭の二つの内郭が設けられる。これらは、後期中頃～後期後半（古段階）と、後期後半～終末期（新段階）の二時期に環壕を掘り直して営まれている。

いびつな平面形態に掘削されていた古段階の南内郭環壕は、新段階になると長方形に近い平面形に掘り直される。北内郭では古段階のものは環壕が一部しか遺存しておらず全体像は不明であるが、新段階のものは二重の環壕からなり、円と方を組み合わせたような先端が丸いA字形の対称的な平面形態をとっている。これら内郭を囲郭する環壕には各所に外側に突出した部分が存在し、内側には一間×二間（六本柱）の物見櫓と考えられる掘立柱建物跡が付属する。また、内郭の出入り口は南内郭で二ヵ所、北内郭で一ヵ所設けられているが、南内郭の規模が大きい正門と考えられる出入り口の両側には、内側に望楼が付属する環壕突出部が存在するなど、正面観を重視した構造になっている。二重の環壕跡からなる北内郭の出入り口は二条の環壕の掘り残し部分を左右にずらし、鍵形に折れ曲がる柵に囲まれた弥生時代の集落としては特殊な構造となっている。

南内郭跡内部には、特殊な建物が後の開墾で消滅した可能性はあるが、主に竪穴住居跡群と少数の小規模掘立柱建物跡が存在する。北内郭跡の空間には三間×三間（一六柱、約一二・五メートル四方）の大規模なものをはじめとする掘立柱建物跡群と少数の竪穴住居跡が存在するなど、南内郭とは様相を異にする。構造や内外から出土する遺物の性格などから、北内郭は吉野ヶ里集落の中で祭祀的な性格をもつ最重要空間、南内郭は大人など高階層の人々の居住空間かつ政事的な空間と考えられる。この二つの内郭周辺からは、ほかの地域とは違い多くの鉄製品や大型の土器などが出土している。なお、南北の内郭について、集落の構造再編ではなく二つの集落の併存とみる意見もあるが(註6)、両内郭の構造の違いや、集落全体の変遷、出土遺物の違いなどから、私は機能を異にした二つの空間と考えている。

少なくとも弥生時代後期までには吉野ヶ里集落が、環壕・城柵・物見櫓など〔防御施設〕で堅固に守られた内部に多くの人々が住み〔集住〕、その中枢である南北内郭や祭壇などが存在〔祭事・政事の中枢〕し、青銅器や鉄器・木器・絹布や大麻布などが生産〔手工業工房〕され、各地の手工業産品や人々が集う〔交易の市〕、まさに弥生都市とも呼べるようなクニの中心集落―みやこ―へと発展した姿を読み取ることができる(〔 〕内は、都出比呂志が、弥生時代環壕集落の源流を中国戦国時代の城郭都市に求めた際の共通的特徴(註7))。

三　吉野ヶ里集落にみる大陸的要素

南内郭や北内郭を囲郭する環壕の各所には平面半円形やコ字形の突出部が存在し、その内側に物見櫓と考えられる建物跡が存在した。また、北内郭跡にみられる鍵形の出入口構造も弥生時代環壕集落跡では異例である。これらの施設は、戦国時代以来の中国都城の城壁に付属する馬面や角楼、甕城といった防御施設の影響のもと生まれたものと考えている(註8)。

中国では、仰韶《ぎょうしょう》文化期(前五〇世紀)の環壕集落である姜寨《きょうさい》遺跡では環壕の位置をずらした出入口や、環壕が外に向かってコ字形に突出する部分など、きわめて防御を意識した構造が認められる。龍山文化中期(前三〇世紀後半)の河南省王城崗《おうじょうこう》遺跡では城壁の隅が外へ膨らんでおり、防御施設である後世の角楼を想起させ、春秋戦国時代の斉国の都城臨淄《りんし》古城の門は壕や城壁を平面半円形に外へ突

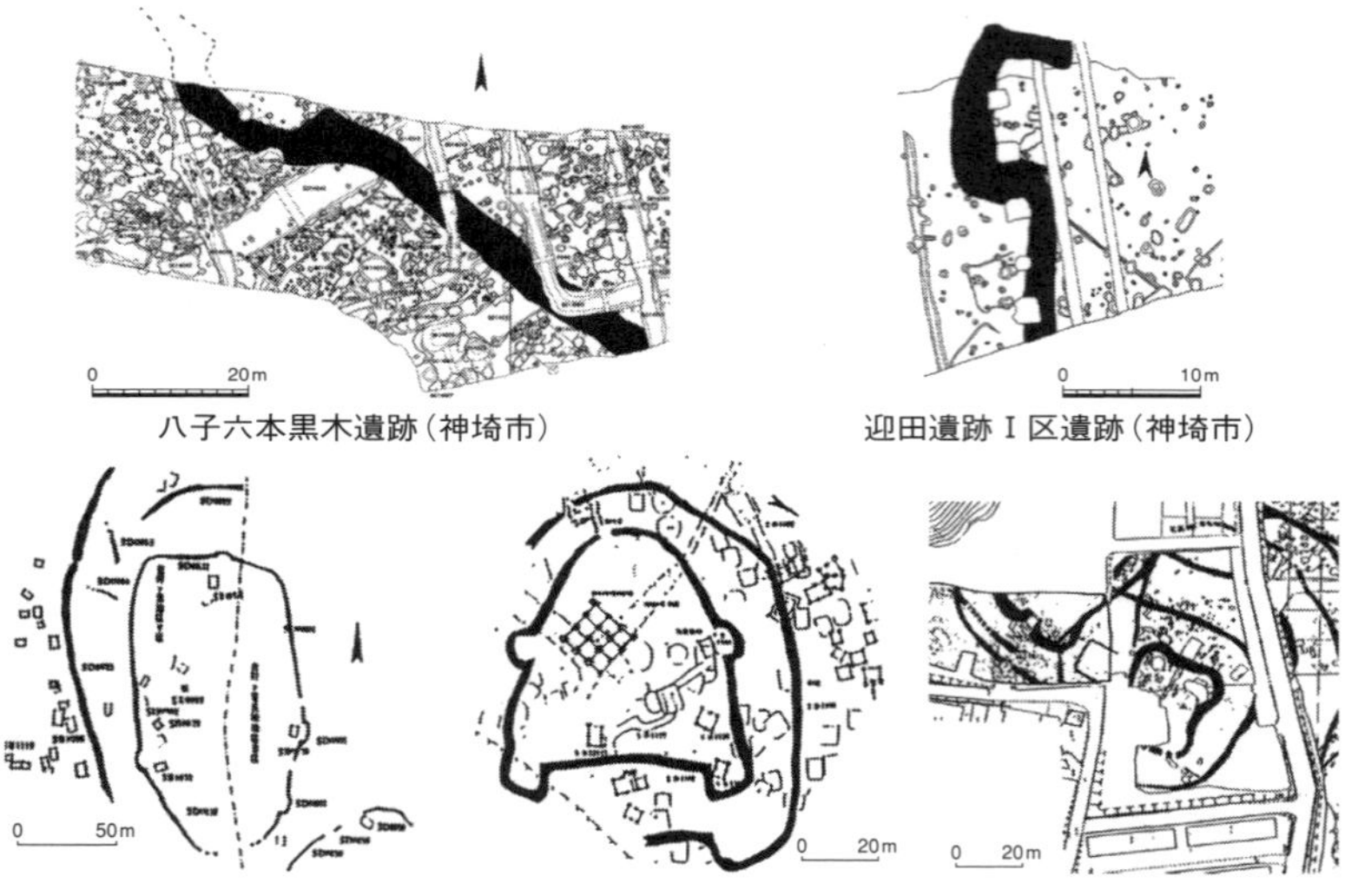

八子六本黒木遺跡(神埼市)　迎田遺跡Ⅰ区遺跡(神埼市)
吉野ヶ里遺跡南内郭跡　吉野ヶ里遺跡北内郭跡　松原遺跡(吉野ヶ里町)

図2　吉野ヶ里のクニの城郭的環壕集落

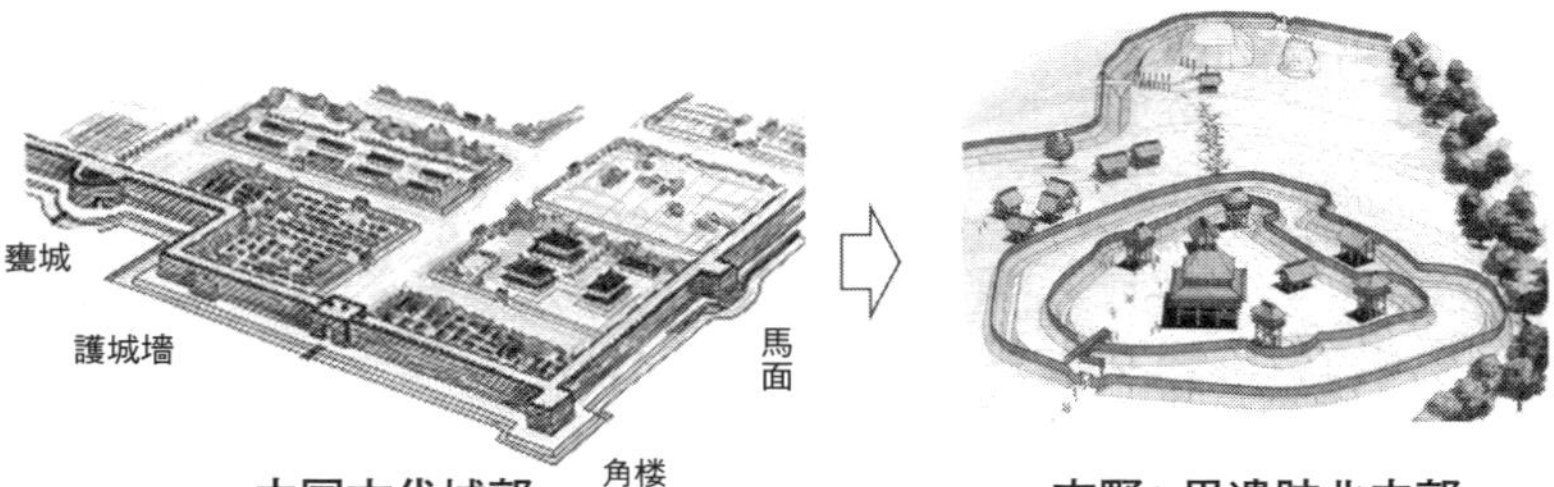

中国古代城郭
(来村多加史『戦略戦術兵器事典②』の原図を改変)
(戦国～三国時代)

吉野ヶ里遺跡北内郭
(建設省『建物等復元検討調査報告書』より)
(邪馬台国時代)

図3　中国古代城郭から吉野ヶ里へ

出させており、後世の防御施設である甕城の原型と考えられている。漢・三国時代の城郭構造は、戦国時代にできた基本構造を踏襲しながら改良され、壮大な規模の城壁は、まさにこのような防御施設からなっている。『墨子』の守城関係の諸論[註9]などに記されたように、中国古代城郭の城壁には、障壁の各所に平面半円形や方形の突出部である馬面や角楼、平面L字形や半円形の付属の城壁からなる出入口（門）である護城墻や甕城が設けられているのである。

漢の楽浪郡治、魏の帯方郡治と目される平壌周辺の土城跡は、中国本土の城郭構造を基礎にして営まれただろうことは容易に推定されるが、このうち楽浪郡治跡は戦前の調査で、建物跡や磚舗装道路などが発掘された平壌市楽浪土城跡周辺に存在する土塁には屈曲部その他に高まった部分が存在しており、恐らく中国式城郭の城壁にみられる馬面や角楼などの防御施設が遺存したものと考えられ、帯方郡治も同様であっただろう。

一方、国内では、環壕突出部をもつ環壕跡は、吉野ヶ里遺跡を中心とした佐賀平野東部（九遺跡）と福岡県久留米市（一遺跡）、同八女市（一遺跡）、大分県日田市（一遺跡）の有明海沿岸と筑後川流域地方に集中して存在している。しかし、環壕突出部に伴う望楼と目される掘立柱建物跡が確認されたのは、吉野ヶ里遺跡のみである。なお、古墳時代の地方豪族の居館が対称的な平面プランをとる点や、対称的な位置に突出部を設ける点が特徴的であるが、これらは、吉野ヶ里遺跡をはじめとする佐賀平野の突出部をもつ環壕区画を源流としていると考えられている。[註10]吉野ヶ里集落の構造が、豪族居館の造営にあたり少なからぬ影響を与えたことは否めない。

四　佐賀・神埼地方の特色

（一）集落と墓地の動向

九州北部地方有明海北岸の佐賀平野では、玄界灘沿岸地方と同様、縄文時代晩期後半（弥生時代早期）以来、各地に農耕集落が営まれ、脊振山地から有明海に南流する河川や河岸段丘により仕切られた小地域ごとに集落群がまとまりをみせていく。それら小地域では弥生時代前期以降、小規模な環壕集落が形成され、さらに小地域がまとまった後の一〜二郡程度の地域では、大規模な環壕集落を頂点としたピラミッド構造の政治的地域集落群が形成される。

神埼地方では、主に城原川や田手川・切通川などの河川や志波屋・吉野ヶ里丘陵や目達原丘陵によって区別された地域や、南の有明海への河川沿い、そして海岸に、中核となる集落を中心とした八ヵ所程度の小地域集落群が形成されていたことを、中小規模の環壕集落や環壕を備えない集落跡の分布によって理解することができる。東の切通川右岸の二塚山段丘周辺では、中心集落は未確認だが、二塚山遺跡や松葉遺跡、坊所一本谷遺跡など漢鏡をもつ墓地を営んだ集落が想定できるし、吉野ヶ里遺跡北東方の目達原段丘上の横田（松原）遺跡、北北東の山麓部田手川右岸に位置する夕ヶ里遺跡、吉野ヶ里遺跡の北西方の志波屋一の坪遺跡、城原川右岸の八子六本黒木遺跡や迎田遺跡、城原川中流域右岸の黒井八本松遺跡などの環壕集落が小地域の拠点的な集落と考えられる。また、有明海河口の城原川右岸に展開する佐賀市諸富町に数多く存在する集落は、東海地方以西の外来系土器およびそれらの影響をつよく受けた土器を多数出土するなど、吉野ヶ里遺跡など山麓部や段丘上に存在する拠点的な集落の港津の機能をもった集落群であったと考えられる。

同じ有明海北岸に近い福岡県小郡市一ノ口遺跡では、弥生時代中期前半の集落を取り囲む柵の平面半円形突出部内側に掘立柱建物が、また、中期末から後期初頭にかけての佐賀県みやき町平林遺跡では、掘立柱建物群からなる集落跡の一画を直線的な溝（壕）を屈曲して巡らせた方形基調の環壕区画と鍵形の複雑な構造の出入口が出現した。それまで国内には存在しなかった外的要素が、有明海北岸の集落構造に影響を与え始めたとみることができる。そして、後期中頃以降には佐賀平野を中心とした有明海北岸地方で、平面半円形や方形の環壕突出部をもつ環壕集落が多く出現する。とくに吉野ヶ里遺跡では、突出部に伴う物見櫓と目される掘立柱建物や、鍵形に屈曲した出入口構造が出現した。その分布の中心となっているのが吉野ヶ里遺跡を擁する佐賀県神埼地方である。福岡県太宰府市国分松本遺跡では中期後半の濠が大きく突出する部分に橋状（木道）施設が、大分県日出町の藤原友田遺跡では大きく突出した終末期の環壕が確認されているが、突出部内側が直角に外へ張り出す前述の例とは様相を異にしている。

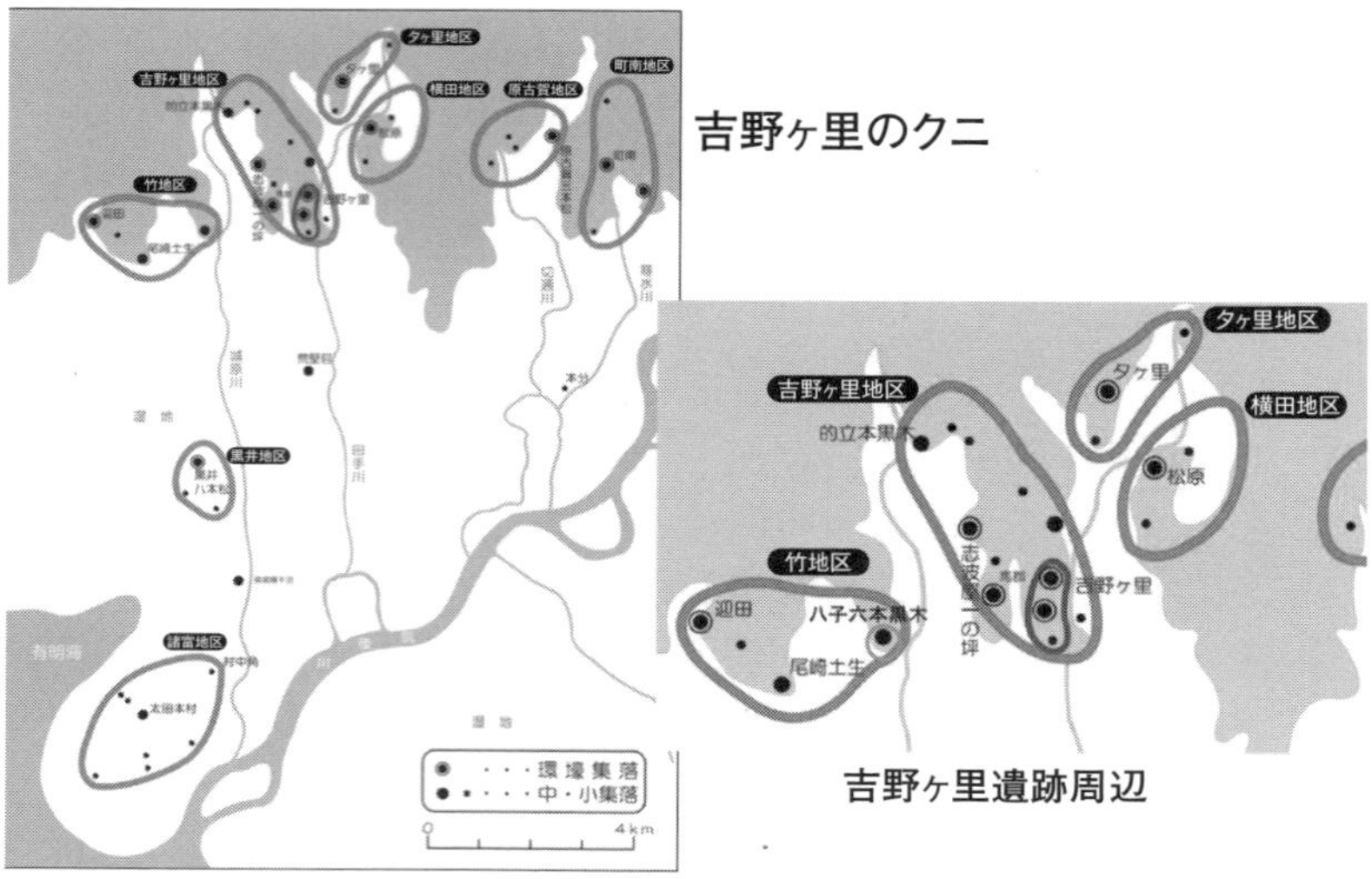

図4　吉野ヶ里のクニ

九州北部地方では、弥生時代前期末から銅剣・銅戈・銅矛などの青銅製利器を甕棺墓などの墳墓に副葬することが始まるが、佐賀平野においては、確実な例として吉野ヶ里遺跡田手一本黒木地区Ⅰ区の中期初頭の銅剣副葬例が初現である。中期前半になると、吉野ヶ里遺跡の東約一・八キロに位置する吉野ヶ里町瓢箪塚下層や、東北東約四・〇キロに位置する上峰町切通遺跡、南約四・三キロに位置する神埼市高志神社遺跡などで甕棺墓に細形銅剣が副葬される。この分散傾向は、吉野ヶ里遺跡墳丘墓の出現によって大きな変化をきたした。中期前半代に築造された南北約四〇メートル、東西約二七メートルの大規模墳丘墓は、最初に埋葬されたSJ一〇〇六甕棺墓を含め中期中頃の末までの間に合計一四基の甕棺墓が営まれ続けた。墳丘墓の甕棺墓は後世に破壊されていたものが大半だったが、うち八基の甕棺墓から細形銅剣七点（近辺から表面採集された一点を含めると八点）、と中細形銅剣一点のほか、青銅製把頭飾二点、ガラス管玉七九点などが出土した。この墳丘墓が造営されて以降、周辺集落の墓地から銅剣などの副葬品が出土した例は現状では皆無である。このことは、地域集落群が盟主となる集落を中心としてまとまりをみせていく過程を示す現象と考えられる。神埼地方における中期中頃までの墳墓に威信財として副葬されたものは、一人の墳墓に一点の銅剣であり、銅矛や銅戈の例がないこともこの地方の特徴である。

　神埼地方での中国文物の副葬例で最も古いものは、吉野ヶ里遺跡の弥生時代中期前半の甕棺墓に副葬された鉄製蝶番である。吉野ヶ里遺跡では、中期前半以前に廃棄された青銅器鋳造関連遺構から鋳造鉄斧側片利用の鑿とともに青銅製素環頭付き鉄刀子も出土しており、中期の早い段階から貴重な中国製品が流入していたことがわかる。中期後半になると、それまでの朝鮮半島系譜の威信財も当然中国製品に変わり、以後銅鏡が副葬品の主流となった。前一〇八年の漢の楽浪郡設置が倭への中国文物の流入の契機になったことが、漢書地理志に記された倭諸国の朝貢記事などによって知ることができる。

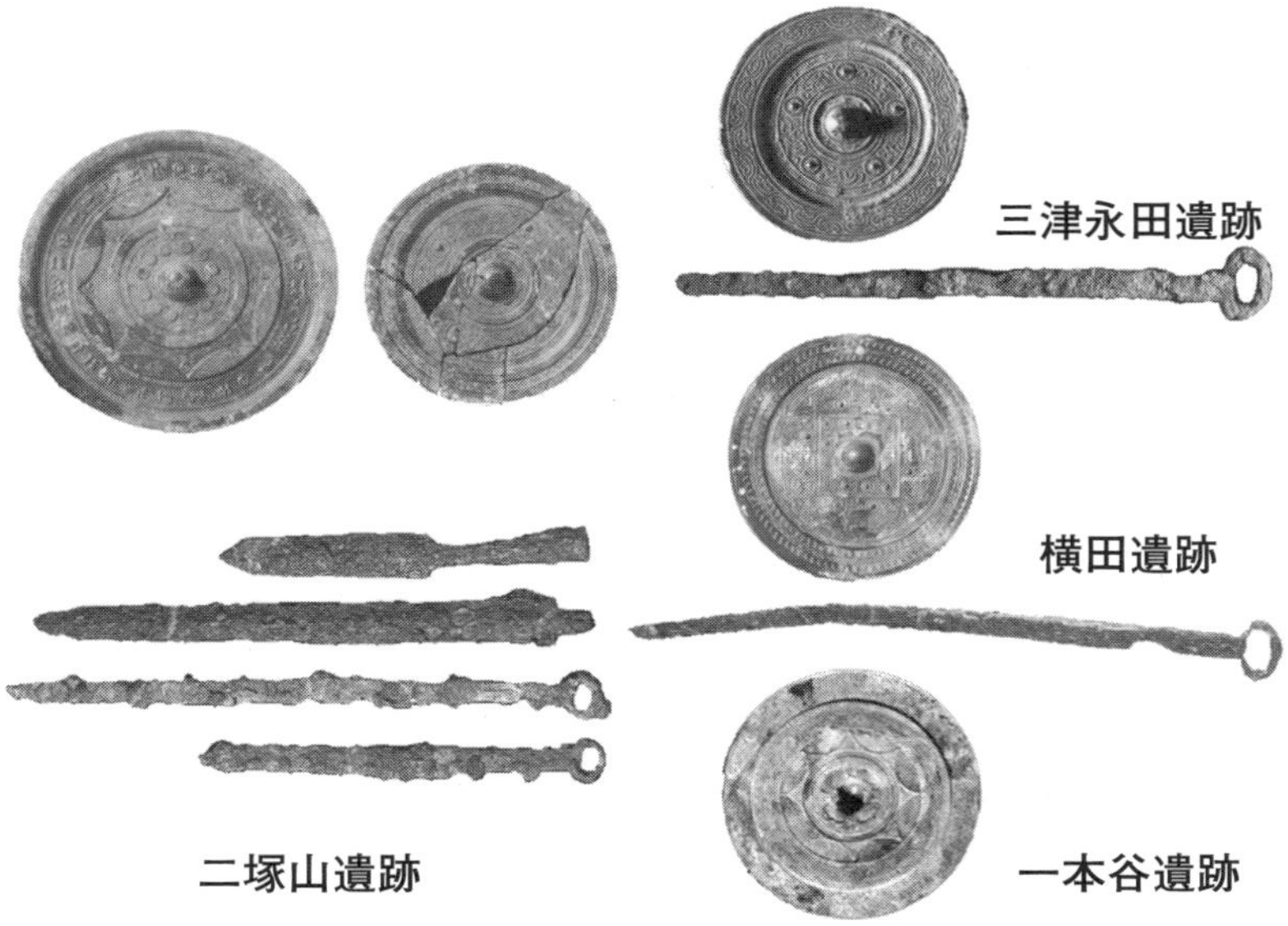

図５　吉野ヶ里遺跡周辺の漢鏡と素環頭鉄刀

　漢鏡副葬の初現は、吉野ヶ里町と上峰町にまたがる二塚山遺跡と、吉野ヶ里遺跡の中期後半の甕棺墓に副葬された漢鏡3期の連弧文「絜清白」鏡と連弧文「久不相見」銘鏡である。その後、後期後半までの間、少なくとも一四ヵ所の段丘上に分散して営まれた墓地の甕棺墓や土坑墓、箱式石棺墓などに漢鏡が副葬され続ける。この地方の銅鏡副葬の特徴として、中期中頃までの銅剣の場合と同様、一棺一面の漢鏡副葬が基本となっており、二塚山遺跡や三津永田遺跡、横田遺跡などで出土した素環頭鉄刀の例などからも鉄製武器も同種を複数副葬する例はない。また、後期以降は完形の鏡を意識的に打ち割って棺外に埋め込む例が多いことも、この地方の銅鏡の副葬法として特徴的である。

　このうち中型鏡は二塚山遺跡や、吉野ヶ里町三津永田遺跡、松原（横田）遺跡、松葉遺跡、坊所一本谷遺跡の五遺跡で計九点が出土し、小型鏡は二塚山遺跡や、三津永田遺跡を含む七遺跡で計九点が出土している。中でも二塚山遺跡では漢鏡3期から漢鏡5期にかけての中型・小型の銅鏡を、三津永田遺跡では漢鏡4期と5期の中型・小型の銅鏡を出土している。これらの墓地は吉野ヶ里遺跡の北方から東方の東西四・五キロ、南北三・五キロの範囲の中に存在しており、とくに中型鏡は二塚山遺跡と三津永田遺跡を中心に、横田、松葉、坊所一本谷の各墓地に順を追って副葬されたとみられる。中でも二塚山遺跡と三津永田遺跡は、いずれも前期末から後期後半まで継続する特異な墓地であり、神埼地方の中でも有力な継続型集落が営んだ墓地と考えられる。

（二） 佐賀・神埼地方の特質

佐賀県神埼地方の中核（拠点）集落の構造変化の特徴として、環壕突出部や、物見櫓、鍵形の出入口などの出現を挙げることができた。つまり、弥生時代後期後半から終末期における中国城郭の城壁構造の全体的模倣である。この集落変化の要因としては、後漢書、倭人伝に記すように「倭国大いに乱る」状態を経て、倭国王の中国王朝に対する朝貢などの外交関係にみられる緊密な外交が考えられる。中国製の銅鏡や鉄製武器などの威信財の副葬品としての出土も、このことを裏付けている。

墳墓の副葬品や墳墓の構造などからみた神埼地方における首長墓の動向は、弥生時代中期初頭の銅剣を副葬する墳墓の分散的傾向が、中期前半のある時期以降、吉野ヶ里集落の北方に築造された大規模な墳丘墓に集中することで収束をみせている。そして、中期中頃の終わりに墳丘墓への首長の埋葬が終了した以後、中期後半に至って青銅利器から中国の銅鏡や鉄製武器が副葬品の主流となるが、吉野ヶ里遺跡では小型の漢鏡を副葬する女性の墳墓が一基確認されているものの、中型以上の漢鏡を副葬した墳墓は出現していない。

一方、中期後半以降、吉野ヶ里遺跡の北方から東方にかけての段丘上で営まれた墓地の甕棺墓から中型や小型の漢鏡が副葬され始め、さらに後期後半に至るまでの期間、土坑墓や箱式石棺墓を加えた墳墓に中型や小型の漢鏡とともに、中国製や朝鮮半島製の鉄製武

表１　九州北部の地域ごとの主要弥生時代墳墓

時期	唐津	糸島	早良	福岡	筑紫	佐賀	糟屋・宗像	遠賀川流域	周縁地域
前期(後)		志登・新町	藤崎	伯玄社・金隈	中寺尾		久原		
中期前葉(前)	徳須惠	飯氏、石崎	吉武高木・大石、岸田、有田、野方久保	板付田端	大木 三沢ハサコの宮	東山田一本杉、尼寺一本松、本村籠	馬渡東ヶ浦、皇石		里田原（北松浦）
中期前葉(後)	宇木汲田	久米　向原、西古川	吉武大石、岸田	諸岡		吉野ヶ里墳丘墓、高志神社	朝町竹重、田熊石畑	原田	
中期中頃	宇木汲田	（＋）	吉武樋渡・浦江	須玖岡本		吉野ヶ里墳丘墓	久原	鎌田原	
中期後半(前)	中原	三雲南小路	吉武樋渡、東入部・岸田	須玖岡本D地点・上月隈	東小田峯 隈西小田	吉野ヶ里墳丘墓	冨地原梅木SK-1	立岩 鎌田原	吹上（日田）、富の原（大村）
中期後半(後)	（＋）	（＋）	有田 117 次、丸尾台	門田		二塚山K-15	冨地原梅木 朝町竹重	立岩	
後期(前)	桜馬場	井原鑓溝、井原ヤリミゾM-17、飯氏K−7	有田 117 次K-2	須玖岡本B・宝満尾・宮の下		二塚山 K-46・76　三津永田K-104 ・ 105 二塚山 D29 石動四本松	朝町竹重	五穀神社 笹原石棺墓	
後期(後)	中原	平原１号墓、東二塚、三雲寺口	野方塚原、野方中原S-3	日佐原石蓋土壙墓	良積K-14	松葉、横田S 、一本谷、椛島山、原古賀、城原三本谷	徳重高田石棺墓	原田S-1	前田山（京都）、徳永川の上（京都）

※福岡市教委 常松氏作成（一部七田加筆）　K:甕棺墓　M:木棺墓　S:箱式石棺墓　D:土坑墓

器が副葬され始める。とくに銅鏡は漢鏡3期から漢鏡5期（漢鏡6期の磨かれた破片も存在）に属する長期間にわたる銅鏡が、墓地を違えるように相次いで副葬されていることは注目される。このことについて、岡村秀典は「弥生時代中期から後期にかけて、吉野ヶ里から二塚山、そして三津永田へと青銅器を副葬する首長墓が移動していたようであり、集落を単位とする族長も、平野単位の社会を統率する上位の地域首長も、安定した世襲的な権力を掌握するにはいたっていなかった」と考える。（註11）

しかし、吉野ヶ里遺跡の集落跡の変遷や構造、さらに地域集落群の動向をみてみると、岡村の考えとは異なった社会状況を推定することができる。すなわち、中期前半に吉野ヶ里集落が大型化し、環壕集落内の居住区に伴う倉（貯蔵穴）とは別の区画に倉だけをまとめた倉庫群が設けられたことは、吉野ヶ里集落のみならず、クニ全体の物資を集中して管理するという仕組みが出来上がったことを示唆しており、このような地域のまとまりが大型墳丘墓の築造にも表われている。中期初頭から、有力集落のそれぞれの墓地に分散して銅剣を副葬した墳墓が営まれたものが、中期前半の末ころから吉野ヶ里墳丘墓に集中する事実は、血縁関係が希薄と考えられる成人一四人の順次埋葬から読み取ることができる。墳丘墓の被葬者は、吉野ヶ里のクニの中の有力集落から選ばれ、吉野ヶ里集落に常駐し、リーダーシップを果たした後に墳丘墓に埋葬されたクニの首長たちと考えるべきであろう。

また、墳丘墓への首長の埋葬が終了した以後、中期後半以降の首長層の墳墓の行方について考えるとき、二塚山や三津永田といった周辺の墓地に中国の権威を帯びた中型の漢鏡や素環頭鉄刀などを副葬した墳墓が大きな手掛かりを与えてくれる。中型漢鏡の副葬例をみてみると、二塚山遺跡では漢鏡3期と4期と5期の各一面を副葬した墳墓が三基、三津永田遺跡では漢鏡5期のものを副葬した墳墓が二基、松葉遺跡や松原遺跡、坊所一本谷遺跡では漢鏡5期のものを副葬した墳墓がそれぞれ一基確認されており、二塚山や三津永田、松原では素環頭鉄刀などの中国製武器も副葬されている。二塚山から三津永田へ、そして再び二塚山や松葉、松原、坊所一本谷の吉野ヶ里のクニを形成する有力集団の墓地へと、威信財を副葬した墳墓が移動を続けるのである。

後期になって集落の規模を拡大させ、終末期までに内部に様々な記念物的、かつ中国的な施設を建設するなどして都市的な様相をみせた吉野ヶ里集落の近隣で、首長層を葬ったと考えられる墳墓が確認されていない現状から、これら周辺に分布する中国の権威を帯びた威信財を副葬した墳墓の被葬者を、吉野ヶ里のクニの歴代の首長とみることも必要だと考える。吉野ヶ里集落は地域の母なる集落であるとともに地域社会全体の力で発展した集落であり、中期以降緊密になったネットワークは、地域社会の統合の過程でさらに緊密になったことは疑いえない。このような社会状況の下で、中期前半代末以降と同じく、地域社会全体の中の有力集落からクニの首長が共立されたものと考えられる。しかし、中期中頃とは違い、首長の役割を終えた後、また、死亡したのち自身の出身地である集落の墓地に家族とともに葬られるという首長の埋葬法に大きく変化したと考えることもできる。（註12）

クニの首長の中期中頃までの墳丘墓という巨大な記念物への埋葬という形から、出身集落の家族の集団墓への埋葬という形への変化の要因は不明であるが、吉野ヶ里集落に中国城郭の構造が反映されている点や、中型の漢鏡や鉄製素環頭大刀など中国の権威を帯びた文物の副葬例が多い点、中国の高官と同様に化粧用具としての銅鏡を一点のみ副葬する点などから、中国の風習の影響を受けた可能性もある。

漢鏡などの威信財を副葬した墳墓の被葬者の性別については、出土人骨や棺の規模などから判別できる。二塚山遺跡や三津永田遺跡そのほか周辺の例からみると、中型鏡や素環頭鉄刀など中国の権威を帯びた文物を副葬した被葬者のほとんどは男性であり、小型の漢鏡を副葬した被葬者は女性であった可能性が高い。神埼地方の首長墓のあり方は、倭人伝に記された「その国、本また男子を以て王となし、住まること七、八十年。倭国乱れ、相攻伐すること歴年」の「男子を以て王となし、住まること七、八十年」という状況と類似した状況を示しているともいえよう。

九州北部においては、弥生時代中期後半になると、それまでの朝鮮半島系譜の青銅製武器から銅鏡や鉄製武器へと副葬品、威信財の内容が中国製文物に変化した。福岡や糸島、唐津の平野部では、中期後半の春日市須玖岡本遺跡（D地点）や糸島市三雲南小路遺跡、後期の糸島市井原鑓溝遺跡や佐賀県唐津市桜馬場遺跡などで、多数あるいは複数の漢鏡を主体とする豪華な副葬品を有する墳墓の存在が注目され、しばしば「王墓」と呼ばれてきた。しかし、これらの地方では、漢鏡などの威信財を副葬して葬られた首長層の後期後半に至る間の存在や連続性を認めがたく、これら王墓の被葬者すべてに、果たして政事を専らとした世俗的な首長としての性格を与えることができるかも疑問としなければならない。

一方、佐賀平野においては銅鏡が複数副葬されることがない点は、玄界灘沿岸地方とは様相を異にしているものの、漢鏡を副葬した墳墓の数ではほかを凌ぎ、とくに吉野ヶ里遺跡を中心とした神埼地方では、中期初頭からの銅剣副葬から、中期後半から後期後半に至るまでの間、漢鏡や鉄製素環頭大刀など中国王朝の権威を帯びた威信財が副葬され続けるという特異な地域となっている。

このように、佐賀県神埼地方では、朝鮮半島系譜の環壕集落に中国城郭（城壁）構造が取り入れられる集落構造変化や、中国の権威を帯びた副葬品をもった首長の墳墓の分布や継続性などに、中国との外交の証しが認められ、この地域の首長層が継続的に中国との外交に深く関わっていたことを示すものといえよう。

五　倭人伝の記事と九州、吉野ヶ里

倭国の都が置かれていた邪馬台国の位置を考える場合、倭人伝の記事と考古学のこれまでの成果を比較検討することこそが第一の作業であらねばならない。倭人伝に記された植物相や動物相、習俗などからのアプローチもあるが、ここでは、いくつかの記事を取り上げ、九州、佐賀県神埼地方、吉野ヶ里遺跡の考古学の成果と比較を試みる。

（一）倭人伝の記述と有明沿岸の国々

○「倭国乱れ、相攻伐すること歴年、乃ち共に一女子を立てて王となす。名づけて卑弥呼という。」という記事や、「景初二年六月、倭の女王、大夫難升米等を遣わし郡に詣り、天子に詣りて朝献せんことを求む。……その四年、倭王、また使大夫伊声耆・掖邪狗等八人を遣わし……」などの外交記事は、その舞台が九州北部であることを示している。倭王卑弥呼は倭国乱の状態の中で諸国によって共立された王であるので、青銅製武器形祭器による祭祀が専ら行なわれていた地域で立てられた王であることを容易に納得することができる。外交記事からは、倭国の要人たちは帯方郡や中国本土の城郭や都城などを見聞・観察し、中国との「外交の証し」として倭国の都の景観を中国化しようと努めたと考えるべきであり、まさに、有明海北岸の佐賀平野東部一帯と筑後川流域の一部に、環壕突出部や物見櫓、鍵形の出入口を備えるなど、中国城郭の城壁構造が反映された環壕集落が分布している。国内で南九州から東北地方という広範囲に五百ヵ所を超すと考えられる弥生時代の環壕集落跡は、九州北部と近畿地方、関東地方に集中しているが、中国式城郭の城壁構造の影響を受けた施設の存在が認められる地方は、現在までに佐賀平野東部と、筑後川流域のみである。この地方では今後も新たに発見される可能性が高い。

（二）倭人伝の記述と佐賀・神埼、吉野ヶ里遺跡

①「……南、邪馬壱国に至る、女王の都する所、……官に伊支馬あり、次を弥馬升といい、次を弥馬獲支といい、次を奴佳鞮という。」の記事は、倭王卑弥呼は都を邪馬台国に置いたが、そこには邪馬台国の長官・次官も存在するので、邪馬台国には卑弥呼が居住し祭事の場となった倭国の宮殿と、伊支馬など邪馬台国の長官・次官が居住し政事を行なう拠点の二つが近接して存在していた可能性が大であることを示している。馬韓伝に、三韓（馬韓・辰韓・弁韓）の王である「辰王は（馬韓の）月支国に治す」とあるのと同じで、奈良時代でいえば、大和国の中に大和国庁と平城宮が共存していることと同様である。邪馬台国時代の吉野ヶ里集落には北内郭と南内郭の二つの拠点が存在するが、祭事の場と考えられる北内郭と、政事の場と考えられる南内郭の二つの拠点が一つの大規模環壕集落内に存在する集落跡は、現在のところ吉野ヶ里遺跡以外に皆無である。倭人伝記載の国の中で官（長官・次官）以外に王の存在について記されているクニは、伊都国と狗奴国の二国である。両国の集落構成や首長墓の在り方に興味が持たれる。

②「共に一女子を立てて王となす。名づけて卑弥呼という。鬼道に事え、能く衆を惑わす。……王となりしより以来、見るある者少なく……」の記事からは以下のような状況が推定できる。

北内郭は、吉野ヶ里集落の中で弥生時代中期初頭から後期終末期、さらには古墳時代前期まで集落が継続した唯一の空間で、墳墓が一度も立ち入ることのない聖域であった。中期の祭祀土器群や後期の青銅製武器形祭器（中広銅戈）など祭器の出土から、伝統的に祭祀との関わりが深い空間であったと考えられる。北内郭の空間に建築された大型建物の南北中軸線の北への延長上約一九〇メートルに銅剣やガラス管玉が副葬された歴代の首長を葬った中期の墳丘墓の中心が、また、南約六五〇メートルの延長上に中期に築かれた祭壇と考えられる盛土遺構の中心が存在しているが、このことは、中期の墳丘墓と祭壇とを結ぶ線上に、約四百年後に

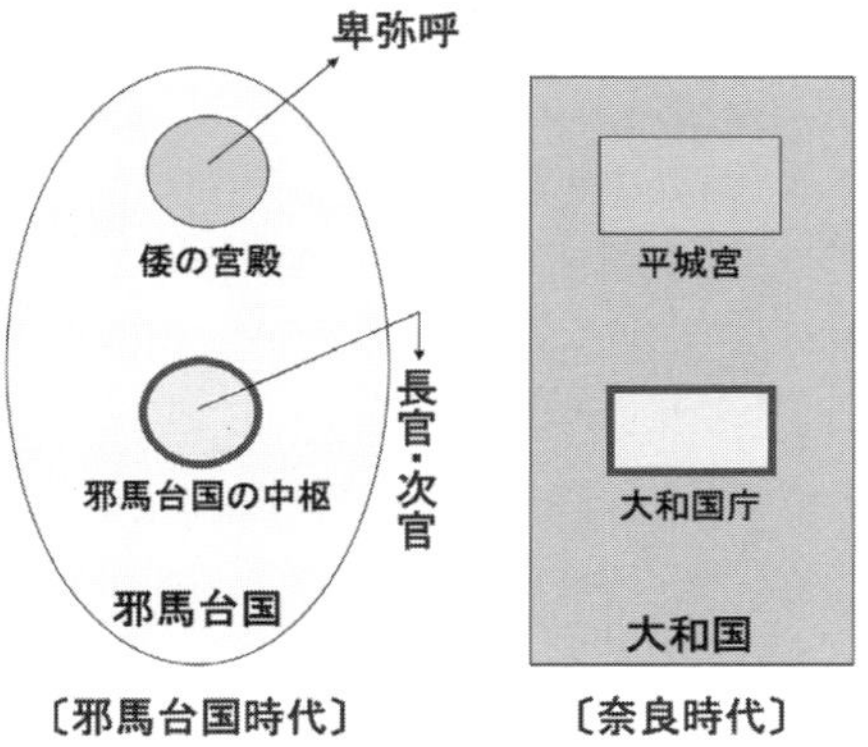

図６　邪馬台国中枢の構造

わざわざ大型建物を配置したことを示している。さらにこの線を南へ約六〇キロ延長したところには雲仙岳が存在し、北内郭の祭殿で行なわれた祭祀が墳丘墓に葬られた過去の首長を対象とした祭祀であり、それは火山である雲仙岳を背景とした壮大なものであったことを示している。このように、巨大な環壕集落である吉野ヶ里集落内部の最重要空間である北内郭は、とくに墳丘墓に眠る祖霊に対する祭祀の場で、二重の環壕（外環壕を加えると三重）と鍵形の出入口、物見櫓をもつ非常に閉鎖された空間であり、「王となりしより以来、見るある者少なく」といった居館の有様を髣髴とさせる。

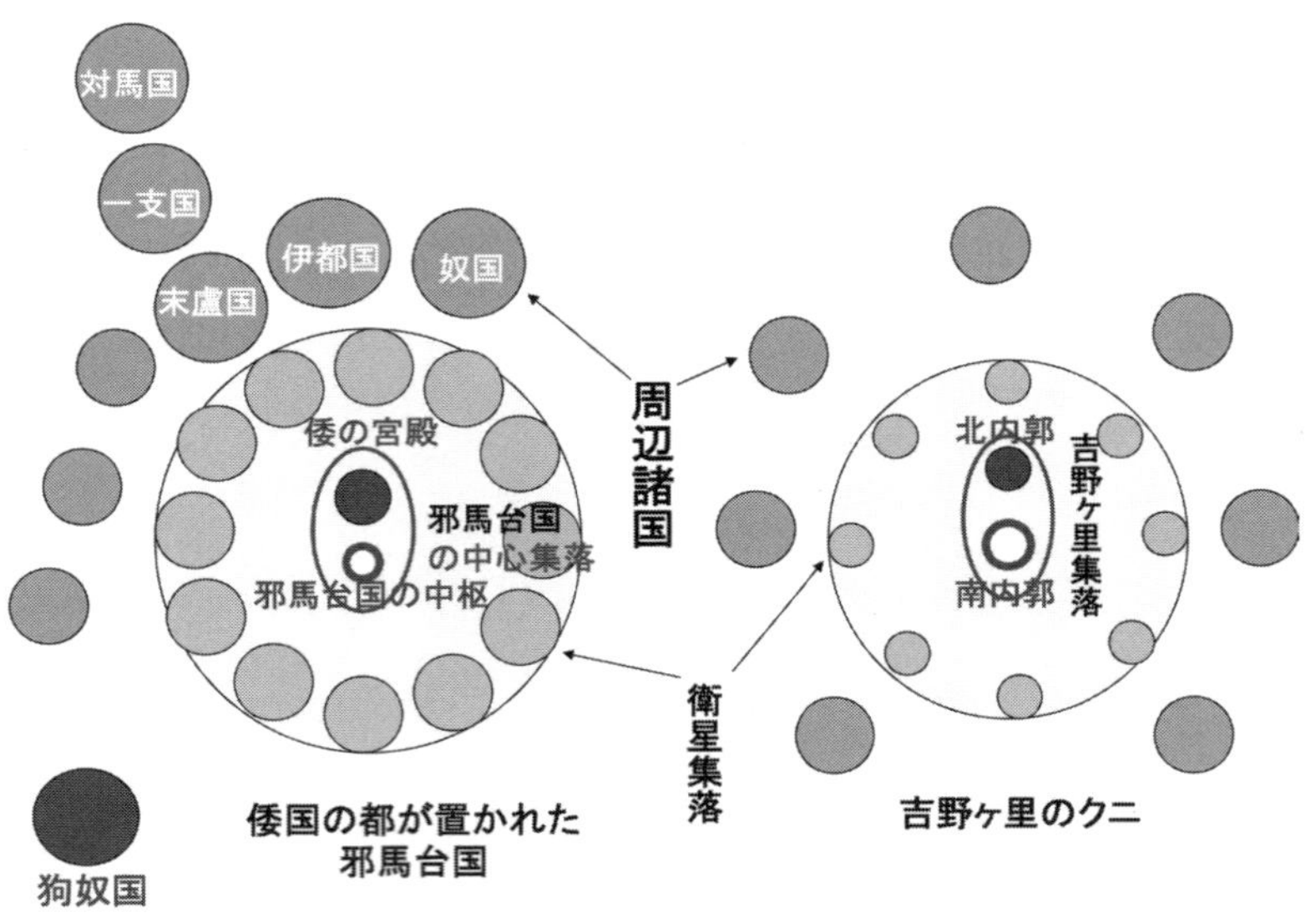

図７　倭国の都の構造と吉野ヶ里

③「宮室・楼観・城柵、厳かに設け、常に人あり、兵を持して守衛す。」の記事は、一九八九年に吉野ヶ里遺跡が注目される一因となった一文である。吉野ヶ里遺跡は、現時点では宮室（北内郭・大型建物）・楼観（物見櫓）・城柵（環壕と土塁痕跡）が揃った唯一の弥生時代終末期（邪馬台国時代）の集落跡であり、国内で例を見ない鍵形の出入口や各所に配置された物見櫓、市との関連が深いと考えられる高床倉庫群などを含め、中国城郭を非常に意識した集落構造となっている。魏書「東夷伝」の各国・各地域の集落構造に関する記事を見ても、倭国には中国のそれと似たような施設が揃っていることが記されている。祭事・政事の象徴・戦略拠点の象徴としての装置を完備した吉野ヶ里集落の最重要空間である北内郭は、まさに「宮室・楼観・城柵」を備えていたのである。

④「その国、本また男子を以て王となし、住まること七、八十年。倭国乱れ、相攻伐すること歴年」の記事からは、弥生時代後期後半には歴代の男王が存在していたことを示している。「其国」が倭国か邪馬台国かは議論があるところだが、吉野ヶ里遺跡周辺（吉野ヶ里のクニ）で、中期前半～後期後半の男王たちが存在していたことは先に述べたが、後漢鏡や素環頭鉄刀など中国の権威を帯びた副葬品をもって周辺の墓地に葬られた人々は、吉野ヶ里のクニの首長であった可能性が高い。ちなみに、吉野ヶ里遺跡の環壕跡や神埼市北外遺跡の箱式石棺からは径二〇センチ以上の大型後漢鏡片も出土している。

⑤「今、絳地交竜錦五匹・絳地縐粟罽十張・蒨絳五十匹・紺青五

十四を以て、汝が献ずる所の貢直に答う。また特に汝に紺地句文錦三匹・細班華罽五張・白絹五十匹・金八両・五尺刀二口・銅鏡百牧・真珠・鉛丹各々五十斤を賜い、皆装封して難升米・牛利に付す。」という記事は、近畿説のよりどころの一つとなっている「銅鏡百枚」が含まれる部分であるが、下賜品の記述の順序は、各種染織品の数々、金、刀、銅鏡の順であり、とくに汝に銅鏡百枚ということではないことがわかる。百枚の銅鏡は、製作に時間を要する各種の染織品と同様、特注したものではなく、既製品を集めたと考えるのが通常であろう。九州北部の弥生遺跡、とくに吉野ヶ里遺跡からは弥生時代中期以降の多数の墳墓から、様々な織りの国産の絹布や大麻布が多数出土しており、絹布の中には茜や貝紫により染色されたものも存在する。染織文化がある程度発達していた九州北部に君臨した女王に対して、魏王朝が最も重要視したのは中国の良質な染織品であったことは当然である。吉野ヶ里遺跡周辺は、弥生時代後期以来、中国王朝の権威を帯びた中型の後漢鏡と鉄製素環頭大刀を所有していた人物が多数存在しており、弥生時代後期後半に至るまで佐賀の神埼地方は中国の文物が伝統的に流入するという特異な地域であったのである。

六　おわりに

吉野ヶ里遺跡は、その概要が広く知られるようになった一九八九年以降、邪馬台国問題との関わりについて、「時代が古い」とか、「このような遺跡はどこにでも存在する」、「邪馬台国とは無関係だ」などとされてきた。邪馬台国の有力な所在地候補とされる九州北部や近畿地方のみならず、全国的に弥生時代後期から終末期（邪馬台国時代）に関する考古学的な情報が蓄積されている中で、倭人伝が記す邪馬台国やそこに存在した倭国の都に関する情報の片鱗は私たちの眼前に現われているはずである。邪馬台国の所在地の探求は、まさに、高橋健自が述べた「（邪馬台国は）当時の政治・文化の中心であり、中国文化の影響が大きかった場所」を探ることである。魏帝国との外交を念頭に置きながら、その成果が集落構造や出土遺物にどのように表われているかに着眼すべきだと考える。

西本昌弘は、邪馬台国論争を総括する際に、邪馬台国の位置を探るためには、行程記事のさらなる解釈とともに、考古学の分野から「三世紀中葉における日本列島の政治的中枢がどこにあったかを明らかにすることである」と述べた[註13]。景行天皇など諸天皇の宮殿伝承地や初期の大型前方後円墳が分布する奈良大和の一角に存在する纒向遺跡で明らかになった建物跡群の配置は、方位は違うものの、後の律令期の宮殿の配置と類似しており、後の大和王権のそれにつながる可能性を秘めている。しかし、一帯からの中国との外交を示す遺構・遺物の出土は皆無と言ってよく、次の古墳時代を待たなければならない。倭人伝が記す倭国や邪馬台国を過大評価するのではなく、倭人伝が中国の東アジア戦略の一環として倭国を過大に記述した可能性もある。「女王国の東、海を渡る千余里、また国あり、皆倭種なり。」と記された地方に、九州北部よりもさらに組織立った、また、大和王権につながる強力な政治的中枢が存在していても何ら不思議なことではない。

吉野ヶ里遺跡の環壕は、すべて弥生時代終末期、土器の編年では佐賀平野の惣座2式[註14]（畿内の庄内3式と並行とされる）までは機能が維持されている。また、南内郭の南に前方後方墳が営まれる古墳時代初頭に至るまで、北内郭跡周辺や高床倉庫群跡一帯では集落が営まれ続けている。各環壕や各種遺構の細かな年代については二年後の調査報告書発行に向け整理分析が進んでいるが、周囲を囲む大規模環壕と北と南の内郭を囲む環壕が、邪馬台国時代に存在し、内部で様々な活動がなされていたことは疑いえない。

弥生時代開始期から朝鮮半島や中国の先進文化の玄関口であった九州北部のクニグニが、紀元前一〇〇年頃以降は東アジアの覇者漢・魏帝国との外交の主体であったことは、中国正史や出土する中国の権威を帯びた文物の圧倒的な出土によって理解できる。

倭人伝が記す壱与の朝貢以降、『宋書』にみえる倭王讃の朝貢までの約一五〇年間、倭に関する記録が途絶えたが、このことは、前一世紀以降、常に中国王朝との関係を朝貢によって保ってきた倭国の政治体制（王権）が途絶えたことを示している。

吉野ヶ里遺跡で見られた大環壕集落内のふたつの拠点や、集落構造に見て取れる中国城郭の模倣（中国化）、周辺に存在する首長墳墓への継続的な中国文物の副葬は、倭人伝の内容に類似し、他の地方にない特徴である。いずれにせよ、佐賀平野東部の神埼地方における弥生時代後期から終末期の集落跡や墓地跡の発掘調査成果は、邪馬台国探求のための有効な情報を多く提示したと言える。

（註1）高橋健自「考古学上から観たる邪馬台国」『考古学雑誌』一二—五、一九二二

（註2）小林行雄「邪馬台国の所在論について」『ヒストリア』四、一九五二

（註3）真野和夫『邪馬台国論争の終焉』二〇〇九

（註4）片岡宏二『邪馬台国論争の新視点』雄山閣、二〇一一

（註5）七田忠昭『日本の遺跡二　吉野ヶ里遺跡』同成社、二〇〇五

（註6）蒲原宏行「三世紀の北部九州—佐賀平野・志波屋遺跡群を中心に—」『シンポジウム記録3　三世紀のクニグニ・古代の生産と工房』考古学研究会、二〇〇二

（註7）都出比呂志「古墳時代首長の政治拠点」『論苑考古学』天山舎、一九九三

（註8）七田忠昭「日本の弥生時代集落構造にみる大陸的要素—環壕集落と中国古代城郭との関連について—」『東アジアの鉄器文化』韓国国立文化財研究所、一九九六

（註9）田中　淡「『墨子』城守諸篇の築城工程」『中国古代科学史論』京都大学人文科学研究所、一九八九

（註10）蒲原宏行「九州2（佐賀県）」『ムラと地域社会の変貌—弥生から古墳へ—』埋蔵文化財研究会、一九九五

（註11）岡村秀典『三角縁神獣鏡の時代』吉川弘文館、一九九九

（註12）七田忠昭「拠点集落の首長とその墳墓—弥生時代中期から後期の地域集落群の動向の一例—」『日韓集落研究の新たな視角を求めてⅡ』日韓集落研究会、二〇一〇

（註13）西本昌弘「邪馬台国論争」『日本歴史　特集　日本史の論点・争点』七〇〇、吉川弘文館、二〇〇六

（註14）蒲原宏行「古墳時代初頭前後の土器編年—佐賀平野の場合—」『佐賀県立博物館・美術館調査研究書』第一六集、佐賀県立博物館・美術館、一九九一

邪馬台国—近畿説の一例
纒向遺跡の調査とその特質

橋本輝彦

一　はじめに

奈良県桜井市域の北部、ＪＲ巻向駅周辺に展開する纒向遺跡（図1）は三世紀初頭～四世紀前半にかけて存続した遺跡であり、近年ではヤマト王権成立の地として、あるいは西の九州の諸遺跡群に対する邪馬台国東の候補地としてとくに注目を集めている遺跡である。

現在までに一七四次を超える発掘調査が継続的に行なわれているものの、調査面積は南北約一・五キロメートル、東西約二キロメートルにもおよぶ広大な面積の五％程度で、全体像の解明には程遠い状況である。

本稿ではこれまでに実施された調査の内容や遺構・遺物の状況から考えられている纒向遺跡の持つ特質を紹介することとし、現時点で何がどこまで言えるのかを整理しておくこととしたい。

二　纒向遺跡の調査のあゆみ

近年の調査成果を概観する前に、纒向遺跡の調査のあゆみを簡単に振り返っておくこととしたい。「纒向遺跡」の命名は一九七一～一九七二（昭和四六～四七）年にかけて行なわれた発掘調査によって、桜井市大字巻野内・草川・辻・太田・東田・大豆越などの旧纒向村の多くの大字に跨って遺構の存在が判明したことを受け、石野博信によって、名付けられたものである。(註1)それ以前は一九三七（昭和一二）年の大字太田における土器の出土を報じた土井実の報告の際に名付けられた「太田遺跡」の名称で呼称されていたが、(註2)当時想定された遺跡範囲は後に明らかとなる纒向遺跡よりもはるかに小さなものであった。現在では大字太田地区において遺跡のごく一部が先行して発見されていたものであることが判明しており、豊前・箸中・豊田の一部を含めてさらに広範囲に遺構が展開することが確認されている。

なお、この土井の報告を受けた島本一は同年に発表された論考に(註3)おいて、太田遺跡を柳本・朝和地域に展開するオオヤマト古墳群との関連で位置づけるべきものとの指摘を行なっている。この論考は現在では当然とされる纒向遺跡とオオヤマト古墳群との関連が纒向遺跡の調査開始に先立つ戦前の段階ですでに認識されていた点において注目すべきものであるが、その後は一九七一（昭和四六）年に始まる発掘調査において特筆すべき発見が相次ぎ、再び脚光を浴びるまでは長らく忘れられた存在となっていた。

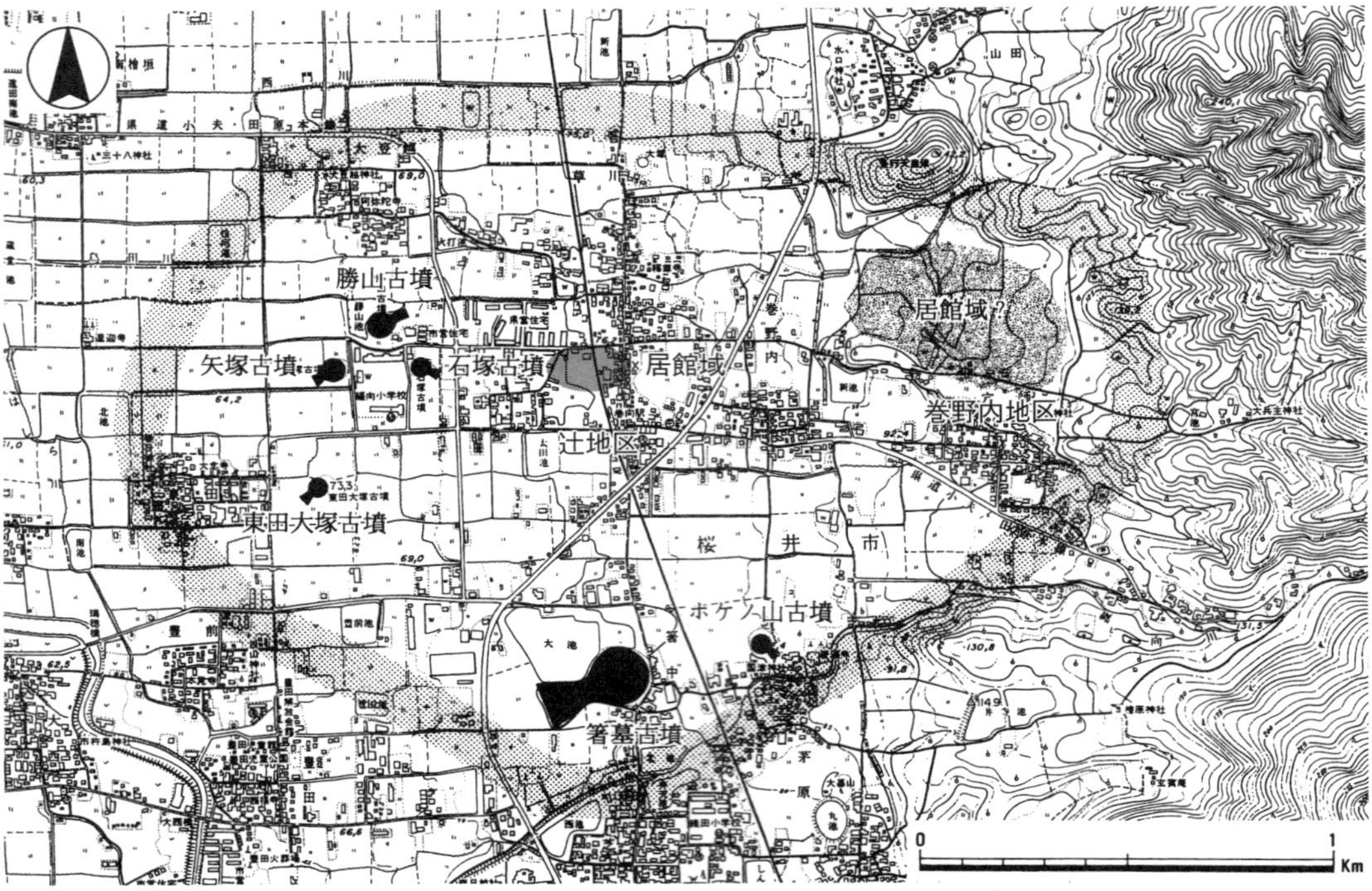

図１　纒向遺跡の範囲（1/25,000）

さて、先にも述べたように遺跡の本格的な調査は一九七一（昭和四六）年の雇用促進住宅の建設に伴う調査に端を発し、同年の纒向小学校・県営住宅の建設に先立つ発掘調査と、わずか一年の間に都合七次にわたる調査が実施されている。これらの調査成果については一九七六（昭和五一）年に刊行された報告書『纒向』に詳しいが、調査担当者である石野博信らによって纏められた主な調査成果を列挙すると、

［一］三世紀代に遡る国内でも最も古い古墳で構成された纒向古墳群の確認。

［二］纒向型祭祀と命名された祭祀が執り行なわれた土坑群の確認。

［三］灌漑や物資の運搬のために人工的に掘削されたとみられる大規模な水路（纒向大溝）の確認。

［四］三世紀初頭から四世紀半ばに至る古墳時代前期の時間の物差しとなる土器編年（纒向編年）の確立。

［五］全体の一五～三〇パーセント前後と多量かつ、広範囲な地域からの搬入土器の確認。

などがあり、この調査を契機に纒向遺跡は最古の古墳を持つ古墳時代前期の大集落遺跡と位置づけられ、大いに注目を集め爾来、継続的な調査が行なわれることとなったものである。

三　纒向遺跡の諸属性

さて、その後の遺跡の調査は桜井市教育委員会と県立橿原考古学研究所により継続的に行なわれ、新しい知見が得られている。一九八四（昭和五九）年にはこれらを整理・検討した寺沢薫による論文

「纒向遺跡と初期ヤマト政権」(註4)が発表され、石野らによる調査成果も合わせて纒向遺跡の特質が整理されている。以下、寺沢による纒向遺跡の持つ特質を要約・列挙すると、

[一] 集落規模が極めて大きく、前段階の弥生時代の拠点的な集落の規模をはるかに上回るばかりでなく、同時期の集落でも同等の規模を持つものは皆無であること。

[二] 弥生時代には過疎地域であった纒向地域に三世紀初めに突如として大集落が形成されること。また、遺跡の出現・繁栄や消長が周辺の前期古墳の動向と時期が一致していること。

[三] 本来近畿の墓の系譜には無い墓制である前方後円墳、纒向型前方後円墳と呼ばれる纒向石塚古墳・矢塚古墳・勝山古墳・東田大塚古墳・ホケノ山古墳などの共通の企画性を持った発生期の前方後円墳群が存在し、後の古墳祭祀に続く主要な要素をすでに完成させていたこと。

[四] 農具である鍬の出土量が極めて少なく、土木工事用の鋤などが多く出土しており、農業を営む一般集落とは懸離れた様相を呈していること。遺跡内の調査では未だ水田・畑跡が確認されていないことなどを考え合わせると農業をほとんど営んでいない可能性が高いこと。

[五] 吉備地域をルーツとする弧帯文様を持つ特殊器台・弧文円板・弧文板・弧文石板などの出土から、吉備地域との直接的な関係が想定されること。弧帯文様を持つものは吉備地方を中心に葬送儀礼に伴って発展したものであり、纒向遺跡ではこれらの祭式が直接古墳や集落での祭祀に取り入れられた可能性が高いこと。

[六] 他地域から運び込まれた土器が全体の一五~三〇パーセント前後を占め、量的に極めて多いこと。そして、その範囲が九州から関東にいたる広範囲な地域からであること。

[七] 奈良盆地東南部という各地域への交通の要所に位置し、搬入土器の存在と合わせて付近に市場の機能を持った「大市」の存在が推定されること。

[八] 建物の中にほぼ真北方向に構築され、柵をめぐらし、付属建物を配する極めて特殊な掘立柱建物が存在すること。

などの要素が挙げられ、纒向遺跡は「新たに編成された政権の政治的意図によって建設された日本最初の都市」と位置づけられるに至っている。

この寺沢論文の発表後も小規模な開発に伴う確認調査は継続して行なわれ、新たな事実の確認や前記特質の追認が続いている。紙幅の関係上その全てを細述することはできないが、後項では二〇〇五(平成一七)年から開始された古墳および集落構造の解明を目的とした学術調査の成果を中心として整理しておくこととする。

四　纒向古墳群の調査

ここにあげる纒向古墳群とは、纒向遺跡内に展開する纒向石塚古墳・矢塚古墳・勝山古墳・東田大塚古墳・ホケノ山古墳・メクリ一号墳・南飛塚古墳・箸墓古墳の八基の出現期の古墳の総称として呼称するものである。これらの多くは範囲確認調査が行なわれたのみで、埋葬施設の様子が判明しているのは石囲い木槨と呼ばれる埋葬施設の存在が確認されたホケノ山古墳のみである。大小合わせた纒向古墳群の調査成果は膨大なものであるため、個別の調査成果につ

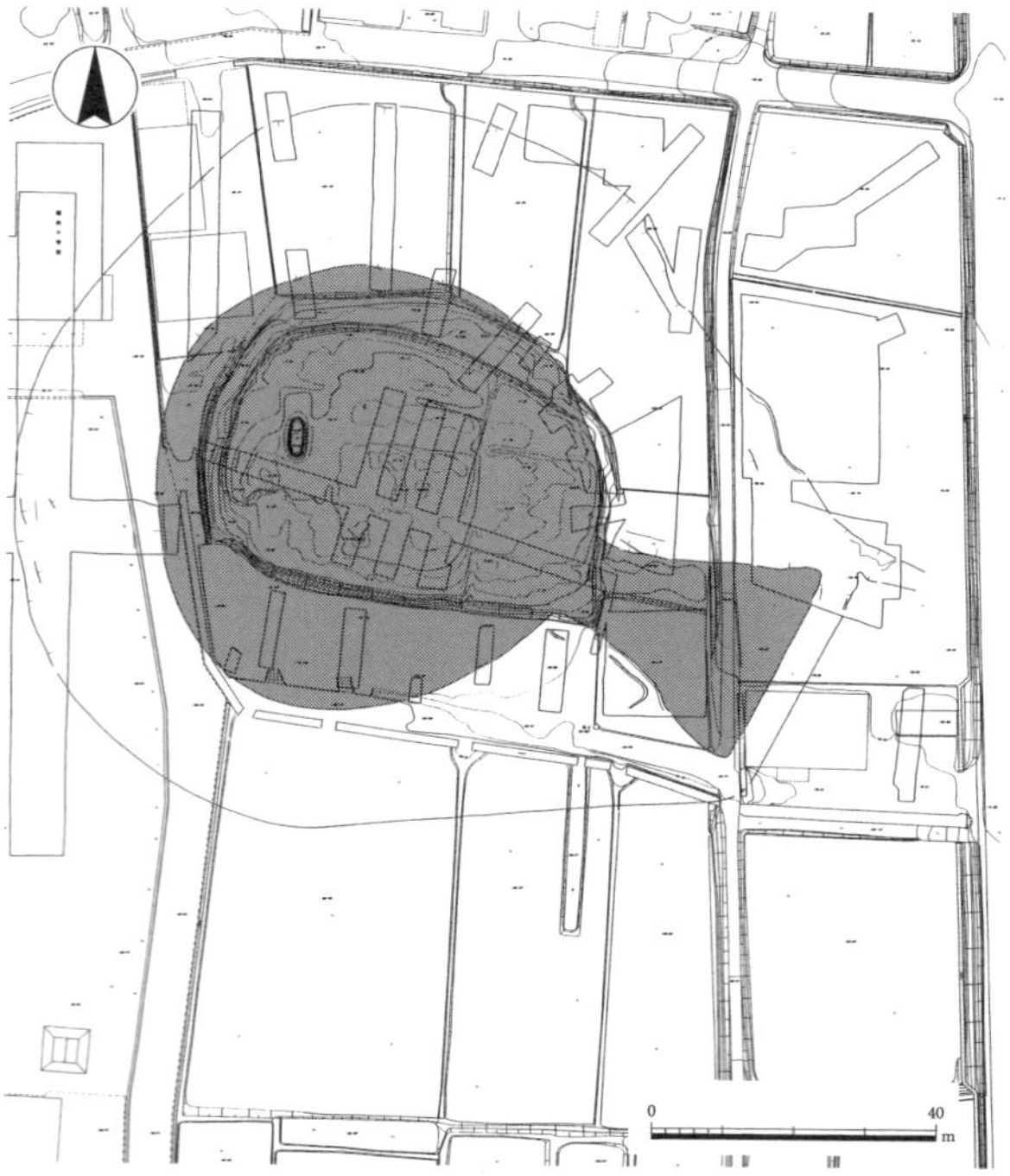

図２　纒向石塚古墳墳丘図（1/1,800）

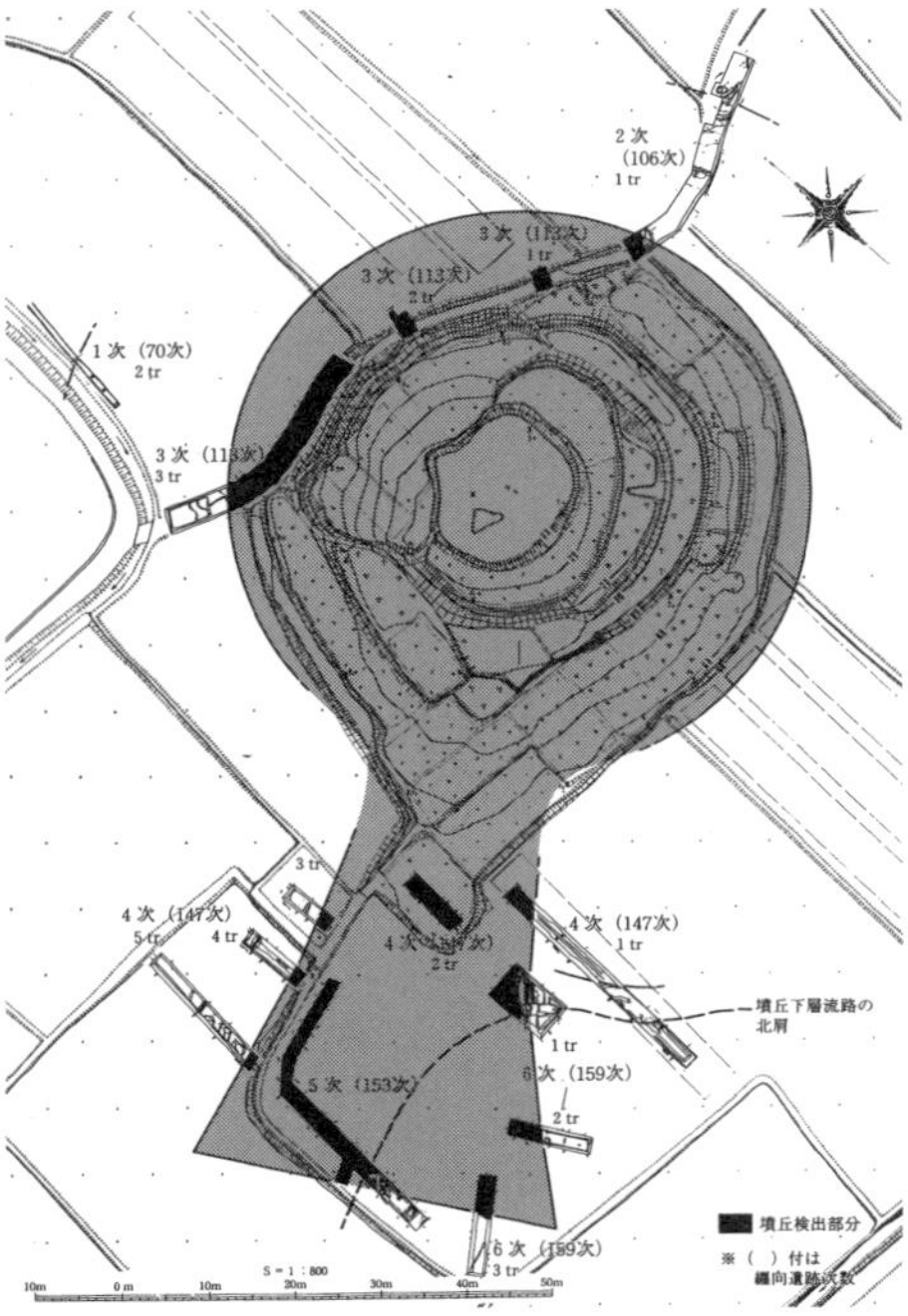

図３　東田大塚古墳墳丘図（1/1,800）

いては個々の報告に譲ることとするが、これまでに実施された纒向古墳群の調査からは大きく次の二点が新たな様相として判明している。

① 第一には寺沢が抽出した纒向遺跡が持つ特質の三番目に挙げた纒向型前方後円墳の墳丘企画の問題である。これまでの調査成果から纒向石塚古墳（庄内一式期）[註5]や矢塚古墳（庄内三式期）・ホケノ山古墳（布留〇式期）などは、寺沢論文によって推定された全長：後円部径：前方部長が概ね三：二：一の比率を示す纒向型前方後円墳の企画に則ったものであることが確認されているが（図２）、勝山古墳（庄内三式期）・東田大塚古墳（布留〇式期）などは纒向型前方後円墳の企画よりも前方部が長く、むしろ箸墓古墳に近い平面プラン（図３）を持つことが判明し、箸墓古墳（布留〇式期）の築造に先立つ纒向遺跡の首長墓に纒向型と箸墓型の二つのタイプの墳形が採用されていたことが判明している。この二者の違いについては未だ決定的な説は提示されておらず、今後さらなる検討が必要と思われる。

② 第二には前方後方墳であるメクリ1号墳（庄内二～三式期）の存在が確認されたことにより、全長一〇〇メートル前後の規模を誇る前方後円墳の下に全長二八メートルのメクリ一号墳が、さらにその下には方形周溝墓・木棺墓・土壙墓・土器棺墓などの小規模な墳墓が続くことが判明した。これらの墳墓群の存在はヤマト王権の本拠地と目される纒向遺跡内の首長層の階層性を示すものとして注目されるものである。恐らくは中型古墳の存在はメクリ一号墳だけではなく、墳形や正確な規模は不明ながら南飛塚古墳（布留〇式期か？）などもその候補として

考えられるものであり、最終的にはむしろ大型の古墳よりもその数は多くなる可能性があると想定しているし、墳丘の形状も一様ではない可能性が考えられる。

このように纒向古墳群における近年の調査からは新たな事実の判明が相次いでおり、長年論争の続く個々の古墳の築造時期の問題はもとより大型古墳における築造プランの問題、そして多様な規模とバリエーションを持った中規模古墳の存在の可能性などからは纒向遺跡における首長系譜や階層性など今後さらに検討すべき多くの問題が明らかとなってきている。

五　居館域の調査

纒向遺跡の居館域を探る調査は二〇〇八（平成二〇）年度より開始され、これまでに五次にわたって調査が実施されている。纒向遺跡の居館域については寺沢のあげる纒向遺跡の特質の［八］に挙げられた庄内期の特殊な構造を持った建物群が検出されている大字辻地区と、布留式期の区画溝や導水施設、鍛冶や木器の制作工房の存在が確認されている巻野内地区の二ヵ所においてその存在が推定（図1）されていたが、現在調査の対象とされているのは大字辻地区の標高七五メートル前後の扇状地（太田北微高地）上の遺構群である（図4）。

一連の調査ではこれまでに東西三間×南北一間以上（四・八メートル×一・三メートル以上）の規模を持つ建物Aや東西二間×南北三間（五・二メートル×四・八メートル）の建物B、近接棟持柱を持つ東西三間×南北二間（五・三メートル×約八メートル）の建物C、そして四間四方（東西一二・四メートル×南北一九・二メートル）の規模に復元される建物D、建物B・C・Dを囲む柱列（柵）、土器や木製品のほか豊富な栽培植物、鳥や獣、多様な淡・海水魚など多くの遺物が投棄された大型土坑（SK－3001）の存在などが確認されており、特筆すべき遺物には突線鈕式銅鐸の鰭の小片などがあった。ここではこれまでに確認されている居館域での調査成果を整理しておくこととしたい。

①　これまでに確認された建物A～Dの四棟の建物や柱列（柵）などは、方位およびその軸線を揃えて構築されていることが判明している（図5）。東西南北のいずれに居館域の正面がくる

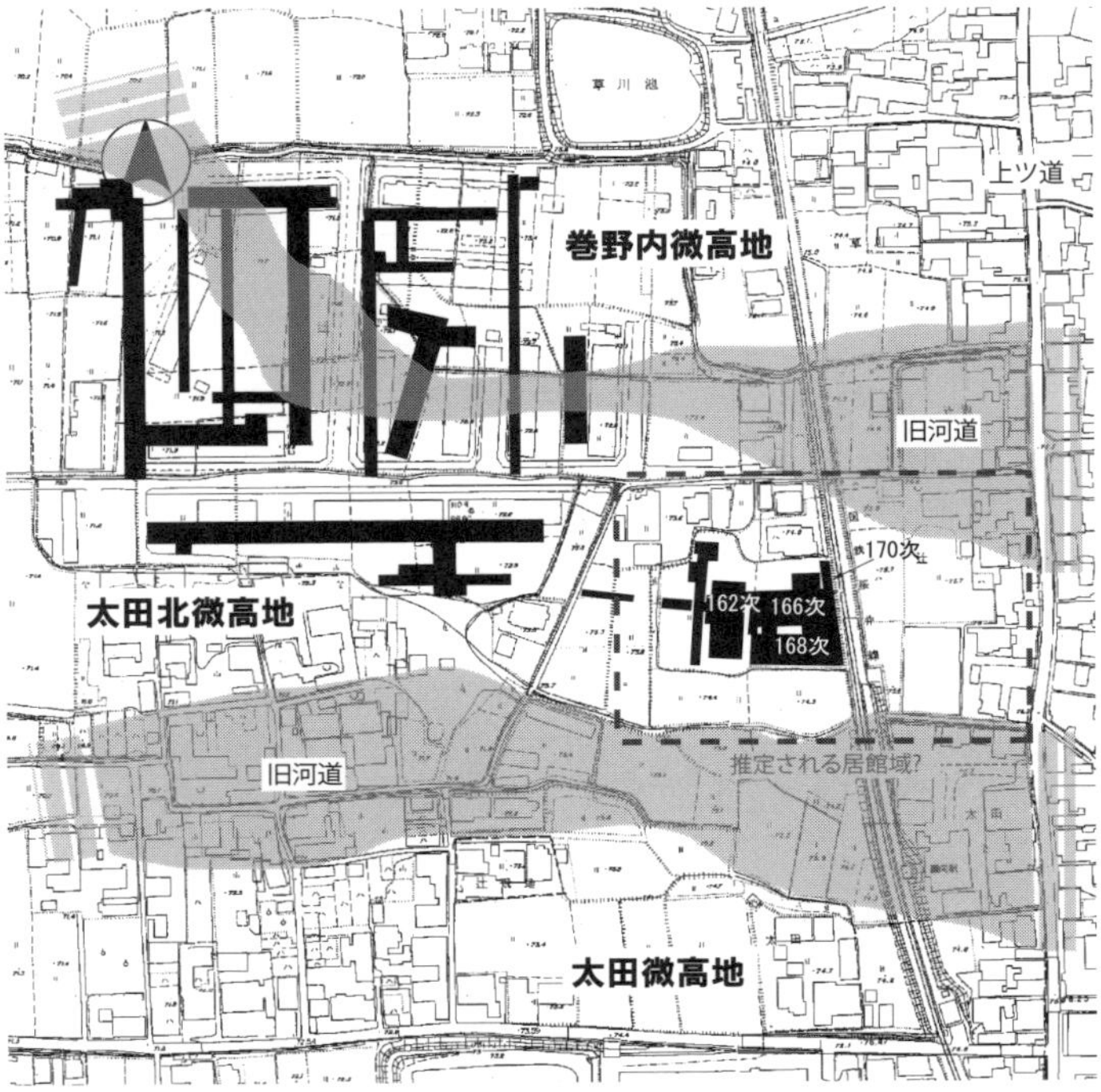

図4　辻地区調査位置囲（1/4,000）

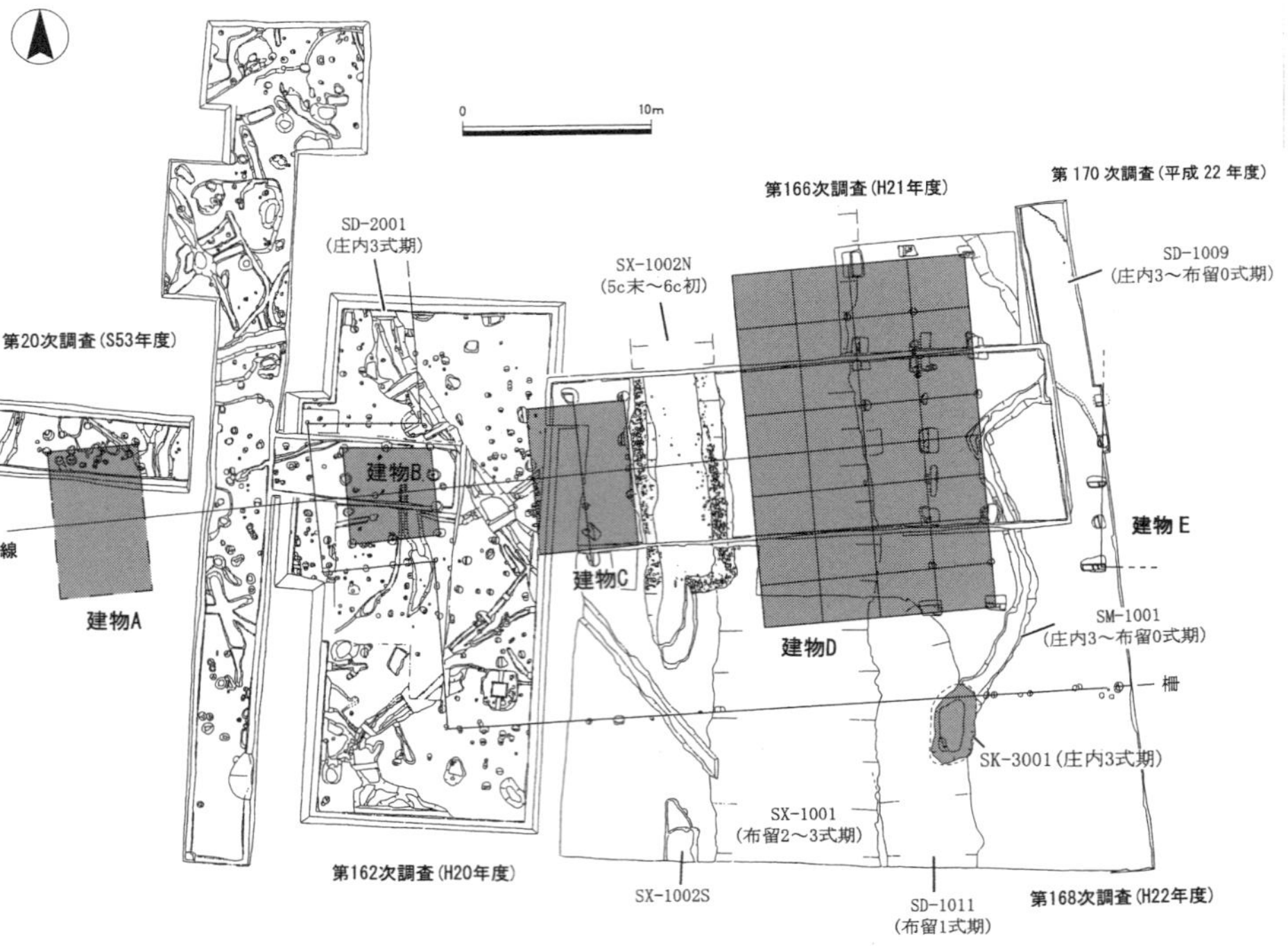

図５　辻地区の遺構配置囲（1/600）

のかは不明ながら、推定される建物群の軸線は東西方向に通るもので、方位は建物・柱列（柵）などすべての構造物が真北に対して約四～五度西に振れた方位に揃えて建てられている。これらの建物・柱列（柵）の構築時期は庄内式期の中葉とみられ、廃絶は庄内三式期と構築から廃絶までのプロセスがほぼ期を同じくすることから、明確な設計に基づき、強い規格性を持って同時に構築・廃絶が行なわれたものと判断される。

②　個々の建物を比較すると柱列（柵）の内と外ではその規模に明確な違いが認められることから、柱列（柵）を境に建物の重要度に違いがあると考えている。地形からの推定では太田北微高地上に東西一五〇メートル×南北一〇〇メートル前後の居館区画が存在するものと考えており、その内部は柱列（柵）を境として内郭と外郭に整然と区画されていたものと思われる。

③　建物Ｄの復元規模は四間四方の南北一九・二メートル×東西一二・四メートル、床面積二三八・〇八平方メートルと三世紀中頃までの建物遺構としては国内最大の規模を誇るものとなった。現時点の考古学的な状況からは建物Ｄの性格について特定できないが、その規模からは居館域における中心的な役割を果たす建物の一つと考えている。

④　大型土坑（ＳＫ－３００１）は出土遺物の年代観（庄内三式期新相・三世紀中頃）やその内容、土坑の北端が柱列（柵）のラインと重なることなどから、土坑が建物群の廃絶後に掘削され、特別な意味合いを持った「マツリ」が行なわれたものと推定される。現時点ではどのような意味合いを持って祭祀が行なわれたのか、またその内容については判然としないが、大型土坑か

らの出土遺物はこれまでに判明している纒向遺跡内の祭祀土坑群とはその組成に違いが認められるもので、同じく庄内三式期（三世紀中頃）に廃絶したと考えられる建物群と何らかの関係性を考えるならば、建物群の解体時に執り行なわれた「マツリ」の痕跡と見ることもできよう。

⑤　纒向遺跡において二例目となった銅鐸片（図６）の出土は、近年確認されている桜井市大福遺跡や同脇本遺跡の破砕銅鐸との関連が注目されるもので、本来銅鐸を保有しない時期のものと考えられる纒向遺跡において銅鐸片が出土することは、弥生時代から古墳時代へと時代の転換期における社会や祭祀の変化を考える上で極めて重要な資料といえよう。

図６　出土銅鐸片

これらの調査成果から推定すると、一連の調査対象となった微高地上は三世紀前半代に纒向遺跡の中心的な人物がいた居館域であったことはほぼ間違い無いと考えられる。複雑かつ整然とした規格に基づいて構築された建物群の確認は国内でも最古の事例となるもので、これまでに判明している弥生時代の大型建物や中心的な区画の内容とは完全に一線を画するものと言えよう。過去五次にわたる範囲確認調査で明らかとなった纒向遺跡の居館構造は弥生時代から古墳時代への変革期における権力構造や社会の大きな変化を窺うことができるものであるとともに、未だ明らかでない飛鳥時代以前の大王や天皇の宮などの原形にあたると考えられることから、周辺地区における一連の調査は我が国における国家の形成過程を探る上でも極めて重要な意義を持つものと考える。

六　まとめ

居館域や古墳の調査も合わせ、今回触れることのできなかったこれまでの調査成果からは、先に挙げた石野や寺沢によって確認された以外にも纒向遺跡がもつ多くの特質を挙げることができる。その幾つかを列挙すると、

［一］前方後方墳であるメクリ一号墳や規模の小さな方墳、あるいは前方後方墳とみられる南飛塚古墳の発見によって遺跡内における首長層の墓制に明確な階層性の存在が見て取れること。

［二］遺跡の最盛期には一般集落に通有な竪穴式住居が築かれず、高床式や平地式の建物で居住域が構成されていた可能性があること。

［三］韓式系土器の出土やベニバナ・漢式三角鏃などを模倣した

と考えられる木製鏃・木製輪鐙の存在、ホケノ山古墳の副葬品にみる舶載された鏡鑑類や鏟形鉄製品など、朝鮮半島や大陸系の文物を数多く取り入れていたことが判明しており、これらの地域との直接的な交流が想定されること。

［四］複数の地点における鍛冶工房の確認や木製品加工所などの存在が確認されたほか、ベニバナを用いた染織が行なわれていた可能性が指摘されており、纒向遺跡の首長層が高度な技術者集団を抱えていたと考えられること。

［五］寺沢によって挙げられた特質の［八］と重複するが、居館域の調査において方位に則り、明確な設計と強い規格性に基づいた建物群が確認されたこと。

などを新たに加えることができると考える。これら纒向遺跡が持つ多様な特質はそれまでの弥生時代集落や同時代の集落遺跡とは一線を画するもので、纒向遺跡がほかに例を見ない極めて特殊な遺跡であったことが理解できるであろう。

冒頭でも述べたように、近年の著しい調査成果も手伝って纒向遺跡は西の九州の諸遺跡群に対する邪馬台国東の候補地としてますます注目される存在となっているが、遺跡に対する評価は邪馬台国との関係についての位置づけに終始しがちになっている感がある。無論、邪馬台国の位置を探ることは重要な課題の一つであり、多くの人々の関心事であることは言を待たないが、今確実に言えるのは纒向遺跡が我が国における古墳時代の幕開けを告げる遺跡であり、ヤマト王権成立の地として日本の国家形成の過程を探る上で極めて重要な位置を占めるということであろう。今後さらに様々な視点からの議論が深化することを期待するとともに、積極的に実態解明のための調査と恒久的な保存の措置を講じていきたい。

（註1）石野博信・関川尚功『纒向』桜井市教育委員会、一九七六

（註2）土井　実「纒向村太田より土器」『大和志』四―五、一九三七

（註3）島本　一「太田遺跡随録」『大和志』四―一一、一九三七

（註4）寺沢　薫「纒向遺跡と初期ヤマト政権」『橿原考古学研究所論集』六、奈良県立橿原考古学研究所、一九八六

（註5）個々の古墳の築造時期については、私案によるもので必ずしも調査担当機関からの発表・報告に基づくものではないことを断っておく。なお、本稿における土器の編年観はすべて次の文献に準ずる。

寺沢　薫「畿内古式土師器の編年と二・三の問題」『矢部遺跡』奈良県史跡名勝天然記念物調査報告第四十九冊、奈良県立橿原考古学研究所、一九八六

※紙幅の関係上、個々の調査報告書については割愛した。ご容赦頂きたい。

狗奴国—九州説の場合

佐古和枝

一　倭人伝から読みとく「狗奴国」

（一）卑弥呼との抗争

狗奴国は、倭の女王卑弥呼に従わず、抗争したクニとして、魏志倭人伝のなかで異彩を放っている。倭人伝にみえる狗奴国についての記述は、下記の二ヵ所である。（註1）

①（その余の傍国二一ヵ国の記載に続いて）これ女王の境界の尽くる所なり。その南に狗奴国あり。男子を王となす。その官に狗古智卑狗あり。女王に属せず。

②その（正始）八年、太守王頎官に到る。倭の女王卑弥呼、狗奴国の男王卑弥弓呼と素《もと》より和せず、倭の載斯烏越等を遣わして、郡に詣り、相攻撃する状を説く。塞曹掾史張政等を遣わし、因って詔書・黄幢をもたらし、難升米に拝仮せしめ、檄を為《つく》りてこれを告諭す。

②に続いて、著名な「卑弥呼以て死す、大いに冢を作る」の文がある。倭人伝において、王の名前が記載されているのは、倭国の卑弥呼・台与と狗奴国の卑弥弓呼のみである。狗奴国の存在の重さがうかがえよう。

ここで、倭人伝の倭と魏の交渉記事から、この時期の状況を少し詳しくみておきたい。

注目したいのは、正始六年に難升米に黄幢を仮授する詔が下されたことである。黄幢は、軍事指揮に用いられる旌旗の類である。この時の詔書と黄幢は、正始八年に倭に派遣された張政によって難升

表1　魏と倭の交渉記事

年	使者	内容
景初三年（二三九）	大夫・難升米、副使・都市牛利	生口・班布を献上し、詔書、「親魏倭王」の金印、絹織物、銅鏡百枚などを授かった
正始元年（二四〇）	同左	使者帰国。帯方郡の梯儁が送使として同行し、倭王は送使に託して上表し、詔書に答謝した
正始四年（二四三）	大夫・伊声耆・掖邪狗ら八人	生口・倭錦などを献上し、使者が印綬を授かった。
正始六年（二四五）		詔を下して倭の難升米に黄幢を賜与することになり、帯方郡に付託して仮授した
正始八年（二四七）	載斯・烏越等	狗奴国との交戦状況を報告。帯方郡は張政らを派遣し、詔書と黄幢をもたらし、難升米に仮授し、檄を作って教え諭した
正始八年（二四七）か	倭の大夫で率善中郎将の掖邪狗ら二十人	張政らを送還し、朝廷に参上して生口三十人、白珠五千孔、青大句珠二枚、異文雑錦二十匹を貢納した。

米に「拝仮」された。当時、卑弥呼はすでに高齢の域に達していたはずである。統率力が弱まった卑弥呼に代わり、難升米に軍事指揮権が移されたものと考えられる。そうした処置の必要性は、正始元年の送使によって、魏に伝えられたのだろう。そしてその背景として、すでに狗奴国との抗争が深刻化していた可能性が想起される。しかし、軍事指揮権を託されることになった難升米も事態を収束させることができず、正始八年に狗奴国との苦戦の状況が報告され、張政等が派遣されることになったのではないか。

続く卑弥呼の葬送記事にみえる「以死」を「すでに死し」と読む説がある。[註2] 張政が倭に至った時、卑弥呼はすでに没しており、難升米が倭王を名乗ったのかもしれない。「卑弥呼以死、大作冢」が「倭王」の表記をもたないことも、そのことを暗示していよう。しかし、倭のクニグニは難升米に服従せず、台与が共立された。そのために、魏も難升米を正式な王と認めず、たんに「男王」と記したのだと思うのだが、いかがであろう。

いずれにしても二四〇年代の倭国は、度重なる支配者の交替という深刻な事態に直面した。その大きな要因が狗奴国との抗争である。倭国を揺るがせたほどの狗奴国とは、いったいどのようなクニだったのか。

(二) 文献による狗奴国の所在地論争

狗奴国の所在地については、邪馬台国論争の初期から、本州・四国に求める説と九州の筑後以南に比定する説がある。江戸時代から明治時代には、邪馬台国九州説支持者のなかにも、南九州にはさしたる勢力がないということで、狗奴国を本州・四国に求める研究者がいた。[註3] その論拠として、四三二年に完成した後漢書倭伝の「女王国より東、海を度ること千余里、拘奴国に至る。皆倭種といえども、女王に属せず。」の記述が用いられる。しかし、編者范曄（三九八～四四五年）は宋の人であり、後漢書の完成までに三度、倭王から宋への遣使が行なわれている。范曄は、五世紀の遣使がもたらした倭に関する情報からヤマト王権にまつろわぬ東方勢力を魏志の「倭種」とみなし、それを女王に属さない「狗奴国」と混同し、改作した可能性が高いという指摘がある。[註4] 陳寿が参照した魏略には「女王の南、又狗奴国あり」とある。やはり狗奴国は、卑弥呼の支配領域の南にあったとみるべきであろう。

狗奴国九州説は、「クナ」が「クマ」に通じるとして肥後国球磨郡とする説や、「狗古智卑狗」を「菊池彦」として肥後国菊池郡に想定する説など、肥後国内に求める見方が有力である。「狗古智卑狗」は、「菊池」地方の有力者であろう。しかし、それは官職名であって、王の名ではない。狗奴国の王「卑弥弓呼」は菊池川流域以外に存在した可能性も考慮すべきである。

いずれにしても、狗奴国の所在地について、倭人伝の記述の解釈だけでは推論の域を出ることができない。それは邪馬台国についても同様である。

鍵を握るのは、考古学である。膨大な発掘資料と研究成果が蓄積された今日の考古学は、狗奴国をどう描くことができるのか。多くの先学諸氏の研究に学びながら熊本県下の弥生時代遺跡の状況を概観し、狗奴国の素描を試みたい。

二　考古学からみた肥後の弥生社会

狗奴国は、卑弥呼が倭王であった三世紀前半に有力な勢力であった。二世紀末の「倭国の乱」を勝ち残り、勢いを増したのであろう。考古学でいえば弥生時代の後期後葉から終末期（庄内期）にあたる。その頃の肥後の状況を把握するために、少し時代を遡ってみていこう。

（一）狗奴国前夜―弥生時代中期―

渡来集団と青銅器生産　弥生時代の肥後は、宇土半島の北側に流出する白川を境に様相を異にすることはよく知られている。北部九州に特徴的な甕棺墓や青銅器祭祀は、おおむね白川を南限とする。ただ近年、熊本市とそれ以南の地域で中期の青銅器の資料が増えている。熊本市白藤遺跡の武器形青銅器の鋳型や八の坪遺跡の鋳型（小銅鐸・細形銅戈など）、八代市の上日置女夫木遺跡の小銅鐸や用七遺跡の青銅製鉇、鹿児島県伊佐市下鶴遺跡の銅戈など、有明海沿岸から鹿児島の西海岸にかけての地域である。

片岡宏二は、白川中流域の江津湖遺跡群・白川下流域の権藤遺跡群・宇土半島付根周辺には、福岡平野とほぼ同じ前期末頃に、朝鮮半島系無文土器や擬朝鮮半島系土器が集中しており、渡来集団の移住があったとみている。また、これらの遺跡群では初期の青銅器鋳型が出土しており、渡来集団が当地に青銅器生産をもたらしたこと、朝鮮半島系土器の擬化と青銅器生産のあり方に土生遺跡など佐賀平野との共通性が認められることを指摘している。(註5) 当地に土着した渡来集団の技術やネットワークは、その後の肥後社会の発展に、少なからぬ影響を及ぼしたことだろう。

貝の道　中期後半には、北部九州の影響を受けつつも地域色の強い黒髪式土器が登場する。分布の中心を熊本平野とし、北は筑後南部、西は豊後の阿蘇山東麓、南は日向・薩摩・南西諸島にも広がりをみせる。

黒髪式土器や後期の肥後に特徴的な重弧文長頸壺が南西諸島でも出土し、また熊本平野沿岸部では南海産のゴホウラガイ製の貝輪が出土していることから、木下尚子は中期後半以降の不知火・有明海沿岸地域を、北部九州で流行する貝輪の原材料となる南海産貝交易の集散地とみている。(註6) 北部九州系の品々は、陸路だけでなく、南海産貝の交易を介しても肥後にもたらされたと考えられる。

東への道　黒髪式土器は、阿蘇盆地からさらに阿蘇山東麓の大野川上・中流域にも散見され、阿蘇を介して白川流域と豊後が繋がっている。(註7) 花弁状間仕切り住居は、弥生時代後期の日向・大隅地方に特有な形態として知られるが、近年、佐賀県みやき町の西寒水四本柳遺跡、阿蘇盆地の幅・津留遺跡、大野川流域の高松遺跡で、弥生時代中期後半の事例が報告され、佐賀平野―阿蘇―豊後から日向へという交通を考える手がかりとなる。豊後・日向の太平洋沿岸地域は瀬戸内海からの影響が顕著であり、いわば瀬戸内方面に開けた玄関口である。肥後にとって、重要な意味をもっていただろう。

中期後半、北部九州では前漢鏡が普及し始め、伊都国や奴国に王墓が出現し、大陸との外交が最重要課題となっていた。その頃肥後勢力は、薩摩や南西諸島だけでなく、豊後・日向への道を開き、北部九州とは異なる独自の世界を構築しつつあった。

（二）弥生時代後期の様相

後期の肥後には、脚台付甕や「肥後型」ともいわれる複合口縁壺、ジョッキ形土器、重弧文長頸壺など、個性的な土器が登場する。甕棺墓は衰退し始め、北部九州から新たに小形仿製鏡や破鏡が流入してくる。

この時期の土器様式は、菊池川流域から白川流域に野辺田式土器、白川流域から南の球磨川流域に免田式土器(註8)と南北で様相を異にし、甕棺・青銅器の分布範囲は中期と同様、白川流域を南限とし、野辺田式土器の分布圏とおおむね一致している。

一方、免田式土器のなかでも特徴的な重弧文長頸壺は、本来の土器様式の分布域を越え、佐賀平野、筑後川流域、宮崎県えびの市から宮崎平野、鹿児島県西部から南西諸島と、広範な地域に運ばれている。重弧文長頸壺は、表面を丁寧に磨きあげ、重弧文を施し、ときに赤彩が施されており、祭祀や儀礼に用いられたと考えられている。こうした精製土器は、土器そのものが価値をもって運ばれた可能性がある。

以下、地域ごとの様相を概観してみよう。

菊池川流域　菊池川流域には、二～五キロの間隔で弥生時代後期の拠点集落が点在しており、その多くが環濠をそなえている。下流では野辺田遺跡、諏訪原遺跡、ヲスギ遺跡、中流域では方保田東原遺跡、蒲生・上の原遺跡、津袋大塚遺跡、上流ではうてな遺跡、長田外園遺跡、古閑原遺跡、小野崎遺跡、石川遺跡などである。長田外園遺跡では、貨泉が地表採集されている。

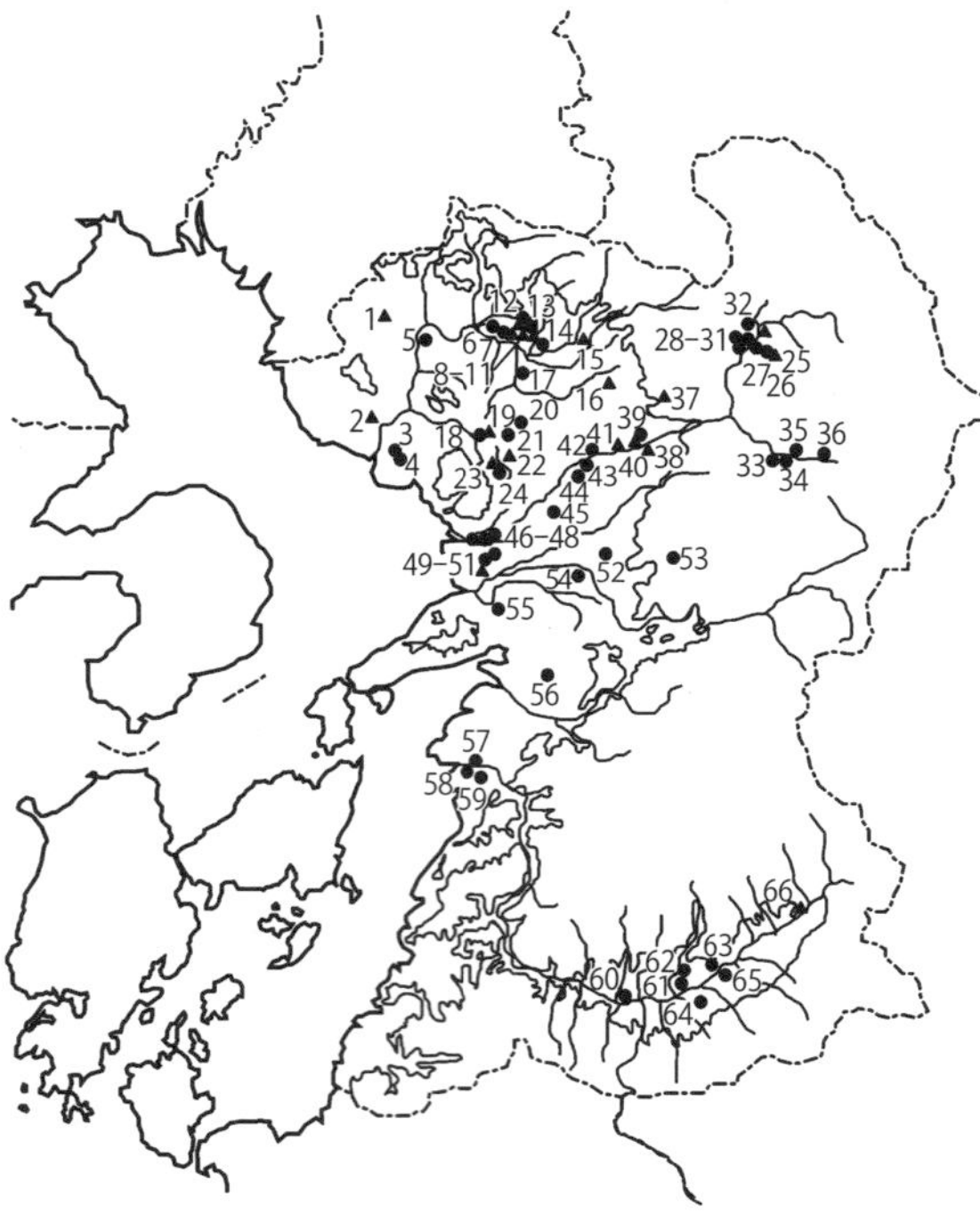

図１　おもな関連遺跡（番号は表１に一致する）

国史跡・方保田東原遺跡（山鹿市）は、弥生時代後期から古墳時代前期にかけての大規模な環濠集落である。遺跡の面積は三五～四〇ヘクタールと推定され、その一割にも満たない発掘調査で、国内最大級の巴形銅器や銅鏃・小形仿製鏡などの青銅器、硬玉ヒスイ製勾玉、鐸形土製品と舌などが出土している。青銅器の出土量の多さは県内の遺跡で際だっている。また、鉄製品も数多く、鉄器製作関連遺物や鍛冶炉も確認されている。L字状石杵や赤色顔料付着土器が複数出土しており、水銀とベンガラの両者が赤色顔料として用いられている(註9)。赤色顔料精製関連遺物は、ほかに石川遺跡、古閑天神平遺跡、藤田上原遺跡など、菊池川流域に集中しているが、本遺跡の出土数が傑出している。

方保田東原遺跡から東へ約四キロ、菊池平野の北側丘陵先端に位置するうてな遺跡（七城町）もまた、弥生時代後期から古墳時代前期の大規模な環濠集落である。遺跡の広さは東西七〇〇メートル、南北四〇〇メートルと広大で、地中探査レーダーによって集落は東西・南北ともに二五〇メートルに及ぶと推定されている。おもな出土品には貨泉、小形仿製鏡、銅鏃、台付舟形注口土器などがある。小形仿製鏡は、方保田東原遺跡出土鏡と同笵とされる(註10)。

菊池川下流の諏訪原遺跡（菊水町）では、竪穴住居七一軒と溝が検出され、船載鏡片や小形仿製鏡や多量の鉄製品、鉄片、鉄滓、鍛冶炉が確認されている。

菊池川の支流である合志川から小野川、坪井川をへて、白川下流域に到る交通路沿いに、植木町小野崎遺跡、石川遺跡、小糸山遺跡などがある。小野崎遺跡は、うてな遺跡から西へ二キロの位置にあり、竪穴住居三七八軒、木棺墓・土壙墓・石棺墓二二〇基、溝三七条が検出された。出土した小形仿製鏡八点のうち、一点は吉野ヶ里鏡と、ほかの一点は韓国慶尚北道舎羅里一三〇号墓鏡、福岡県犀川町続命院鏡、熊本市五丁中原鏡と同笵の可能性が指摘されている。（註11）石川遺跡は、方保田東原遺跡や小野崎遺跡に次ぐ拠点集落であり、一〇八点の鉄製品、鉄器製作関連遺物、水銀朱と内面朱付着土器、L字状石杵、小形仿製鏡が出土した。県内で水銀朱や内面朱付着土器、石杵の出土例は、方保田東原遺跡と本遺跡のみである。L字状石杵にはベンガラが付着しており、方保田東原遺跡と同様、水銀朱とベンガラの両者を使用していたことがわかる。（註12）

菊池川下流からは、木葉川沿いに白川下流域と繋がっており、このルート沿いには、ヲスギ遺跡、轟遺跡、五丁中原遺跡などがある。（註13）轟遺跡では中細形銅矛四本が、ヲスギ遺跡と五丁中原遺跡は小形仿製鏡が出土した。これらの遺跡群は、土器様式を異にする菊池川流域と白川流域を繋ぐ存在として注目される。

阿蘇　村上恭通によれば、、後期後半から終末にかけての阿蘇山とその周辺は、「鉄器を出土する集落が弥生時代で最も密集する地域」である。とりわけ阿蘇盆地の北西部、四平方キロの範囲には、狩尾湯の口遺跡、方無田遺跡、池田・古園遺跡、下西山遺跡、下扇原遺跡、小野原遺跡など、大量の鉄製品や鉄器製作関連遺物、鍛冶炉をもつ遺跡が密集し、出土した鉄製品の総数は一〇〇〇点を超える。また、鉄製品の組成は、鉄鏃や摘鎌の多さや有帯袋状鉄斧が傑出するなど、北部九州とは異なる特徴をそなえているという。（註14）ここでは、北部九州との関連を示す銅矛、銅戈、破鏡、小形仿製鏡、ガラス製品なども豊富であり、そうした地域を介して船載鉄素材を入手したことが推測される。しかし、当地においてこれほど大規模な鉄器生産がおこなわれた要因として、船載素材だけに依存していたのではなく、阿蘇に産出する褐鉄鉱を利用した可能性も考慮すべきであろう。

下扇原遺跡（阿蘇町）は竪穴住居八六軒、溝三条などからなり、一五二二点の鉄製品および鉄器製作関連遺物、鍛冶炉が検出された。珍しいピューター（錫を主成分とする合金）製の「銅釦」も出土した。通常の銅釦はピョンヤン市南郊の楽浪古墳群に数多くみられ、国内では本遺跡のほか、熊本市神水遺跡二点、菊池市小野崎遺跡一点、佐賀県小城町布施ヶ里遺跡三点、佐賀市西山田二本松遺跡一点、壱岐市原の辻遺跡一点、京都府京田辺市田辺天神山遺跡一点の六遺跡八点が出土しており、ここでも肥後と佐賀平野との関係がうかがえる。

下扇原遺跡の多くの竪穴住居には、住居廃絶時の

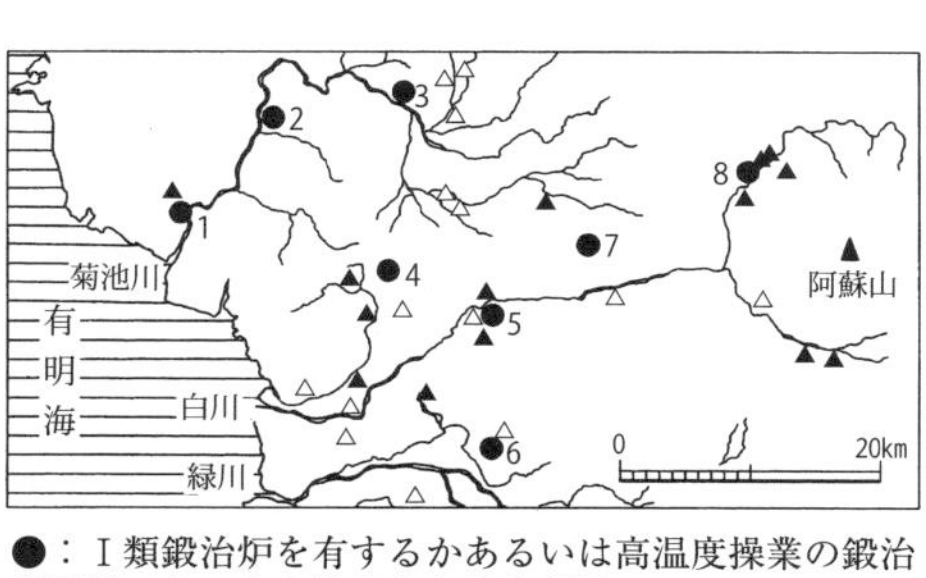

●：Ⅰ類鍛冶炉を有するかあるいは高温度操業の鍛冶が可能であったと推定される集落址
▲：Ⅱ類鍛冶炉を有するかあるいは鉄器生産関連遺物出土の集落址
△：鍛冶工房の存在が推定される集落址
1：下前原遺跡　2：諏訪原遺跡　3：方保田東原遺跡　4：小糸山遺跡　5：山尻遺跡　6：二子塚遺跡　7：西弥護免遺跡　8：狩尾遺跡

図2　中九州（熊本地域）**における鍛冶遺構の分布**（註14より）

儀礼に関わるものと推測される大量のベンガラが散布されていた。その総量はコンテナ二四箱にも及ぶという。阿蘇のほかの諸遺跡でもベンガラは多用されており、阿蘇の褐鉄鉱を利用したベンガラ生産が行なわれていたと考えられる。

ベンガラは、祭祀・儀礼用の品々の赤彩や墓葬に用いられる。後期の北部九州では、甕棺に代わって普及する石棺の内壁に塗布する風習が広まる。ベンガラは、鉄製品とともに当地の交易品として北部九州へ搬出されたものと推測される。

白川流域　阿蘇山系の西裾、阿蘇から有明海に流れる白川の上・中流域には、西弥護免遺跡、石原・亀の甲遺跡、長嶺遺跡など、大量の鉄製品を出土する遺跡が存在する。阿蘇地域と同様、ここも中広形の銅矛・銅戈、広形の銅矛が出土する地域である。後期後葉から終末に営まれた西弥護免遺跡（大津町）は、竪穴住居二一八軒、土壙墓一七八基からなる大規模な環濠遺跡である。ここでは、五六七点の鉄製品と鉄器製作関連遺物、鍛冶炉が検出された。

白川下流域の拠点集落としては、五丁中原遺跡、神水、白藤遺跡群などがある。五丁中原遺跡（熊本市）は、数百メートルに及ぶ濠で囲まれた環濠集落で、集落の範囲は三ヘクタールに及ぶと推定されている。確認された竪穴住居は八三軒で、小形仿製鏡、銅鏃二点、巴形銅器などが出土した。

八島町遺跡（熊本市）も環濠集落で、竪穴住居八〇軒、掘立柱建物四棟、溝七条などが検出された。ここで出土した小形仿製鏡は、朝鮮半島に類例があるという。本遺跡と坪井川を挟んで対面する二本木遺跡では破鏡が出土している。

白川下流域は、前述の如く前期末から中期にかけて、渡来集団が移住したとみられる遺跡や、渡来集団の移住を契機として初期青銅器生産をおこなったとみられる遺跡が集中している。しかし、これらの集落は中期で解体したとみられ、物流・生産体制に変化が生じたと推測される。

緑川流域　ここには、環濠をもつ大規模集落の二子塚遺跡（嘉島町）がある。後期中頃から終末にかけて、二六七軒の竪穴住居が営まれ、鍛冶遺構や鉄滓、鉄剣、ミニチュア剣、鉄鏃など多数の鉄製品や、破鏡が出土した。新御堂遺跡（城南町）も環濠集落であり、貨泉、半両銭が採集されたほか、調査によって大泉五十・巴形銅器などが出土した。

人吉・球磨地方　肥後の南端、球磨川上流の九州山地に開けた人吉盆地は火山灰に覆われ、北部九州由来の稲作文化の影響が希薄な地域である。しかし、縄文時代にヒスイの玉類や原石、腰岳産黒曜石製の石器が出土したり、弥生時代の細形銅剣が多良木町ヤリカケ松遺跡で出土するなど、北部九州方面から貴重な品々がもちこまれている。

「免田式土器」の名称は、大正時代から昭和時代初期にかけて、旧免田町（現あさぎり町）の本目遺跡や市房隠れ遺跡で、重弧文長頸壺を含む大量の土器が出土したことに由来する。重弧文長頸壺は、後期後葉に白川流域で出現し、当地ではやや遅れて後期中葉頃から登場する。そして、肥後の他地域では重弧文長頸壺が姿を消す弥生時代終末期まで存続する。

本目遺跡は後期後葉から終末にかけての土壙墓・木棺墓および墳丘墓からなる墓地で、重弧文土器を含む土器や鉄鏃、穿孔のある破鏡やガラス小玉が出土した。墳丘墓は大きく削平を受けていたが、複数の土壙墓が営まれ、墳丘頂部の土壙墓上方には最終段階の重弧文長頸壺を含む土器群が供献されていた。出土した土器群には、瀬戸内地方の影響が認められるものがある。

古墳時代になると、当地には、南九州特有の地下式板石積石室墓が普及する。本目遺跡でも、墳丘墓の隣接地で二基が検出され、古墳時代前期中頃のものと推定される鉄鏃や短剣が副葬されていた。地元住民の話によれば、墳丘墓周辺の水田地帯の地下には、石室の石材らしき石が農作業の折に確認されるという。また、かつて墳丘墓とおぼしき「土饅頭」が複数存在したという話もあり、大正時代から昭和時代初期に検出された膨大な土器群とあわせみれば、かなりの規模と内容の墓域が形成されていたと考えられる。

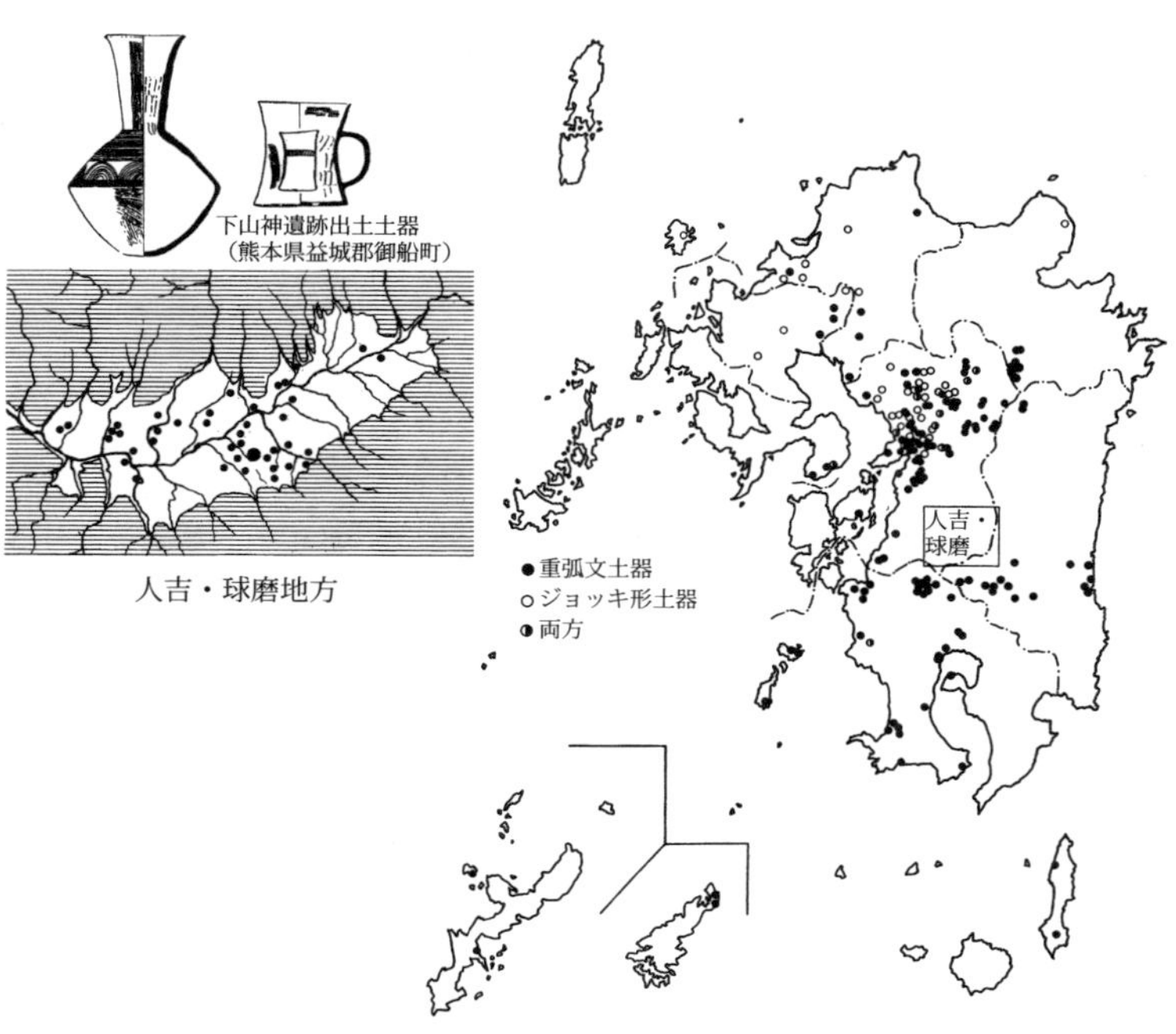

図3　重弧文長頸壺とジョッキ形土器の分布図
（免田町教育委員会『本目遺跡』1996より）

地下式板石積石室墓は南九州西北部、地下式横穴墓は南九州東部を中心に分布し、九州南部に個性的な文化圏を形成している。球磨川流域は、地下式板石積石室墓の分布の北限にあたる。地下式板石積石室墓の系譜や出現時期については、資料が乏しく推測の域にとどまっている。ただ、鹿児島県出水市堂前遺跡群では、南側に地下式板石積石室墓群、北側には石蓋土壙墓群が営まれ、そこで重弧文長頸壺が出土している。この石蓋土壙墓は、地下式板石積石室墓の祖形の候補として注目されている。本目遺跡でも、重弧文長頸壺を供献した墳丘墓に隣接して地下式板石積石室墓が存在しており、重弧文土器を使用する集団と地下式板石積石室墓を築いた集団の関係も気がかりな課題である。

本遺跡と球磨川を挟んで対面する位置に、後期後葉から古墳時代初頭にかけての夏女遺跡がある。この遺跡は、狭い調査面積にもかかわらず六八軒もの竪穴住居が密集しており、当該地域の拠点集落の候補となる。花弁状間仕切り住居が一軒検出され、重弧文長頸壺を含む大量の土器が出土した。住居廃絶にともなう儀礼によるものと推測される。花弁状間仕切り住居は、人吉市中通遺跡でも確認されている。夏女遺跡の注目すべき出土遺物として、二ヵ所に穿孔のある小形仿製鏡や円環形とみられる銅釧片がある。円環形銅釧は、楽浪漢墓や韓国の慶尚北道漁隠洞遺跡、慶尚南道城山貝塚などに出土例があり、「楽浪系銅釧」とも呼ばれるものである。国内では、対馬で五遺跡（塔の首遺跡八点、ガヤノキ遺跡三点など）、佐賀県で二遺跡（宇木汲田遺跡四〇点）、福岡県では吉武高木遺跡で二点が出土し、熊本県内では本例が唯一である。そのほか鳥取県で二遺跡、大阪府で三遺跡（うち鬼虎川遺跡は鋳型）と、分布に大きな偏りをもつ。[註15]本遺跡例は破片であり断定はできないが、北部九州との繋がりをうかがわせる遺物である。

旧免田町では、六世紀後葉の才園古墳で、舶載の鎏金鏡が副葬されていた。この鏡は、「獣帯鏡」として国の重要文化財に指定されているが、正しくは半円方格帯神獣鏡である。鎏金鏡は、福岡県一貴山銚子塚古墳、岐阜県城山古墳とあわせ、国内三例のみである。この鏡について、樋口隆康は「類例をみないほどの逸品」で、熊襲と呼ばれた南九州勢力が江南地方から直接入手したものとみている。[註16]中国の鏡研究者の王士倫は、この鏡を実見したうえで、後漢末から三国時代初頭に中国江南地方で制作されたものとし、中国でも価値の高い鏡であると評価した。[註17]鏡の製作年代とそれが出土した才園古墳との年代幅は大きく、副葬にいたるまでの経過が問題となるが、藤丸詔八郎は島根県松江市岡田山一号墳（六世紀後葉）で出土した内行花文鏡の一部が欠けていることを破鏡製作に由来するものとし、この鏡が長年伝世されたとみている。[註18]となれば、才園古墳鏡もまた、鏡製作時とさほど隔たらぬ時期に九州もしくは当地の勢力が入手し、長期間伝世した可能性も否定できない。わが国では、魏の年号鏡のほか、呉の年号鏡が二点出土している。山梨県鳥居原狐塚古墳鏡は「赤烏元年」（二三八年）、兵庫県安倉高塚古墳鏡は「赤烏七年」（二四四年）と、なぜかいずれも卑弥呼が魏に遣使をした時期前後の年号である。これらの呉鏡がどのような経緯でわが国にもたらされたのか、現状では明らかにし得ないが、才園古墳鏡とともに、その存在の意味は重く受け止めたい。

弥生時代の人吉・球磨地方は、鎏金鏡や円形銅釧など、大陸系の貴重な品があり、また破鏡やガラス玉など北部九州由来の品もある。これらの出土品は、肥後最南端の当地域が、後期後葉から終末にかけて、かなりの存在感をもって評価されていた証といえるだろう。その背景の一つとして、人吉盆地から球磨川を下れば有明海、川辺川を遡れば阿蘇山南麓である。それらの地域と南九州を繋ぐ通交の拠点としての重要性が想定できよう。

三　狗奴国を考える

（一）「女王に属せず」

弥生時代後期の肥後には、枚挙に暇がないほど大規模な集落が多数存在するにもかかわらず、北部九州や山陰、吉備にみられるような、いわゆる王墓と称される顕著な墓がみつかっていない。それは、纒向遺跡で纒向型といわれる前方後円形墳丘墓が出現する以前の大和も同様である。

それでも、以上に挙げた数々の点、とりわけ大量の鉄器の保有量からみて、後期の北部九州勢力に対抗する勢力があるとしたら、列島内ではこの地域よりほかにないだろう。肥後は、北部九州とは異なる価値観や交通圏、生産基盤を保有し、独自の世界を構築した。北部九州的な甕棺や青銅器が菊池川流域以南に希薄であることは、北部九州的価値観を拒否したという見方も可能だという武末純一の提言がある。[註19]王墓がないことも、造墓に対する価値観や政治・社会体制の違いによるものと考えられないだろうか。それもまた「女王に属せず」の世界といえよう。

とはいえ、武器形青銅器や破鏡、小形仿製鏡など、北部九州勢力から「政治的に配布された」とみなされる品々が、肥後でも少なからず出土している。しかし、与える側と受け取る側の意図や価値観は、必ずしも一致しているとは限らない。「女王に属せず」というのは、政治的支配関係に組み込まれることや北部九州的価値観を受け入れなかったことを意味するものであって、通交・交易が断絶していたわけではないことは、幾多の考古資料が雄弁に語っている。

（二）大「狗奴国」の可能性

狗奴国を、倭国を構成する個々のクニグニのレベルで捉えるならば、菊池川流域が有力候補であり、その中核となる国邑は方保田東原遺跡となろう。いわば小「狗奴国」説である。

しかしながら、卑弥呼率いる倭国を苦境に陥らせたほどの狗奴国である。倭国に相当する、複数勢力の連合体として捉えることも可能であろう。その場合、菊池川流域は、北部九州との交渉の前線基地的な役割が想定される。それを支えるのは、白川流域以南の諸地域勢力、具体的には白川流域、阿蘇地域、緑川流域、緑川流域から八代平野を含む宇土半島基部、人吉・球磨地域との間で構築された生産・交易ネットワークである。これが筆者の想定する大「狗奴国」説である。

大「狗奴国」説に関して問題となるのは、菊池川流域は野辺田式土器、白川流域以南は免田式土器と、土器様式を異にしていることである。菊池川流域で特徴的なのは、大陸的な要素をもつジョッキ形土器である。ジョッキ形土器も、免田式土器の重弧文長頸壺と同様、儀礼用の土器であるが、白川流域に両者が共存する遺跡が若干ある以外、その分布は排他的というほど分かれている。菊池川流域と白川流域以南では、高坏形土器も形態・系譜を異にしており、祭祀・儀礼のあり方に相違があったと考えられる。

それでも日常容器の甕については、細部に差異が存在するとはいえ、両者ともに脚台付という肥後地方に特有の特徴をそなえており、巨視的にみれば北部九州とは異なる一つの文化圏を共に形成していたとみなすことができる。菊池川勢力が独自の祭祀形態にこだわったとしても、それは大「狗奴国」の許容範囲であったのだろう。

重弧文長頸壺は九州南部に広がり、南西諸島でも出土する。一方、ジョッキ形土器は、福岡・佐賀・壱岐と北部九州に広がりをみせる。この両者の土器の動きが一体のものとなれば、点的であるにせよ九州のほぼ全域を網羅することになる。それは、北部九州勢力にとっても、軽視できない事態であろう。

大「狗奴国」は、南海産の貝や青銅器、鉄器、ベンガラなどを通じて、九州北部の諸勢、つまり倭のクニグニと重層的な生産・交易ネットワークを形成していた。そうした緊密な関係があってこそ、その崩壊がもたらす動揺も大きいはずである。倭国と狗奴国の関係が悪化した要因を知る手がかりはないけれど、倭国が半島や漢王朝との関係を深めていくことへの危機感があったのではないか。想像を逞しくすれば、そうした倭国の動きに対抗するために、狗奴国は江南地方と交渉する道を模索し、その結果として鎏金鏡を入手したという可能性はないのだろうか。中国安徽省亳県元宝坑村一号墳の塼室墓（二世紀後葉）の塼に刻まれた「有倭人以時盟不」の文言は、[註20]何を意味するのだろう。

また、北部九州と一口に言うけれど、肥後の生産・交易ネットワークは、玄界灘沿岸地域と有明海地域とで、位相を異にしている。

いったい卑弥呼は、どちらにいたのだろうか。この両者それぞれと肥後との関係をより緻密に整理・総括すれば、卑弥呼の居場所も見えてきそうな気がする。

大「狗奴国」の中核となる「国邑」はどこなのか。また、弥生時代終末に拠点集落の多くが姿を消し、鉄器生産も衰退する肥後に、倭国を脅かすどのような力があったのかなど、残された課題は多い。資料の増加と研究の深化を俟ちたい。

小稿をなすにあたり、数多くの先学諸氏の研究成果を参考にさせていただいた。その業績に対し、深く敬意と感謝の意を表するとともに、紙面の都合ですべての参考文献を挙げられなかったことをお詫びします。

（註1）以下、本文に引用する倭人伝・倭国伝の読み下し文は、石原道博編訳『新訂　魏志倭人伝・後漢書倭伝・宋書倭国伝・隋書倭国伝』（岩波文庫、一九八五）、訳は杉本憲司・森　博達「『魏志』倭人伝を通読する」（『倭人の登場』中央公論社、一九八五）による。

（註2）内藤湖南、三木太郎、佐伯有清など

（註3）本居宣長、菅　政友、吉田東伍など

（註4）白鳥庫吉、橋本増吉、鈴木　俊など

（註5）片岡宏二『渡来人から倭人社会へ』雄山閣出版、二〇〇六、片岡宏二『渡来人と土器・青銅器』雄山閣出版、一九九九

（註6）木下尚子「鍬形石の誕生―かたちの系譜」『日本と世界の考古学』雄山閣出版、一九九四

（註7）玉永光洋「豊後における肥後型土器」『九州考古学』五七、九州考古学会、一九八二

（註8）「免田式土器」を土器様式として捉えるのか、重弧文土器のみをそう呼ぶのかは研究者によって認識が異なり、議論が続いてきたが、ここでは、一九八四・八五年、本目遺跡の範囲確認調査に参加した河森一浩の論考にもとづき、弥生時代後期に熊本県の白川流域以南を中心とする土器様式として論を進める。河森一浩「免田式土器の再検討―様式構造をめぐって」『肥後考古』一一、肥後考古学会、一九九八

（註9）阿南　亨「菊池川流域の赤色顔料関連資料について」『九州考古学』八四、二〇〇九

（註10）田辺義了「弥生時代小型仿製鏡の生産体制論」『日本考古学』一八、二〇〇四

（註11）南健太郎「青銅器」植木町教育委員会『石川遺跡』二〇〇二

（註12）植木町教育委員会『石川遺跡』二〇〇二

（註13）前掲註12では、菊池川中流域の合志川沿いを「植木東路」、下流の木瀬川沿いを「植木西路」としている。

（註14）村上恭通『古代国家成立過程と鉄器生産』青木書店、二〇〇七

（註15）井上洋一「銅釧」『季刊考古学』二七、雄山閣出版、一九八九

（註16）樋口隆康「画文帯神獣鏡と古墳文化」『史林』五、一九六〇

（註17）一九九四年に免田町で行なわれた講演「中国文化と日本免田出土の鎏金鏡」より

（註18）藤丸詔八郎「破鏡の出土に関する一考察」『古文化談叢』三〇（上）、九州古文化研究会、一九九三

（註19）武末純一「九州北部地域」『講座日本の考古学5　弥生時代』青木書店、二〇一一

（註20）森　浩一「国際舞台への登場」『日本の古代1　倭人の登場』中央公論社、一九八五

表2　遺跡分布図地名表

	遺跡名	鉄器生産	青銅器	破・仿	番号
菊池川	大場石棺群			▲	1
	年の神		矛		2
	野部田				3
	斉藤山				4
	諏訪原	○		▲○	5
	古閑白石			○	6
	方保田東原	○	巴形、鏃	○	7
	大道小学校			▲	8
	御宇田		矛		9
	中尾・下原		戈		10
	庄		矛		11
	蒲生・上の原				12
	津袋大塚				13
	うてな			○	14
	玉祥寺		矛		15
	川辺		矛		16
	小野崎			○	17
	ヲスギ			○	18
	轟		矛4		19
	石川			○	20
	小糸山	○		○	21
白川下流	鶴羽田		戈		22
	八鉾神社境内		戈		23
	五丁中原		巴形、鏃	○	24
	徳王			○	24
阿蘇	**下山西**	○		○	25
	鏡山下		戈		26
	明神山A				27
	狩尾遺跡群	○	鏃	▲	28
	池田・古園	○			29
	小野原	○			30
	下扇原	○			31
	下野原A		矛		32
	柏木谷	○			33
	西一丁田			▲	34
	南鶴	○		○	35
	幅・津留				36
白川上流	真木		戈		37
	伝烏子川		矛2		38
	西弥護免	○		○	39
	大松山		戈2		40
	陣内		矛		41
	梅ノ木	○			42
	石原・亀の甲	○		○	43
	長嶺	○		○	44
	神水	○	釦、鉇		45
	戸坂		鏃	▲○	46
	八島町			○	47
	上高橋高田			▲	48
	白藤遺跡群		矛、鋳型	○	49
	護藤遺跡群				50
	八ノ坪		鋳型		51
緑川	**二子塚**	○		▲○	52
	北中島西原			▲○	53
	新御堂		銭、巴形	○	54
	宇土城				55
八代	田中				56
	用七		鉇		57
	上日置女夫木		小銅鐸		58
	下堀切				59
人吉・球磨	**荒毛**				60
	夏目		釧片	○	61
	新深田				62
	沖松				63
	本目			▲	64
	市房隠れ				65
	ヤリカケ松		剣		66

＊太字は環濠集落
＊「鉄器生産」は、鍛冶遺構および鍛冶関連遺物出土遺跡（註14による）
＊「破・仿」の▲は破鏡・漢鏡片、○は小形仿製鏡

狗奴国―近畿説の場合

赤塚次郎

一　はじめに

二・三世紀の列島風景はいかなるものか、まずはそのあたりから押さえておく必要がある。これまでの考古学が描いてきた風景は、あまりにも単一・均一的であり、かつ無味乾燥な無彩色であった。列島には多様な地域社会が存在し、特色ある風土に合わせ、それぞれ独自の文化と風習を育んできた。弥生時代中期後葉からの弥生後半期の社会はその縮図であり、明確な地域色が見られ、邪馬台国時代はその延長として位置づけることができると考えている。したがって、そこに住まうのは部族社会を前提として風俗風習を異にした多様な地域社会である。そして彼らはすべて同じものを求め、同じ価値観を共有していたかは甚だ疑問であり、その前提そのものが、むしろ問題であると考えている。

邪馬台国時代の各国々を考えることは、まずもってそうした多様な地域社会を一つ一つ丁寧に整理し、評価していくことであり、その先に邪馬台国・狗奴国がどのような風習をもつ部族社会で、その地がどのような場面であるのかが、自ずと推測できてくるものと思われる。とくに東日本については、邪馬台国時代のさまざまな論考や物語において、ほとんど言及されていない。そのこと自体が基本的に問題である。狗奴国を考えるという方向性は、こうした多様で雑多に満ちた列島社会全体を、まずはきちっと見極め評価するところからはじまるのだという点を強調しておきたい。

二　狗奴国伊勢湾沿岸説

伊勢湾沿岸部を「狗奴国」と特定する考古学的根拠は、現状においても難しいが、最も可能性が高い地域である点を指摘することはできる。以下その点を中心に概要を整理しておきたい。

簡潔に述べれば、二世紀に至ると伊勢湾沿岸部では、土器様式や墳墓のカタチ、生活の道具類といった考古学的遺物・遺構の組合せに一筋の方向性が出来上がる点にある。方向性とは弥生社会から受け継いだ伊勢湾沿岸部各地の道具立てが、ある様式を基軸に動き出していくことであり、そこに全体として地域色強化が加味されていく。ある場所とは濃尾平野低地部と想定しているが、単純化を恐れず言及すれば、近畿地域とまったく異なる土器のカタチが生み出され、独自の発展と進化の過程で、伊勢湾沿岸部の各小地域が共鳴していく。そして遅くても二世紀中頃までには周辺地域から隔絶した一つの独立した様式が鮮明になっていく。ここに伊勢湾沿岸部が一つの大きな部族集団へと変化していった可能性を読み取ることができる。さらにそのために用意されたであろう特別な儀式・儀礼が執り行なわれた特徴的な空間遺跡（養老町象鼻山古墳群・一宮市萩原遺跡群・松阪市片部貝蔵遺跡）も、しだいに明らかになりつつある。

二世紀前葉に、いわゆる東海系土器様式（廻間様式を中心とした）が登場する。前方後方墳が各部族長クラスの墳墓に採用され、各祭式の中で一宮八王子遺跡で見られるような小型精製土器群が使用されはじめる。鏃の形、S字甕特定混和材への固執（仕来り）、人面文などによって推測できる「風俗・風習」が、一つのまとまりある部族社会の外枠を明確に造りはじめる。髪型・イレズミ・服装・デザイン・色彩……、その多くは考古学的には未だ明示できないが、伊勢湾沿岸部を外から観るとその差異が鮮明化する。さまざまな文物やデザインが大阪湾沿岸部とはまったく異なる別の世界観・宇宙観をもつ集団を想定されるに十分な資料が提示されつつあると理解している。

まさにそれは、「狗奴国」を想定する手がかりを我々に与え始めているようだ。特定混和材にこだわるS字甕やパレス壺に代表される土器様式、多孔銅鏃・東海系銅鏃類や人面文、前方後方形という墓のデザイン、東海系の木製品類や槽形木棺等々……。二世紀前半期に、東海系の文化としての様式・デザインが、すでに完成を見る。

だが問題はその先にある。東海系文化が東へ動くという現象である。

三 「東海系のトレース」とは何か

さて、二世紀後葉から三世紀にかけて各地の土器様式が列島規模で錯綜し、広域・超広域的な動きを見せている点は、多くの論考で指摘されている。だが、このような土器拡散現象がいかにして勃発するのかという具体的な要因については、ほとんど言及されていないのが実情である。何故に土器が広域的に動くのか、そしてその要因とは何か、大変興味深い問題である。

東海系土器様式が主に東日本方面へ動く現象がある。暦年代では西暦二〇〇年前後と想定し、廻間Ⅰ式末葉からⅡ式前半期にかけてが中心となる。東海系土器の第一次拡散期と呼んでおいた。伊勢湾からS字甕という特徴的な台付甕が東へ分布するが、何もS字甕だけが動いているわけではない。パレス壺やヒサゴ壺、あるいは内彎脚をもつ有稜高杯などなど、いってみれば東海の土器様式そのものが動いている。厳密に言うと濃尾平野低地部の廻間様式だけではなく、三河・伊勢・美濃・近江の仲間たちも呼応してそれぞれ動いているといえる。そして問題なのは、東海道・北陸道・中部高地それぞれの地域社会で、この現象を真正面から受け止め、弥生時代から継承された土器様式を大きく変容させていく点である。中にはS字甕そのものを全面的に受け入れた部族社会もあり、有稜高杯などは多くの地域社会で受容されていくことがわかっている。つまり東海系土器様式が、それまでの伝統的弥生土器様式を一変させる契機となっていく。このようにそれぞれの地域社会が個々個別ではあるが、ほぼ全面的に土器様式を受け止める現象は「東海系」をおいてほかに見いだしにくい。

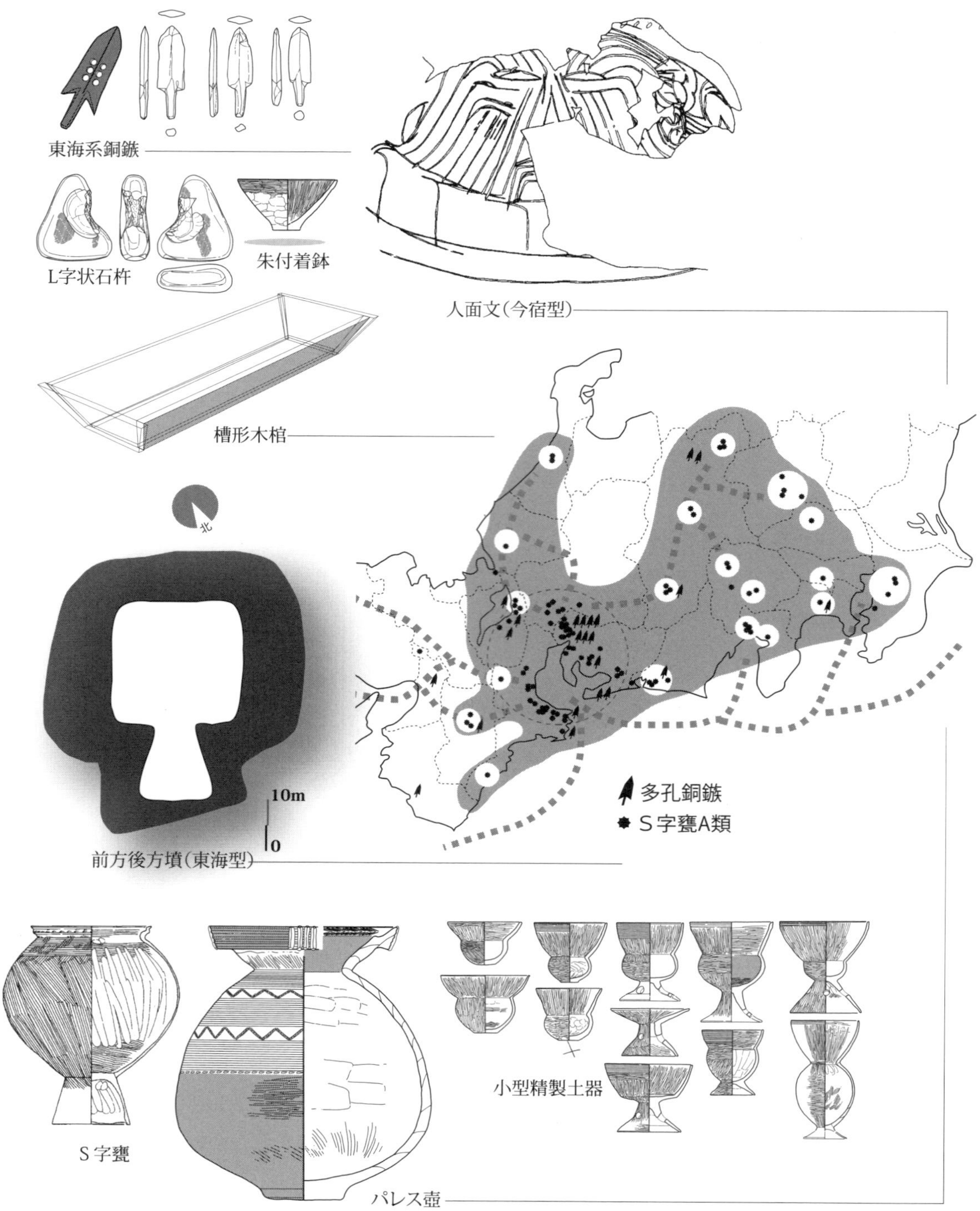

図1　東海系のトレース（第1次拡散期）のイメージ

さらに重要な点は、受け止められたのは土器様式だけではない。東海地域の墓制である前方後方墳や棺の形（槽形木棺）、木製の農耕具類や鏃の形などなど。さらに人面文というある種の風習さえ広がりを見せる。これは総じて「東海系文化」そのものが動きだし（東海系のトレース）、東日本の地域社会がこの現象を真正面から受け止め始めたことを示しているのではなかろうか。

では、それは何故なのか、何故にして各地域社会は「東海系」を佳しとして受け入れたのであろうか。

四　前方後方墳という地域色

その謎解きの前に、前方後方形という墓の形を整理しておきたい。弥生時代には方形周溝墓というカタチがある。列島内を概観すると、溝で区画した墓が弥生時代を通じて普遍的にその地の墓制として存在し、かつ継続的に造られつづけた地域は現状の考古学研究の成果を踏まえても、近畿から東海地域にほぼ限定できる。その中で、濃尾平野では弥生中期の段階ですでに三〇メートルクラスの巨大な墳丘墓（方形周溝型）が発見されており、遅くても中期後葉には溝の一辺中央部に陸橋部をもつ、前方後方型が早くも出現する。そして前方後方墳への進化の過程がすべてこの地の中で系統的に追うことができる。つまり前方後方墳が濃尾平野の中で生み出され、発展し、広がっていったことを示すものであり、地域性を帯びた地域型墳丘墓の一形態であることになる。

そして問題は、前方後方墳が東日本に広く存在する点である。それは大まかに見れば、いわゆる前方後円墳が東日本に広く定着する以前に、先行して各地域社会で受け入れられはじめていたことを示している。その嚆矢として位置づけられるいくつかの前方後方墳が確認されており、発見が相次いでいる。具体的に長野県松本市の弘法山古墳、静岡県沼津市の高尾山古墳、千葉県木更津市の高部古墳群、埼玉県吉見町の三ノ耕地遺跡、栃木県那珂川町の那須八幡塚古墳などなどである。そして重要な点は、そのすべてにおいて「東海系土器」が共伴することである。前方後方墳が彼の地ではじめて造営されはじめた空域に、東海系文化がその中心に位置づけられていたことは動かしがたい事実といえよう。

東海系のトレースという現象は、土器様式だけではなく、文化、前方後方墳という東海育ちの墓制も伝えていることを見逃してはなるまい。結果的に、三・四世紀では東日本に広く前方後方墳が定着することになる。

五　西暦二世紀の激震・環境変動

岐阜県養老町に所在する象鼻山古墳群、そこでは近年の発掘調査成果から驚くべき発見が報告されている。象鼻山古墳群の不思議な物語は、三号墳と呼ばれていたモニュメントの造営からはじまる。実は三号墳は古墳ではない。一辺七〇メートルの巨大な方形壇状の遺構であり、その上部に円形の積石施設が重なるという真に奇妙な施設であった可能性が報告されている。標高一四二メートルの山頂に突如出現した、方七〇メートルの巨大な上円下方壇とはいったい何者なのだろうか。そしてその脇に存在する八号墳から出土した多くの土器は、廻間Ⅰ式初頭段階の資料であった。その後の調査を総合すると、象鼻山山頂に点在する墳丘墓は二世紀前半期に所属するものであり、それらは三号墳という奇妙な方形壇造営を契機に、か

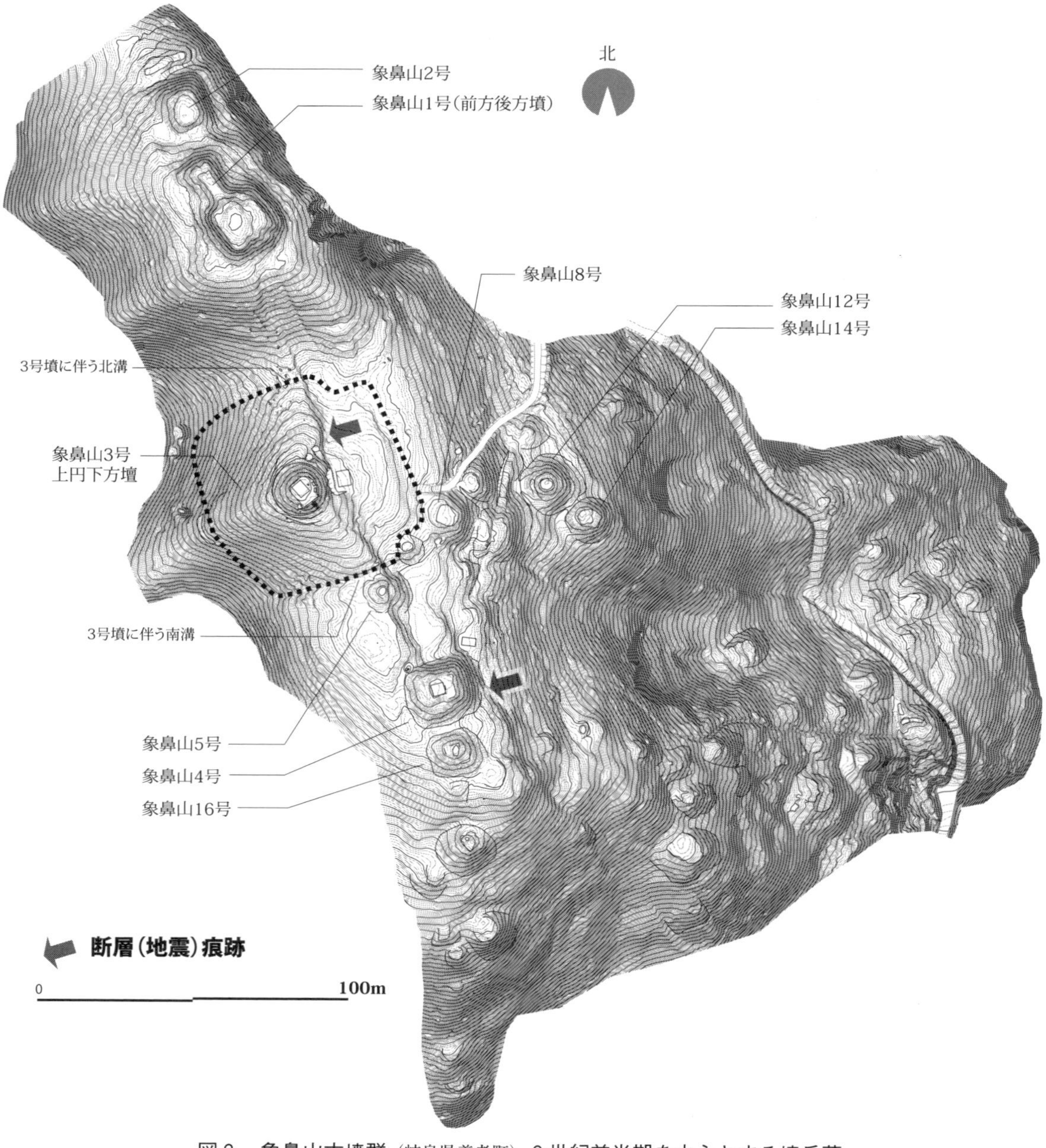

図2　象鼻山古墳群（岐阜県養老町）２世紀前半期を中心とする墳丘墓

つその場面を中心に次々に造営されていったことになる。二世紀前半期のある段階に、標高一四〇メートルの高所でいったい何が執り行なわれたのであろうか。

ところが、さらに興味深い事実が判明した。それは三号墳の中央にはほぼ南北方向に大きな断層が明瞭に残る。この断層はその南の象鼻山最大の方形墳である四号墳では見られないことから、断層の時期が特定できる。つまり二世紀前葉のある段階で、巨大地震が勃発していた。さらに象鼻山山麓に存在する日吉遺跡では同時期の洪水層が発見されている。巨大地震・洪水の多発が二世紀前半期の地域社会に大きな影響を与えていたことは想像に難くない。そして大きな環境変動期、二世紀の長周期変動や寒冷化などが想定できるとなると、著しい社会不安がそれまでの弥生時代後期社会からの深い眠りを呼び覚まし、人々を新たな方向へ強く導きだしていった可能性が高い。こうした環境変動を背景として二世紀の列島の地域社会は、それぞれ独自にその対策に乗り出し、地域の解体や伝統の再構築などが急速に促進されていったものと考えたい。

濃尾平野においては、まさにこの時期、廻間様式の登場を契機にした部族社会の地域的なまとまり、伊勢湾沿岸部の大部族連合が誕生する。そこに力強いリーダーの登場と地域のミッションを遂行する優れた集団群、そして部族を一つにまとめあげる仕掛け（特定混和材）や語り継がれる伝説が生み出され、まとめあげられていったのである。狗奴国の幻影をこの辺りに求めてみたいと考えている。

六　まとめにかえて

西暦二世紀の前半期、列島の多くの地域社会は環境変動というキーワードを基本にして、それまでの弥生時代後期社会からの変革を余儀なくされた。そしていくつかの地域ではより強固な地域色が現われ、それまでの伝統を受け継ぎながら近隣の地域社会を巻き込み、新たなまとまりを造り上げる。個性的な土器様式の登場がその一端を物語っている。おおむね二世紀前半期の出来事だと考えたい。濃尾平野では伊勢湾沿岸部を巻き込んで、様式を共有し、環境変動を克服する技術革新に共鳴した一つの大きな部族集団へと変貌を遂げる。その後、西暦二〇〇年前後にまとまりを見せる、伊勢湾に去来した東海系文化が動き始めることになる。廻間様式拡散現象であり、前方後方墳やその祭式、風習などがパッケージ化され、力強い文化の発信となっていく。その下地は、濃尾平野低地部に蓄積された、木曽三川が流れ込む治水の歴史とそれを乗り越えてきた土木・技術革新にあったと考えたい。とくに東日本の地域社会からは、寒冷化によってもたらされた肥沃な低地帯への果敢な挑戦と、頻発する洪水や誘発される災害を克服するための知恵、その手がかりを東海系文化に求めたのではなかろうか。結果的に東海文化が、東日本の弥生社会からの脱却と新しい地域作りに参画していくことになる。こうした風潮が列島規模で超広域的な土器拡散や人の流動化をもたらし、新しい枠組みを模索しはじめることに動き出す。魏志倭人伝が描く邪馬台国・狗奴国・投馬国といった「大国」の出現する起因を、西暦二〇〇年前後の広域的な文化の拡散・流動化に求め、これらによって生み出された新たなまとまりとして評価しておきたい。そしてその延長上に、大きく見れば、大阪湾沿岸部に端を発した文化が瀬戸内を介して西日本の地域社会をまとめあげ、一方で伊勢湾沿岸部に端を発した文化が、古くからのネットワークを基にして東日本の地域社会に受け入れられて行き、東海系文化そのものに共鳴していった。前者が邪馬台国を中心としたまとまりであれば、後者が狗奴国とその仲間たちの国々であった可能性が高いことになろう。

参考文献

赤塚次郎「古墳文化共鳴の風土」『愛知県埋蔵文化財センター研究紀要』七、二〇〇六
赤塚次郎『幻の王国・狗奴国を旅する』風媒社、二〇〇九
中島和哉編『象鼻山古墳群発掘調査報告書』養老町埋蔵文化財調査報告書　第六集、二〇一〇
中塚　武「気候と社会の歴史を診る」『安定同位体というメガネ』地球研叢書、二〇一〇
樋上　昇『木製品から考える地域社会』雄山閣、二〇一〇

編著者略歴

西谷《にしたに》　正《ただし》

九州歴史資料館長・海の道むなかた館長・糸島市立伊都国歴史博物館名誉館長・九州大学名誉教授
1938年生まれ。京都大学大学院文学研究科修士課程修了。名誉文学博士。奈良国立文化財研究所・福岡県教育委員会・九州大学を経て現在に至る。
主な著書に『魏志倭人伝の考古学』2009（学生社）、『古代北東アジアの中の日本』2010（梓書院）、『研究最前線　邪馬台国』共編、2011（朝日新聞出版）、『伊都国の研究』2012（学生社）などがある。

執筆者紹介（執筆順）

東《あずま》　潮《うしお》
徳島大学名誉教授

井上《いのうえ》　主税《ちから》
奈良県立橿原考古学研究所

安楽《あんらく》　勉《つとむ》
長崎県埋蔵文化財センター

宮﨑《みやざき》　貴夫《たかお》
元長崎県埋蔵文化財センター

田島《たじま》　龍太《りゅうた》
唐津市末盧館館長

岡部《おかべ》　裕俊《ひろとし》
糸島市立伊都国歴史博物館

久住《くすみ》　猛雄《たけお》
福岡市教育委員会

平ノ内《ひらのうち》幸治《こうじ》
宇美町教育委員会

嶋田《しまだ》　光一《こういち》
飯塚市教育委員会

真野《まの》　和夫《かずお》
元大分県立歴史博物館

米田《よねだ》　克彦《かつひこ》
高知県教育委員会

七田《しちだ》　忠昭《ただあき》
佐賀県立佐賀城本丸歴史館

橋本《はしもと》　輝彦《てるひこ》
桜井市纒向学研究センター

佐古《さこ》　和枝《かずえ》
関西外国語大学教授

赤塚《あかつか》　次郎《じろう》
愛知県埋蔵文化財センター

季刊考古学・別冊18

邪馬台国《やまたいこく》をめぐる国々《くにぐに》

定価　二、六〇〇円＋税
発行　二〇一二年九月二五日
編者　西谷　正
発行者　宮田哲男
印刷　ワイズ書籍
製本　協栄製本
発行所　株式会社雄山閣
〒102―0071東京都千代田区富士見二―六―九
電話　〇三―三二六二―三二三一
振替　〇〇一三〇―五―一六八五
URL　http://www.yuzankaku.co.jp
e-mail　info@yuzankaku.co.jp

ISBN 978-4-639-02211-4 C0321
Printed in Japan 2012　N.D.C.205　166p　26cm